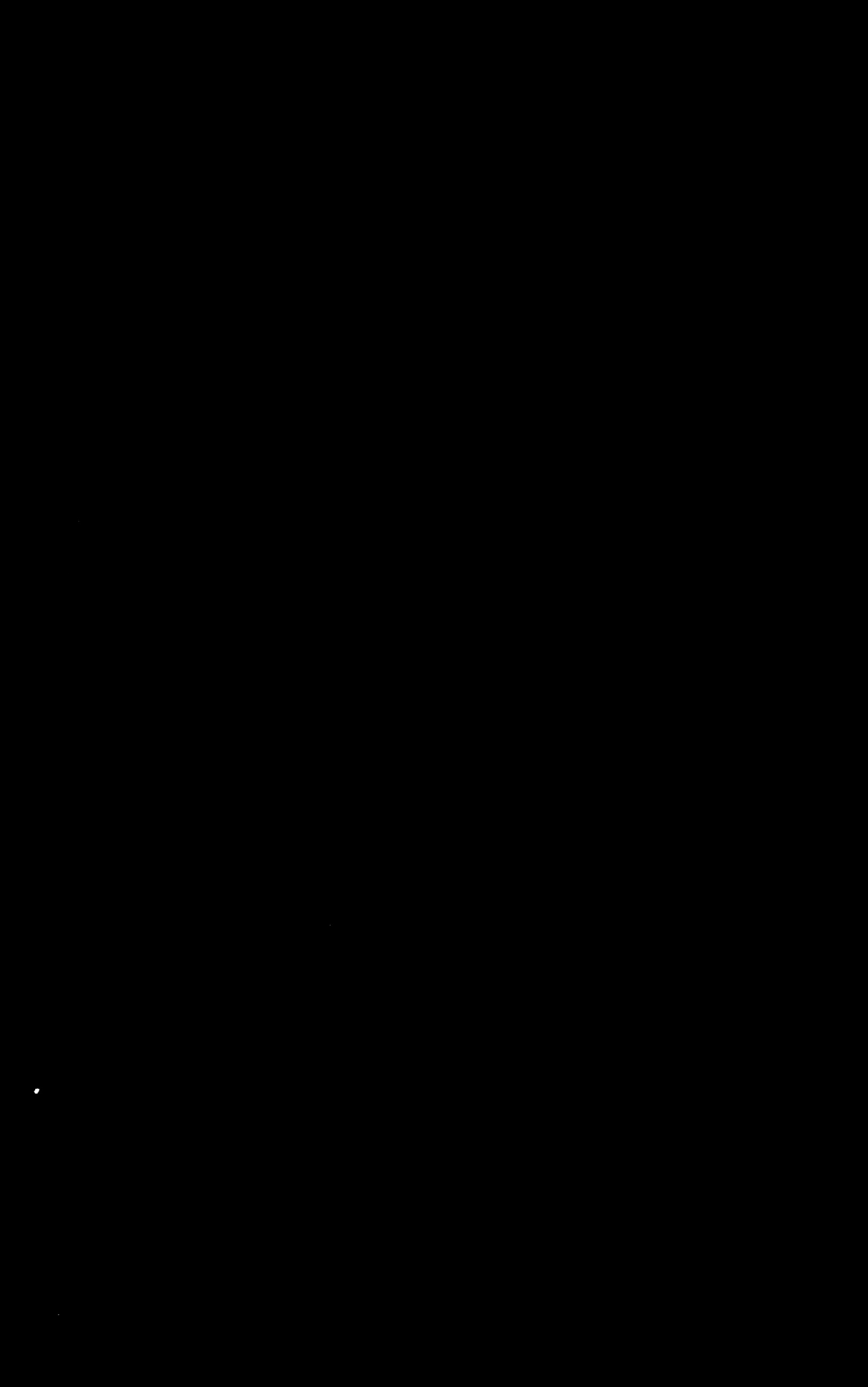

영
친
왕

조선의 마지막 황태자

영친왕

김을한 지음

페이퍼로드
paperroad

지은이 김을한

동명(東溟) 김을한(金乙漢)은 1905년 서울에서 태어났다. 을사년에 태어났다 하여 이름을 을한(乙漢)으로 지었다. 병자호란 때의 충신 김상헌의 후손인 그는 교동보통학교를 졸업하고 양정고보 2학년 때 3·1운동을 맞았다. 나이가 어리다는 이유로 검거되지 않았던 김을한은 그 직후 도쿄로 유학하여 와세다대학에 진학했다. 도쿄에서는 김기진 등과 함께 신극단체인 토월회를 조직하기도 했다. 도쿄에서 귀국한 직후인 1924년, 《조선일보》 한기악 편집국장의 발탁으로 신문기자가 되었다.

김을한은 1920~30년대 식민지시대의 대표적인 저널리스트였다. 사회부기자 김을한은 그 당시 발생했던 큰 사건들을 밑바닥에서부터 파헤쳐 일제의 악랄한 식민정책을 폭로하고 규탄함으로써 이름을 떨쳤다. 광주학생운동, 장진강 토지사건, 만주사변의 치열한 현장에 특파원으로 파견되어 생생한 실상을 보도하는 눈부신 활약을 했다. 《매일신보》와 만주의 《만몽일보》에서도 기자 생활을 했고, 해방 후에는 출판사를 경영하기도 했다.

1950년 6·25전쟁이 발발하자 김을한은 《서울신문사》 특파원으로 도쿄에 주재하게 되었고, 이때 영친왕을 처음 만났다. 이후 20여 년 동안 영친왕과 덕혜옹주의 귀국을 위해 혼신의 노력을 아끼지 않았다. 언론 일선에서 물러난 뒤에도 활발한 저술활동을 이어갔다. 『인간 이은』, 『월남선생 일대기』, 『여기 참사람이 있다』 등의 저서가 있다.

김을한은 덕혜옹주의 유치원 학우였던 아내 민덕임을 먼저 보내고 못내 그리워하다 1992년 서울 반포에서 세상을 버리고 그 곁으로 갔다.

조선의 마지막 황태자 영친왕

초판 1쇄 발행 2010년 8월 15일
초판 5쇄 발행 2016년 8월 22일

지 은 이 김을한
펴 낸 이 최용범

기   획 이송원, 고경문
편   집 이송원, 김남희
마 케 팅 윤성환, 유정완
경영지원 임필교
디 자 인 장원석

펴 낸 곳 페이퍼로드
출판등록 제10-2427호(2002년 8월 7일)
　　　　　서울시 마포구 연남동 563-10번지 2층
Tel (02)326-0328, 6387-2341 | **Fax** (02)335-0334
이 메 일 book@paperroad.net
블 로 그 blog.naver.com/paperroad
홈페이지 http://paperroad.net
페이스북 www.facebook.com/paperroad

ISBN 978-89-92920-45-2 03990

- 책값은 뒤표지에 있습니다.
- 잘못 만들어진 책은 구입하신 곳에서 바꾸어 드립니다.
- 이 책은 저작권법에 따라 보호받는 저작물이므로 무단 전재와 무단 복제를 금합니다.

끝없는 한, 마르지 않는 눈물(無窮恨 不盡淚)

　인자하고 성실하고 무욕담백한 영친왕. 영친왕의 생애는 파란이 중첩된 민족의 운명을 그대로 상징하는 듯하다. 일제의 강압으로 열한 살 때 볼모로 일본에 끌려간 뒤 73세를 일기로 최후의 숨을 거둘 때까지 60여 년간, 영친왕은 엄밀한 의미에서 손발이 묶인 생활을 했다. 활짝 한번 웃어보지도 못하고 모든 것을 가슴 속 깊이 넣어두는 것이 제 2의 천성처럼 되었다. 아마 이것이 말년에 실어증에 걸린 원인이 되었는지도 모르겠다.

　해방 후에는 뜻하지 않은 생활난으로 밤에 잠도 잘 이루지 못했다. 부득이한 사정으로 한때 국적이 일본으로 넘어간 일도 있었지만, 영친왕의 인간성을 사랑하고 나라의 체통을 생각하는 여러 사람들의 선의로 국적을 회복했다. 뿐만 아니라, 그리운 조국에서 최후의 숨을 거두고 선조의 산소에 그 뼈를 묻게 된 것은 영친왕은 물론 나라의 명예를 위해서도 불행 중 다행이라고 하지 않을 수 없다.

　어느 등산가에게 왜 산에 오르기를 좋아하느냐고 물었더니 "그저 산이 눈앞에 있으니까"라고 말했다고 한다. 영친왕과 나의 관계도 이와 비슷하다. 나와 영친왕은 나의 백부가 고종황제의 시종으로 오래 있었다는 사실 외에는 별다른 인연이 없다. 단지 가장 어려웠던 시절 주위에 아무도 없을 때, 마침 내가 도쿄에 있게 된 연유로 영친왕을 자주 뵙게 된 때문이라고 밖에 말할 수 없다.

   사정이야 어쨌든, 영친왕은 가셨다. 영원히 가셨다. 슬픔도 기쁨도 이제는 다 옛이야기가 되고 말았다. 영친왕이시여, 부디 평안히 잠드소서.

   영친왕이 세상을 떠난 지도 어느덧 만 1년이 되었다. 세월의 덧없음을 다시금 느끼게 된다. 영친왕이 국적을 회복하고 본국으로 돌아오는 일에 힘을 써준 사람은 한일 양국을 통틀어 그 숫자를 헤아릴 수 없이 많다. 고맙다는 인사의 말조차 못하고 세상을 떠난 영친왕을 대신해서 외람되나마 감사의 뜻을 표하고자 한다.

1971년 4월

김을한 謹記

영친왕과 덕혜옹주, 그리고 내 아버지 김을한

이 책의 저자는 나의 아버님이시다. 아버님은 1950년 서울신문사 도쿄특파원으로 발령을 받아 6월 27일에 비행기를 타시기로 되어 있었다. 그러나 6·25전쟁이 터져 임지로 출발하지 못하고 지방으로 피신을 갔다가 서울이 수복된 후 도쿄로 떠나셨다. 나머지 식구들은 1·4후퇴 때 부산으로 피난을 가서 살고 있었다. 유엔군 종군기자로 부산에 오신 아버님은 몇 년을 더 도쿄에 있어야 할지 모르니 식구들을 도쿄에 데려가겠다고 하셨다. 그해 가을 어머님과 여동생 셋, 그리고 나는 도쿄로 떠났다.

나는 영친왕을 단 한 번 뵌 적이 있었고 덕혜옹주 또한 단 한 번 뵐 기회가 있었다.

내가 고등학교 1학년에 편입학을 하고 얼마 있다가 영친왕께서 우리를 점심식사에 초대하셨는데, 아버님은 누이동생들이 너무 어리니 나만 참석하라고 하셨다. 나는 내심 조금도 반갑지 않았다. 중부전선에서는 남북이 치열한 전투를 벌이고 있었고 어린 나이에 전사한 동창생도 있었다. 피난 갔던 여주에서는 내 또래의 젊은이 네 명이 인민군에게 총살되는 현장도 목격했다. 청춘의 초입에서 처참한 일들을 겪어서인지 대한민국에 태어난 것이 원망스러울 지경이었다. 어린 나이에도 그 모든 것이 한일합병이란 비극에서 출발한 것이니만큼 당시 이 땅의 지배자였던 왕실의 책임도 컸다고 믿었다. 그러니 영친왕의 일이라면 만사를 젖혀놓고 동분서주하시는 아버님을 볼 때마다 속으로는 '이씨 조선의 마지막 충신'이라며 빈정거릴 정도였다. 사물을 깊이 있게 보지 못하는 소갈머리 없는 생각이었지만 고등학교 1학년생의 반항기 탓이었던 것도 같다.

    부모님과 함께 간 곳은 도쿄의 중심지 아카사카에 있는 꽤 큰 중국요리집이었다. 우리는 식당 깊숙한 곳에 위치한 별실로 안내를 받아 기다리고 있었다. 이윽고 지배인이 영친왕 내외분을 모시고 들어왔다. 키는 크지 않지만 다부진 체격과 온화한 표정의 노신사라는 것이 영친왕의 첫인상이었다. 방자 여사 역시 일본 왕실 출신인지라 어딘지 모르게 기품이 우러나오는 모습이었다. 한 차례 인사가 끝난 후 지배인이 메뉴를 가져왔고 영친왕은 "이쓰모노(늘 먹던 것)"라고 짧게 말씀하셨다. 지배인은 "가시코마리마시다(분부대로 하겠다는 말의 최상급 경어)"라고 말한 뒤 90도로 허리를 굽히면서 나갔다. 말을 아끼면서 나직하고 짧게 말씀하시는 영친왕을 보면서, 과연 제왕의 교육을 받은 분의 언행이라는 느낌을 받았다. 또한, 일왕의 직계가족 외에는 모두 평민이 된 당시에 이르러서도 일본 국민들이 왕실에 대해 갖는 경외심은 대단하다는 생각도 들었다. 그때 영친왕이 무슨 말씀을 하셨는지는 전혀 기억이 나지 않는다. 다만, 일찍이 대한제국이 멸망하지 않았더라면 이분이 상감마마로서 한반도를 통치하셨을지도 모른다는 생각에 계속 긴장만 하고 있었던 것 같다.

그 후 영친왕의 누이동생이신 덕혜옹주가 도쿄 교외의 마쓰사와 정신병원에 입원 중이라는 사실을 아버님이 알아 오셔서 어머님과 함께 두 분이 문병을 가시게 되었다. 어머님은 나에게 사진 한 장을 보여주셨다. 고종황제가 늘그막에 보신 따님 덕혜옹주를 위하여 덕수궁 안에 유치원을 개설했고 옹주와 함께 유치원 생활을 할 아이들 여덟 명을 뽑았는데 그중 한 명이 어머님이셨던 것이다. 사진에는 덕혜옹주를 중심으로 좌우에 네 명씩 치마저고리를 입은 아이들이 서 있는데, 왼쪽에서 두 번째가 어머님이라고 하셨다. 어머님은 "그토록 곱고 착하신 애기씨가 정신병이라니…"라며 깊은 한숨을 내쉬셨다. 당시 사십을 훌쩍 넘긴 어머님이 유치원 때처럼 덕혜옹주를 애기씨라고 부르는 것이 인상적이었다.

다음날 느지막하게 문병에서 돌아오신 어머님은 이부자리를 깔고 누워버리셨다. 마쓰사와병원 중환자병동의 긴 복도를 간호사의 안내로 따라갔더니 어느 창문 앞에 서더라고 했다. 창 너머로 들여다보니 중년부인 한 분이 독방 한가운데 앉아 있다가 인기척을 느꼈는지 이쪽을 돌아보는데, 표정은 일그러져 있었고 큰 눈에는 광기가 섬뜩할 정도였다는 것이다. 어머님은 "설마 저분이…" 하며 얼어붙으셨는데 덕혜옹주는 벽 쪽으로 얼굴을 돌리고 몸을 약간 흔들거리면서 계속 앉아 계셨다고 한다. 간호사에게 물으니 사물을 인식하지도 못하고 실어증으로 말도 못하는 중증인데다 가끔 발작을 일으키기도 해서 면회는 금지되어 있다는 것이었다.

"대마도 영주 소(宗) 백작에게 시집을 가셔서 아무 일 없이 지내시나 보다 했는데 몇 년째 정신병원 중환자병동 독방에서 지내고 계실 줄은 꿈에도 몰랐다. 차라리 아무 것도 모른 채, 가지 않았더라면 좋았을 걸…" 어머님은 두고두고 후회하셨다.

10년의 세월이 흘렀고 덕혜옹주는 귀국해서 창덕궁에 기거하게 되었다. 또 5년이 지난 1967년, 어머님은 서울에 나온 김에 옹주를 뵙겠다며 나를 데리고 가셨다. 낙선재로 들어가 꽤 넓은 온돌방으로 들어섰더니 정면 보료 위에 덕혜옹주가 치마저고리 차림으로 앉아 계셨고 양옆에는 나이든 상궁 두 분이 있었다. 어머님은 절을 올리고 나서 옹주에게 말씀을 건네셨다. "애기씨, 기억나세요? 저 덕임이에요." 운동부족이라 그런지 옹주는 몸집이 커보였고 얼굴도 컸으며 두 눈도 놀랄 만큼 커 보였다. 그러나 그 눈에서 빛은 보이지 않았다. 눈동자는 허공을 조용히 떠다니는 듯 힘이 없었고 몸도 가늘게 떠는 듯했다. 4~5분쯤 지났을까. 어머님은 목이 메어 말씀하셨다. "그럼 이만 물러가겠어요." 하지만 옹주는 묵묵부답 말이 없으셨다. 이윽고 상궁들이 옹주의 양손을 각각 끼고는 모시고 나갔다. 어머님은 손수건으로 눈 언저리를 훔치고 계셨다.

나라가 멸망할 때 백성들의 고생도 이루 말할 수 없겠지만, 풍비박산 난 왕실의 비극도 엄청난 것이었다. 아버님은 영친왕과 덕혜옹주를 망국한의 상징으로 보시면서 이 책을 쓰시지 않았나 생각된다.

이 책은 1970년 5월부터 반 년 넘게 《중앙일보》에 연재되었던 것을 이듬해 《한국일보》에서 단행본으로 출간한 것이다. 39년이 지난 지금 페이퍼로드 출판사의 최용범 사장이 다시 출간하겠다고 해서 놀랍기도 하고 반갑기도 했다. 이 책을 통해 우리 젊은이들이 구한말에 대한 인식을 깊이 한다면 지하에 계신 아버님도 기뻐하시겠지만, 영친왕과 덕혜옹주의 넋도 조금은 위안을 받지 않을까 하는 생각을 해본다.

2010년 7월, 일산에서
김수동
전 KBS 드라마PD

차례

끝 없는 한, 마르지 않는 눈물(無窮恨 不盡淚) · 김을한 | 5
영친왕과 덕혜옹주, 그리고 내 아버지 김을한 · 김수동 | 7
영친왕을 위해 곡하다(哭 英親王) · 박종화 | 14

제 1부 · 왕조의 석양

도쿄에서 | 19
해방은 되었건만 | 27
이승만과 영친왕 | 32
윤대비의 기품 | 38
가엾은 덕혜옹주 | 45
사랑의 귀공자 | 51
의친왕과 이건 공 | 60
명성황후는 미인이었다 | 67
세 번의 통곡 | 72
고종의 고심 | 78
마지막 가르침 | 84

제 2부 · 망국의 볼모

정략결혼의 안팎 | 93
만년처녀 민 규수 | 101
여운형의 도쿄 방문 | 107
신혼마차에 날아든 폭탄 | 111
유럽 여행 | 117
상해임시정부의 영친왕 납치 기도 | 124
헤이그에서 | 130
10년 만의 득남 | 136
마지막 황제 부의와의 만남 | 140
하얼빈에서 | 145
불타는 민족혼 | 151
도쿄의 제 2 종묘 | 160

제3부 · 자유 없는 자유인

일본의 패전 | 169
평민으로 산다는 것 | 176
아들의 미국 유학 | 181
환국은 통일 후에 | 187
홍사익 중장의 비극 | 195
헐버트 박사의 귀국 | 202
6·25전쟁 | 214
밀항 학생들을 구하다 | 220
고집스러운 이 대통령 | 226
구황실 재산처리법 | 230
이승만과 요시다의 호랑이 문답 | 235
왕저는 사라지고 | 244
문제의 패스포트 | 249
이중의 국제결혼 | 255
지난한 국적 환원 | 263

제4부 · 창덕궁의 봄

창덕궁으로 환궁한 윤대비 | 277
창덕궁의 괴화(怪火) | 284
주영대사를 고사하다 | 293
영친왕 쓰러지다 | 301
박정희 의장과의 면담 | 307
덕혜옹주의 귀국 | 316
그리운 조국으로 | 324
고독의 왕자, 침묵의 왕자 | 331

에필로그 | 334
영친왕 연보 | 336

영친왕을 위해 곡하다(哭 英親王)

월탄 박종화

왕조 최후의 황태자
당신의 이름은 은(垠).
어려서부터 영민하다 해서
영친왕이라 했소.

당신은 정유생(丁酉生),
나는 신축생(辛丑生),
당신은 나보다 4년이 위였소.
그리하여 나는 당신의 한평생을
잘 알고 있소.

슬퍼라, 당신은 왜 나라 망치는
제왕의 아들이 되어
그 슬기, 그 천품을
다 써보지 못하고
악마의 거미줄에 칭칭 감겨서
인질의 몸으로 한평생을 마치었소?

나는 당신을 빗대서
『다정불심(多情佛心)』을 썼소.
원나라의 볼모가 되었다가
고국으로 돌아와
함흥, 영흥, 국토를 회복한 고려의 공민왕,
일제의 방자여왕을 노국공주에 비해서

우리나라를 다시 찾으라고
장편소설을 썼던 것이오.
일본의 총칼 밑에서
우리의 얼을 잊지 말자는 것이었지요.
그러나 당신은 몰랐으리다.

뻐꾹새 울음소리에
당신은 망국한을 가슴에 안고
얼마나 울었소.
무궁 무진 피눈물을 흘렸으리다.

영영 고국 땅으로
돌아오지 못할 줄 알았던 당신,
광복된 덕분에
다행히 고궁(故宮)으로 돌아왔구려.
그러나, 아아 어찌하리.
정신 잃은 반신불수의 몸이 되어
장장 7년 긴긴 세월에
말도 못하고
세상을 떠났네.
천만 겹 서린 원한
온몸을 싸안았으리.

아아, 왜, 당신.
망국지왕(亡國之王)의 세자로 태어났소?

천추에 뻗친 유한(幽恨),
금곡왕릉에
구름과 안개 되어
감돌고 있네.

영친왕을 위해 곡하다(哭 英親王)

이 책을 삼가 영친왕전하 영전에 바치나이다.

제 1 부 · 왕조의 석양

도쿄에서

 영친왕(英親王) 이은(李垠)은 조선조 제26대 왕 고종의 셋째 왕자로서 엄비(嚴妃)의 소생이다. 헤이그 밀사사건 직후 일제의 강압으로 고종황제가 양위하게 되어 그 장자인 순종이 황위에 오르자, 영친왕은 자손이 없는 형님 순종의 뒤를 이어 황태자가 되었다. 당시 고종에게는 4남매가 있었다(원래는 7남매였다). 정실인 명성황후는 큰아들 순종밖에 낳지 못했고 둘째아들 의친왕(義親王)은 장귀인이, 셋째아들 영친왕은 엄비가, 막내딸 덕혜옹주는 양귀인이 각각 낳았다.
 고종은 그중에서도 막내아들인 영친왕을 유난히 사랑하고 장래에 대해 큰 기대를 걸고 있었다. 그러나 그때는 이미 국운이 기울어져 일제의 침략이 본격화되었고, 간악한 그들은 영친왕을 볼모로 요구했다. 황태자를 잘 교육시키려면 일본으로 데려가야 한다고 강요했던 것이다. 고종이 완강히 거부했지만 당시 메이지(明治) 일왕은 끈질기게 졸랐다. 나중에는 칙어(勅語)까지 내려 이토 히로부미를 태자대사(太子大師-황태자의 스승)로 임명하면서 "태자의 신변은 절대로 보장할 테니 안심하고 보내라"는 맹세까지 하게 되었다. 그 지경에 이르자 그토록 반대하던 고종도 하는 수 없이 영친왕을 일본으로 보내게 되었던 것이다. 이때가 1907

년으로, 대한제국이 일본에 합병되기 3년 전이고 영친왕의 나이 열한 살이었다.

일본으로 간 영친왕은 표면상으로는 극진한 대우를 받았다. 메이지 일왕은 도쿄 도리이사카의 광활한 왕저(王邸)를 제공하고 내탕금을 많이 지출하여 그들의 왕족들보다 오히려 여유 있는 생활을 하게 했다. 그러나 이 모든 것은 사탕발림 같은 정략에서 나온 것이었다. 결국 일제는 그 본성을 드러내어 영친왕을 나시모토노미야 마사코(梨本宮 方子) 왕녀와 결혼시키고야 말았다. 영친왕은 일본 육군사관학교와 육군대학을 졸업하고 일본 군대의 연대장과 사단장을 역임한 뒤, 태평양전쟁 말기에는 육군중장으로 제1항공군사령관까지 지냈다.

내가 처음으로 영친왕을 만난 것은 1951년 이른 봄이었다. 당시는 6·25전쟁의 1·4후퇴 직후라 정부는 임시수도 부산에 있었고 중부전선에서는 연일 격전이 벌어지고 있었다. 나는 마침 서울신문사 특파원으로 도쿄에 가 있었다. 해방 전에는 영친왕에 대한 일본인들의 엄중한 감시 때문에 좀처럼 접근할 수 없었던 터라 호기심이 들기도 해서 도쿄에 도착하자마자 인사를 드릴 겸 그를 예방했던 것이다.

도쿄 중심지에 있던 영친왕의 저택은 지금 아카사카 프린스 호텔로 바뀌었다. 해방 전 이 일대는 일본의 왕족들만 사는 최고급 주택지였다. 당시 일본 궁내성(宮內省-왕실의 사무를 담당하던 행정기관)에서는 일왕의 지시로 도쿄에서도 가장 조망이 좋은 수만 평의 대지 위에 영국식으로 우아한 건물을 지어 영친왕에게 증정했다. 이 집은 일본 왕족들의 집보다 오히려 더 웅장하고 호화스러운 저택이었다.

처음 만난 영친왕은 은발동안의 인자한 얼굴을 가진 신사였다. 키는 그다지 크지 않았지만 군인답게 어깨가 넓은 것이 퍽 믿음직스러웠다. 늙은 하녀의 안내로 방에 들어서니 영친왕은 자리에서 벌떡 일어서면서 "어서 오시오"라며 악수를 청하고 담배를 권했다. 영친왕이 손수 라이터를 켜 담뱃불을 붙여줄 때는 진땀이 흐를 지경이었다. 아무리 민주주의 시대라 하더라도 일국의 황태자였던 이가 그렇게 한다는 것은 쉬운 일이 아니다. 나는 너무나 소탈한 영친왕의 태도에 깊은 감명을 받고 머리가 저절로 숙여졌다. 영친왕은 조국을 떠난 지 거의 반세기나 되었는데도 우리말을 잊어버리기는커녕 나보다도 더 잘했다. 게다가 궁중에서나 쓰는 우아한 말을 들으니 '역시 다르구나!' 하는 생각이 들면서 진심으로 경탄하게 되었다.

영친왕은 먼저 한국전쟁의 실상을 묻고 수많은 전재민(戰災民)에 대한 동정을 표했다. 그리고 "이 대통령은 평안하시냐?"며 안부를 물은 뒤, 개인적으로는 형수요 공적으로는 국모인 윤대비에 대해서도 "대비마마는 안녕하시냐?"고 몇 번이고 되풀이해서 묻는 것이었다.

그 이후 나는 틈틈이 영친왕의 저택을 방문했다. 500년 조선왕조의 마지막 왕자로 태어나 억울하고 불우한 나라의 운명과 함께했고 거의 평생을 일본에서 보내게 된 그가 몹시도 가엾게 생각되었기 때문이다.

해방 후 도쿄에서 영친왕 내외(가운데 앉은 두 사람)와 함께한
필자(가운데 서 있는 사람)와 필자의 아내 민덕임(오른쪽 끝).

8·15해방이 되면서 영친왕과 일본의 관계는 자동적으로 단절되었다. 그러나 한국에서는 미군정의 혼란과 6·25전쟁으로 말미암아 멀리 떨어져 있는 영친왕에 대해서는 아무도 관심을 갖는 이가 없었다. 그는 하늘에도 땅에도 기댈 데가 없는 고독한 신세가 될 수밖에 없었다. 일반 평민 같으면 금세라도 조국에 돌아올 수도 있으련만 구황실의 황태자였기 때문에 여러 가지 제약이 많아서 귀국조차 마음대로 할 수 없는 처지였다.

해방 전 영친왕은 일본의 다른 왕족들보다 생활이 풍족했다. 일본 왕족들은 매월 궁내성으로부터 지급받는 일정한 생활비 외에는 이렇다 할 수입이 없었다. 이에 반해 영친왕은 그 외에도 이왕직(李王職-일제 강점기에 조선의 왕족을 관리하던 직제)에서 얼마든지 돈을 가져다 쓸 수 있었다. 그래서 일본의 왕족들은 조선의 왕족인 영친왕을 오히려 부러워했으며 심지어는 "마사코(方子) 전하는 참 시집을 잘 갔다"고 할 정도였다.

그러나 일본의 패전과 조국의 해방으로 고립무원이 된 영친왕에게는 단 한 푼의 수입이 있을 리가 없었다. 그때까지 물질적 고통은 전혀 모르고 꿈의 나라에서 평온하게 살아오던 영친왕도 이제부터는 점차 인간사회의 온갖 신산한 맛을 보지 않을 수 없게 되었던 것이다.

패전 직후 일본사람들의 생활이란 비참하기 짝이 없었다. 공습으로 도시라는 도시는 모두 잿더미가 된 데다 먹을 것도 입을 것도 없으니 당시 9천만에 가까운 일본국민들은 딱 굶어죽을 수밖에 없었다. 거기다 인플레가 극심해서 모든 물가가 폭등했다. 거리에는 대낮부터 팡팡걸(미군을 상대하는 창녀)이 즐비하게 늘어서 있었다. 히비야 큰길가에 있는 연합군 최고사령부(GHQ) 앞에는 날마다 수많은 사람들이 무릎을 꿇고 앉아서 "맥아더 원수여, 우리에게 식량을 달라"며 울부짖고 있었다.

그런 판국이니 영친왕인들 얼마나 괴로웠으랴. 식구래야 영친왕 내외와 당시 학습원 중등과생이던 아들 이구(李玖) 씨까지 모두 세 사람뿐이므로 먹는 것은 그다지 걱정할 것은 없었다. 그보다도 아내의 나라인 일본은 패전으로 몰락하고 남편의 나라인 조선은 해방이 되었다는 엄숙한 사실 앞에서 장차 자신들의 운명을 어떻게 개척해나갈까가 더 큰 걱정이었다. 그 점은 어린 아들 구 씨도 마찬가지였다. 어머니의 나라 일본의 패전을 슬퍼해야 할지, 아버지의 나라 조선의 해방을 기뻐해야 할지 몰라서 나름대로 깊은 고뇌와 번민에 사로잡혔던 것이다.

내가 처음으로 영친왕의 저택을 방문했을 때 그 큰 저택의 쇠창살로 만든 정문은 굳게 닫혀 있었고 문패에는 '참의원의장 공관'이라고 쓰여 있어서 좀 이상하게 생각했다. 나중에 들으니, 당시 참의원의장으로 있던 사토 씨가 조금이라도 영친왕 일가의 생활을 도우려고 평소에는 별로 쓰지도 않는 공관이란 명목으로 빌려서 매월 30만 엔씩을 지불했다는 것이다. 그러나 패전 직후 일본은 세금이 몹시 많아서 30만 엔을 받는다고 해도 실수입은 그 절반인 15만 엔밖에 되지 않았다. 그래도 물자가 귀하고 돈이 없던 당시로서는 그나마도 큰 도움이 되었다. 이런 사정이 있었기에 내가 영친왕을 만난 것은 본채가 아니라 그 뒤에 딸린 조그만 목조건물이었다. 예전에 하인들이 기거하던 곳이라 했다.

그처럼 고립무원하고 살기 어려운 형편이었지만 일본에 진주해온 연합군 최고사령부는 웬일인지 영친왕에 대해서는 특별한 관심을 보였다. 최고사령관 맥아더가 부관을 시켜 위로도 하고 당시로는 얻기 힘들었던 생활물자를 보내기도 했다. 나중에 알게 되었지만, 맥아더 원수의 부친 맥아더 1세 장군이 노일전쟁 당시 육군 소령으로 관전무관(觀戰武官)이 되어 압록강변에 진을 치고 있던 일본군대에 종군한 일이 있었다고 한다. 당시 서울에서 고종황제를 뵈었을 때 그는 황제로부터 고려자기 화병 하나를 하사받았다. 그의 아들 맥아더 원수가 그것을 물려받아 오랫동안 간직해오다가 태평양전쟁 당시 필리핀에서 탈출할 때 그만 분실하고 말았다. 이처럼 맥아더 원수는 부자 2대에 걸쳐 우리 왕실과 우연찮은 인연이 있었던 것이다.

나중에 그 이야기를 들은 나는 영친왕을 만났을 때 이렇게 권유했다.

"부왕께서 화병을 선사하신 일이 있으니 이번에는 아드님이신 전하께서 화병 하나를 다시 선사하신다면 맥아더 원수도 매우 기뻐할 것이고, 또한 6·25전쟁 때 우리 민족과 나라를 구해준 은혜를 갚는 것도 되지 않겠습니까?"

영친왕도 쾌히 승낙했다. 며칠 후, 얼마 남지 않은 물품 중에서 조선백자 화병 하나를 골라서 보냈더니 곧이어 맥아더 원수의 부관 윌로비 소장으로부터 서한이 왔다. 맥아더 원수가 매우 만족했고 가까운 장래에 영친왕과 만나게 되기를 희망한다는 내용이었다. 그러나 얼마 뒤 맥아더 원수가 만주폭격 문제로 트루먼 대통령과 의견이 맞지 않아 유엔군 총사령관직에서 파면되고 일본을 떠나게 되었기 때문에 그 만남은 영원히 실현되지 못했다.

영친왕은 맥아더 원수를 군인으로서 높게 평가했다. 맥아더가 인천상륙작전을 감행했을 때에는 2차 세계대전 당시 노르망디 상륙작전이나 다름없는 전략적 대승이라며 칭찬을 아끼지 않았다. 맥아더 원수가 파면되어 "노병은 죽지 않고 다만 사라질 뿐"이라는 명언을 남기고 도쿄의 하네다공항을 떠나던 날, 영친왕은 옆에서 지켜보기 힘들 만큼 침울한 표정으로 언짢아했다.

해방은 되었건만

영친왕과 영친왕비 마사코 왕녀(방자 여사)는 아들 형제를 두었다. 큰 아들 진(晋)은 두 살 때인 1922년 4월 순종을 뵈러 왔다가 서울에서 죽었고, 지금은 작은 아들 구 씨가 홀로 남아 있을 뿐이다. 구 씨는 일본의 패전 직후 17세 소년의 몸으로 미군 PX에서 경영하던 상점의 점원이 되었다. 그 상점은 도쿄의 한복판인 타무라쵸 네거리에 있던 '로저즈 상점'이라는 기성양복 전문점이었는데, 구 씨는 취직을 하자마자 그 상점의 회계 일을 맡아보게 되었다. 당시 구 씨는 이제부터는 영어를 알아야 하며, 영어를 배우자면 직접 미군 속에 들어가서 그들과 접촉을 해야 한다는 생각에서 로저즈 상점에 취직을 했던 것이다.

미군 기관지인 《성조》지에서 "한국의 전 황태자 이왕(李王)의 아들이 미군 상점의 점원이 되었다"며 그의 사진과 함께 커다랗게 보도한 것은 바로 이때의 일이다. 미국 사람들은 자기 나라의 역사가 짧은 탓인지 로열패밀리라고 하면 사족을 못 쓴다. 그래서 그랬던지 구 씨는 로저즈 상점에서 가장 인기가 높았고 미군 장병들의 총애를 받았다. 그리고 오래지 않아 대망의 미국 유학을 떠나게 되었다.

내가 처음 영친왕을 만나서 한 가지 놀란 것은, 전후 그 혼란한 시대에 6·25전쟁 때문에 한국에 와 있는 유엔군을 위해 『A First Book of Korean』라는 한국어 교본을 만든 일이다. 해방 전에는 경성제국대학 교수로 있었고 당시 도쿄의 학습원 교수였던 R. H. 블라이드 씨와 함께 쓴 그 책은 그다지 크지는 않지만 처음으로 한국에 온 외국 사람에게는 매우 편리한 교본이었다. 영친왕이 직접 그린 한국인 남녀의 옷차림까지 삽입해서 "이것은 갓이요" "이것은 치마요" 하고 영문으로 발음까지 붙여놓은 것은 미소를 자아내게 한다. 영친왕이 어려서부터 그림그리기를 좋아했을 뿐더러 해방 후에는 일본 서양화단의 권위자인 이노구마 화백에게서 틈틈이 그림을 배웠기 때문에, 자기 저서에 삽화를 그려 넣는 것쯤은 문제가 아니었던 것이다. 자기 자신은 국제결혼을 하여 멀리 일본에 가 있지만 항상 조국의 운명과 민족의 장래를 염려해서 무엇인가 가치 있는 일을 해보려던 참에, 우리를 도와주려고 온 유엔군을 위해 조그만 책자나마 급히 저술했다는 사실은 하나의 경이라고 하겠다. 이 책은 미군 PX에서도 상당히 많이 팔린 것으로 알고 있다.

과거 일본의 육군대학은 패전으로 지금은 없어졌으나, 당시 동양에서는 가장 권위가 있던 군사학교였으므로 그곳을 졸업한 영친왕의 군사지식도 상당한 듯했다. 해방 전 그가 오사카 제4사단장으로 있을 때, 나는 어떤 일본 군인에게서 다음과 같은 이야기를 들은 일이 있다. "일본의 황족들은 실력이 부족해도 사단장이 되지만, 이왕전하(李王殿下)만은 그렇지 않고 실력으로 된 것입니다." 언젠가 그 군인이 육군 대연습(大演習) 때 우연히 영친왕과 함께 있게 되었다고 한다. 멀리 보이는 산의 높이가 대략 얼마나 될까 하는 것이 화제가 되었고, 영친왕이 얼핏 목측만으로 높이를 말했는데 그것이 꼭 들어맞으니 옆에 있던 참모들도 모두 혀를 차며 놀랐다는 것이다.

뿐만 아니라 영친왕은 인품이 고결하고 중후하며, 교양과 지성이 높은 신사였다. 일본말은 물론이요 영어도 잘하고 불어에도 능통했다. 앞서도 말한 바와 같이 한국에 와 있는 유엔군을 위해서 영어회화 책을 저술한 것을 보고 나는 영친왕의 영어실력이 상당함을 확인했다. 영친왕은 취미도 광범위해서, 서예에도 능하고 서양화는 일류화가도 인정할 만큼 수준이 높았다. 그중에도 가장 유명한 취미는 양란 재배였다. 영친왕이야말로 다재다능한 왕자였다고 할 수 있겠다.

어느 해인가 나는 영친왕을 모시고 영화구경을 간 적이 있었다. 도쿄에서도 가장 번화한 곳의 하나인 유라쿠쵸에 있는 스바르좌(座)라는 영화관에서 마침 〈지프차의 4인〉이라는 미국 영화를 상영 중이었기에 영친왕 내외를 거기로 초대한 것이었다. 이 영화는 제2차 세계대전 직후 오스트리아의 수도 빈을 연합군이 점령하여 미국, 영국, 프랑스, 소련 네 나라가 공동 관리를 할 때의 희비극을 그린 작품이다. 네 나라의 헌병들이 날마다 함께 지프를 타고 빈 시내를 순찰하는 가운데 일어나는 여러 가지 이야기를 엮은 영화라 제목도 그처럼 붙인 것이었다.

영화가 끝난 다음 영친왕은 나에게 저녁을 사주겠다며 그 부근에 있는 도쿄 회관의 브르니에라는 레스토랑으로 데리고 갔다. 브르니에는 프랑스식 생선 요리로 유명한 곳으로, 생선을 좋아하는 영친왕이 잘 다니던 식당이었다. 자리를 정한 다음 영친왕이 크랩 칵테일과 오이스터 그라탕을 주문하는 것을 보면서 내가 물었다.

"영화는 재미가 있었습니까?"

"분단된 해방이란 참 곤란하군!"

영친왕은 침울한 표정으로 대답하고는 말을 더 잇지 못했다. 잠시 뒤에 내가 또 물었다.

"예전과 지금을 비교하면 어느 편이 더 낫습니까?"

"그야 지금이 좋지요."

"어떤 점이 좋습니까?"

"예전에는 누구 하나 마음대로 만날 수가 없었고 어디고 자유롭게 다니지를 못했는데, 지금은 무엇이든 할 수가 있으니까. 그렇지만…"

"그렇지만, 또 무엇이 있습니까?"

"그 대신 지금은 돈이 있어야지요."

행동의 자유를 얻은 대신 이번에는 생활 문제라는 새로운 난관에 부딪치게 된 그의 고충을 새삼스레 깨닫지 않을 수 없었다. 부자가 갑자기 생활이 어렵게 되면 큰 집을 팔아 작은 집으로 줄여 가서 그 차액을 가지고 살아가듯, 그때의 영친왕도 그와 마찬가지였다. 지금은 약간 남은 돈으로 곶감 빼어먹듯 생활하고 있지만 그것을 다 쓰고 나면 장래가 큰 걱정이라는 것이었다. 나는 영친왕의 말을 충분히 이해할 수 있었으며, 이 선량한 노신사가

적어도 생활비 때문에 외지에서 체면을 손상하는 일이 있어서는
안 되겠다는 생각을 더욱 절실히 하게 되었다.

  그 무렵 어느 날 영친왕은 자기가 앞으로 어떻게 하면 좋겠냐
고 내게 물었다. 나는 이렇게 대답했다.

  "한양조 500년 최후의 황태자로서 어디에 계시든 최고의 명예
를 보전하고 평온하게 일생을 보내시는 것입니다. 500년이라는
세월은 한 왕조의 역사로 결코 짧은 것이 아니니, 그 위에다 또
사족을 붙일 필요는 없으므로 행여나 정치에는 간여하시지 않는
것이 좋겠습니다."

  영친왕도 무릎을 치며 전적으로 동감이라고 했다. 정치에는
아무 관심도 없으며, 오직 바라는 바는 하루바삐 조국이 통일되
어서 민생이 안정되는 일이라고 했다. 그리하여 조국이 통일되
면 자기도 귀국해서 여생을 서울에서 보내고 싶다는 것이었다.

이승만과 영친왕

1950년, 즉 6·25전쟁이 일어나던 그해 2월에 이승만 대통령은 건국 후 처음으로 일본을 방문했다. 수행원은 외무장관 임병직, 공보처장 김동성, 공보국장 이정순, 그리고 경무대 공보비서 김광섭이었다. 이 대통령의 일본 방문은 대한민국의 건국식에 참가하기 위해 서울까지 와준 연합군 최고사령관 맥아더 원수에게 감사의 뜻을 표하고, 아울러 재일교포들을 격려하기 위함이었다.

이 대통령과 영친왕이 최초로 만난 것도 바로 그때였다. 주일대사 신흥우 박사로부터 연락을 받은 영친왕은 방자 여사와 함께 긴자의 핫토리 빌딩 4층에 있던 주일대표부로 가서 이 대통령을 예방했는데 그 자리에는 임 외무장관과 신 주일대사도 배석했다. 영친왕이나 이 대통령은 다 같은 전주이씨(全州李氏)였지만 한편은 신흥국가의 대통령이 된 승리자였고, 다른 한편은 구황실의 황태자로 거의 일생을 일본에서 살아온 볼모에 지나지 않았다. 8·15해방으로 고립무원이 된 영친왕은 심중에 은근히 기대하는 바가 있었을 것이다.

그러나 이 대통령은 '본국으로 오려거든 오라'는 말밖에는 아무런 호의도 온정도 표시하지 않았다. 영친왕이 이 대통령과 면담을 끝마치고 주일대표부를 나올 때 엘리베이터를 타는 곳까지 따라 나온 사람은 민망한 표정의 신흥우 주일대사 한 사람뿐이었다. 가뜩이나 말이 없던 영친왕은 이 대통령의 냉담한 태도에 더욱 말이 없게 되었다.

이 대통령과 망명시절부터 친교가 있었던 신흥우 박사는 영친왕의 딱한 처지를 동정하여 조금이라도 돕고자 했으나, 무슨 까닭인지 이 대통령의 태도가 너무 냉담하므로 자기로서는 도무지 어찌할 수가 없었다. 후일 신 박사는 나에게 그 당시의 상황에 대해 이렇게 말했다.

"그때 이 대통령의 심리는 도무지 알 수가 없었습니다. 자기도 걸핏하면 무슨 대군의 몇 대손이라는 것을 내세우면서, 황태자는 그만두고라도 개인적으로도 전주이씨 종손인 이은 씨에 대해서 어찌 그리 냉담했는지 모르겠습니다. 한 가지 추측할 수 있는 것은, 당시 전 국민이 영친왕을 동정하고 있었고 그만큼 인기도 대단했으므로 그것이 싫었던 것 같습니다. 또 하나는 행여나 '나는 지금도 왕이다' 하는 생각을 갖지 말라는 뜻에서 처음부터 무시하는 태도로 나온 것이 아닌가 합니다. 아무튼 이 대통령을 만난 결과, 영친왕이 귀국을 단념하고 일본에서 여생을 보낼 결심을 하게 된 것만은 사실입니다."

영친왕에 대한 이승만 대통령의 이 같은 견해는 나름대로 몇 가지 이유가 있었던 것으로 보인다. 당시 도쿄에 있는 연합군 최고사령부는 맥아더 원수는 말할 것도 없고 전 참모들이 대체로 영친왕에 대해서는 상당히 호의를 가지고 있었던 모양이다. 그

1950년 10월 5일 국회에서 맥아더 원수에게 훈장을 수여하기 전
서훈 이유서를 낭독하는 이승만 대통령.

것은 영친왕 자신의 덕망과 식견 덕분이라고 할 수도 있겠지만, 그보다는 탁월한 군사지식을 가진 사람이 신생국가에는 필요했기 때문이었는지도 모른다. 맥아더 원수의 선임부관 하프 대령 같은 이는 한국전쟁을 수행하는 데는 선장 출신인 신성모 국방장관보다 '프린스 리' 같은 이가 적합할 것이라고 늘 역설했다. 한국 군대의 지휘관은 대개 해방 직후 미군정청에서 설립한 국방경비대와 해안경비대 출신이라 나이도 젊었을 뿐더러 경험이 부족해서 사단 정도의 군대를 움직일 수 있는 장교도 그리 많지 않은 형편이었다.

항간에는 이런 이야기도 있었다. 한국인으로서 적어도 사단이나 군단의 병력을 자유자재로 움직이는 작전을 잘할 수 있는 사람은 영친왕과 홍사익 중장 두 사람밖에 없는데, 홍 중장은 태평양전쟁이 끝나자마자 안타깝게도 사형을 당했으므로 이제는 영친왕 한 분만이 남아 있다는 것이다. 임시정부가 부산에 있을 때는 영친왕이 국방장관에 취임하려고 곧 귀국한다는 소문까지 파다하게 퍼졌다. 영친왕이 육군대학에 다닐 때부터 프랑스 전사, 특히 보불전쟁사의 권위자인 것을 아는 사람들은 그럴 수도 있겠다며 자못 마음 든든하게 생각했다.

경상도의 어느 절에서는 비구니들이 부적을 만들어 영친왕의 장수를 빌면서 이 나라를 바로잡자면 영친왕이 돌아와야 한다고 떠들어댔다. 일부 전주이씨와 사회명사들은 이미 부산 피난 중에 '이은 선생 환국 환영회'를 조직하고 환영 취지서를 각 방면에 돌리기도 했다.

정치적 혼란에 휩쓸리고 전쟁에 시달릴 대로 시달린 일반 민중들은 이 나라를 구하고 시국을 바로 잡을 사람은 일본에 있는 영친왕밖에 없다는 생각에서 와글와글 떠들었다. 사람이란 본래 멀리 떨어져 있어야 더 위대하게 보일 뿐만 아니라 워낙 인물에 굶주렸던 끝이라, 영친왕을 무슨 구세주와 같이 생각하여 필요 이상의 큰 기대를 걸었던 것이다.

그러나 정작, 멀리 도쿄에 있는 영친왕은 이에 대해서는 조금도 모르고 있었다. 본인은 고단한 인생에 지쳐서 정치가가 될 생각도, 다시 군인 생활을 할 생각도 없었건만 본국에서는 남의 속도 모르고 자꾸 떠들어댔다. 결국 이런 일들로 억울한 오해를 사게 된 것이 건강한 모습으로 좀 더 일찍 고국에 돌아오지 못한 중요한 원인이 되었던 것이다.

그 무렵, 나는 볼 일이 있어서 도쿄로부터 임시수도 부산에 간 일이 있었다. 당시 영친왕에 대한 일반의 인기는 대단한 바가 있었다. 심지어 "대통령은 영친왕이 되어야 한다"며 무슨 신의 계시처럼 말하는 사람도 있었고, 영남에서 유림으로 명성이 높은 어떤 노인은 정부가 얼른 영친왕을 모셔오지 않는다며 땅을 치고 통곡하기도 했다. 그들은 모두 소박한 감정과 따뜻한 인간애로 영친왕을 동정하고 그에게 큰 기대를 건 것이겠지만, 그들의 호의와 기대는 영친왕에게는 오히려 큰 해가 되었다. 내용을 잘 모르는 하급관료와 경찰은 마치 영친왕에게 어떤 야심이라도 있어서 대통령을 꿈꾸는 듯이 오해하고 상부에 그대로 보고했다. 아무 것도 모르는 경무대 비서진은 잘 알아보지도 않고 영친왕을 경계했던 것이다. 자고로 너무 인기가 있는 사람은 남의 질시를 받기 마련이지만, 도쿄에서 그런 일을 전혀 모르고 있던 영친왕으로서는 억울하기 짝이 없는 일이었다.

　다행히도 영친왕에게 그런 생각이 없었으니 망정이지, 만일 그에게 조금이라도 정치적 야심이 있어서 1950년대 초, 즉 부산이 임시수도였을 당시에 대통령선거에 출마를 했더라면 큰 파문이 일었을 것이다. 그때는 정치파동이니 뭐니 하여 정국이 극도로 혼란스러웠고 일반 민중도 새로운 지도자를 열망했을 뿐더러, 구황실이라면 무조건 머리를 조아리는 유림과 노년층이 아직도 많이 살아 있을 때였으므로 영친왕이 절대 다수의 지지로 당선되었을 것임은 틀림없다고 단언할 수 있다. 그러나 영친왕 자신을 위해서나 대한민국을 위해서나, 영친왕이 대통령이 되지 않은 것을 지금까지도 나는 퍽 다행스럽게 생각하는 바이다.

윤대비의 기품

당시 영친왕에게는 큰 근심이 두 가지 있었다. 하나는 형수인 윤대비에 관한 일이고, 또 하나는 불쌍한 누이동생 덕혜옹주에 대한 걱정이었다.

윤대비는 해풍부원군 윤택영의 따님으로, 순종의 첫 부인 순명효황후가 세상을 떠난 후 열세 살 나이에 그 후취로 황태자비로 들어가서 나중에 황후가 된 분이다. 6·25전쟁 전까지는 창덕궁 낙선재에서 거처했으나, 1·4후퇴 때 구포로 피난을 갔다 와서는 오랫동안 다시 창덕궁으로 들어가지 못하고 정릉에서 고독한 세월을 보냈다. 6·25전쟁 때에는 창덕궁에 침입한 인민군이 의류와 패물까지 모조리 빼앗고 쫓아냈기 때문에 늙은 상궁만을 데리고 거리에서 헤매다가 운현궁에서 여름 한 철을 지냈다는 눈물겨운 이야기도 있다. 조선조 500년 동안 왕비로서 이 분만큼 신산한 꼴을 맛본 이도 별로 없을 것이다.

명성황후의 아드님인 순종은 천성이 인자하고 효심이 지극하여 장차 좋은 임금이 될 것으로 기대되었으나, 어렸을 때 독약을 마신 까닭에 아깝게도 불구가 되었다. 순종이 여남은 살쯤 되었을 때 하루는 식후에 홍차를 마셨는데, 차를 들자마자 갑자기 피를 토하고 쓰러져서 궁중이 발칵 뒤집혔다. 전의가 달려와서 검진한 결과 독약이 든 홍차를 마신 것으로 추측했다. 다행히 목숨은 구했으나, 그 바람에 순종은 앞니가 모두 빠지고 오랫동안 병석에서 신음하게 되었다. 간신히 건강을 회복한 그는 벌써 이전의 순종이 아니었다. 총명했던 정신은 흐려지고, 건강했던 육체는 기운이 빠져서 말을 잘 듣지 않았다. 사람들은 장차 왕위를 노리는 자들의 소행이었을 거라고 의심했다. 그와 같은 음모는 과거에도 얼마든지 있었던 일이므로, 만일 문제를 일으킨다면 궁중에 큰 파문이 일어날 것이 예상되었다. 그러나 집안 간에 피를 흘리게 될 것을 염려해서 그랬던지 문제를 크게 확대시키지 않고 불문에 부치기로 했다. 그로 말미암아 이 사건은 흐지부지되고 말았거니와, 가엾게도 순종은 일생을 폐인으로 지내지 않을 수 없게 되었다.

그러한 분의 배필이 되었으니 윤대비의 일생 또한 불행했으리라는 것은 상상하고도 남음이 있다. 윤대비는 황태자비나 황후마마라는 헛된 이름 때문에 인생의 낙을 모르고 70평생을 생과부로 늙었으므로 아이를 낳은 일도 없었다. 그뿐 아니라 순종은 고종이 연로해서 자연적으로 왕실의 대손을 이은 것이 아니라, 헤이그 밀사사건으로 인한 일제의 강압을 못 이겨서 억지로 황제의 자리에 오르게 된 것이었다. 그러니 효성이 지극했던 순종이 마음에 내키지 않았던 것은 물론이요, 윤대비 역시 자기가 황후가 된 것을 덮어놓고 좋아할 수도 없는 처지였다.

게다가 황제와 황후로 재위한 지 불과 3년 만에 끝내 망국의 통한을 품게 되니, 무엇 때문에 황제가 되고 무엇 때문에 황후가 되

40

영친왕

순종과 윤대비.

었는지 알 수 없는 노릇이었다. 하필이면 나라가 망할 때 황제가 되어 자기도 모르는 사이에 삼천리강산을 송두리째 일제에 빼앗기고 말았으니 순종만큼 기구한 임금은 별로 없을 것이며 그 또한 죽어서 눈을 감지 못했을 것이다. 그리하여 파란 많던 조선조 500년의 역사도 제 27대 왕인 순종으로 그 종막을 고한 것이다. 따라서 영친왕은 항상 큰 형님 순종을 불쌍하게 생각했고, 새로 어마마마가 된 윤대비를 그리워했다.

윤대비는 열세 살에 시집온 후 거의 일생을 창덕궁에서 지냈다. 6·25전쟁 때 운현궁으로 나갔던 것과 1·4후퇴 때 구포로 피난했다 정릉의 객사에 머물렀던 것을 빼놓고는 창덕궁 안에서 밖으로 나온 일이 없으니, 50여 년을 궁중에서만 보낸 셈이다. 그러니 윤대비가 상대하는 사람이라고는 몇 사람 안 되는 근친과 나이 많은 상궁들뿐이었으므로 자연히 세상물정에 어두울 것은 정한 이치이다. 그러나 나는 뜻밖에도 윤대비가 결코 평범한 부녀자가 아니었고 국모로서도 역시 훌륭한 황후였다는 것을 우연한 기회에 알게 되어 탄복한 적이 있다.

1947년 미군정 때의 일이었다. 우리나라의 기독청년회(YMCA) 사업을 도우려고 미국으로부터 조지 피치라는 노박사가 왔다. 그는 다년간 중국에서 활약했으며, 상해에 있을 때는 물심양면으로 우리 임시정부를 지원함으로써 한국 독립의 숨은 공로자라는 말을 듣는 사람이다. 그 부인인 제럴딘 피치 여사는 저널리스트로 유명해서 미국의 주간 잡지 《뉴리더》의 기고가이기도 했다. 그런데 하루는 YMCA 총무 현동완 씨가 나를 찾아와서 이런 말을 했다.

"피치 박사와 그 부인의 특별한 청인데, 창덕궁의 윤대비를 찾아 뵈옵겠다고 하니 어떻게 허가를 얻어줄 수 없겠소?"

당시는 해방 직후 미군정 때이므로 전에 있던 이왕직은 이미 없어지고, 그 대신 이달용 씨와 윤홍섭 씨 등 종친들이 관리위원회를 만들어서 구왕궁을 지키고 있던 때였다. 위원들은 모두 내가 잘 아는 사람이므로 문제가 없었지만 과연 윤대비가 외간 남자를, 그것도 외국인을 만나줄는지는 의문이었다. 자신은 없었지만 피치 박사가 모처럼 부탁한 것이므로 하여간 힘은 써보마고 했다. 그 이튿날 창덕궁으로 가서 위원들에게 교섭을 하니 과연 난색을 표시했다. 첫째는 윤대비가 서양 남자를 만나본 일이 없다는 것이요, 둘째는 대비가 거처하는 낙선재는 협소할 뿐더러 외국 사람을 접견할 만한 설비가 되어 있지 않다는 것이 이유였다. 나는 입이 닳도록 피치 박사가 다른 미국 사람과는 다르다는 것을 역설했다. 그랬더니 위원들은 조건을 달고 겨우 승낙을 해주었다.

"그렇다면 실례가 되지 않도록 예복을 입고, 너무 어려운 질문은 하지 말라고 해주시오."

약속한 날 예장을 갖춘 피치 박사 부부를 데리고 창덕궁으로 들어가 낙선재에 이르니 윤홍섭 위원장 이하 여러 위원들이 벌써부터 우리를 기다리고 있었다. 응접실에서 잠깐 쉬었다가 접견실로 들어가니 정면 의자에는 윤대비가 단정히 자리를 잡고 있었고, 그 좌우에는 십여 명의 상궁들이 시립하고 있었다. 피치 박사 부부는 천천히 걸어서 윤대비 앞으로 가서 영국의 궁중의

식 그대로 한쪽 무릎을 꿇고는 경건하게 머리를 숙이더니 정중한 인사의 말씀을 올렸다.

"구한국의 황후폐하께 삼가 문안을 드립니다."

통역은 현동완 씨가 했는데 그 말이 떨어지자, 윤대비는 거침없이 말했다.

"내가 들으니 피치 박사 부처는 상해임시정부를 도와서 우리나라 독립운동에 많은 공로가 있다고 하니 대단히 감사하오. 바라건대 장래에도 한미 양국의 친선을 위해서 많이 힘써주오."

조금도 나무랄 데가 없는 훌륭한 치사였다. 이윽고 담화가 끝나고 피치 박사 부부가 윤대비에게 작별인사를 여쭙고 물러나오는데, 마치 영국 기사가 빅토리아 여왕 앞에서 하듯 등 뒤를 보이지 않으려고 얼굴은 정면을 향한 채 천천히 뒷걸음질치며 걸어나오는 것이 참으로 장관이었다. 나는 아무 실권도 없는 구한국 황실에 대해서 그처럼 최고의 경의를 표해준 피치 박사에게 깊은 감명을 받았다. 응접실로 나와서 관리위원들을 보고 윤대비께 미리 말씀하실 내용을 가르쳐드렸냐고 물어보았더니, 전혀 그런 일이 없다고 하면서 황후가 되시는 분은 역시 다르다고 혀를 내두르는 것이었다.

그 후 피치 박사가 윤대비를 자기 집으로 초대하고 싶다고 했으나 그것은 실현되지 못했다. 나중에 미국에서 배달되어 온 《뉴리더》지에는 피치 부인의 이름으로 특별 기사가 게재되어 있었다.

구한국 최후의 황후 윤대비 회견기=지금은 아무 실권도 없이 다만 창덕궁 안 낙선재에서 고요하게 여생을 보내고 있지만, 윤대비는 과연 기품 있고 인자하며 총명한 황후이다…

　내가 도쿄에 가서 처음 영친왕을 뵈었을 때 바로 이 '윤대비와 피치 박사'의 이야기를 전했더니, 영친왕은 만면에 웃음을 머금고 "그럴 거야, 대비마마 같으면 그렇게 하실 거야"라고 하면서 어찌나 좋아하는지 몰랐다. 평소에 말이 없고 항상 침울하기만 한 영친왕에게서는 참으로 보기 드문 밝은 표정이었다. 그만큼 영친왕은 윤대비를 잘 이해하고 또 존경하는 듯했다.

가엾은 덕혜옹주

덕혜옹주는 고종의 고명따님으로 영친왕에게는 단 하나밖에 없는 누이동생이다. 고종은 늦게 얻은 따님을 몹시 사랑하여 손안의 보석과 같이 쥐면 꺼질까 불면 날까 하며 애지중지했다. 옹주의 나이 일곱 살이 되자 덕수궁 준명당에다 유치원을 특별히 설립하고 귀족의 딸 여덟 명과 함께 어렸을 때부터 훌륭한 교육을 받게 했다. 교사로는 조선인과 일본인이 한 사람씩 있었다. 고종은 또 옹주가 유치원에 갈 때는 가까운 거리였지만 꼭 유모를 딸려서 사인교(四人轎)를 타고 가게 했다. 덕혜옹주가 소학교에 다닐 때는 마차를 타고 통학했으며, 봄철의 꽃놀이와 가을철의 단풍놀이에는 부왕을 따라 창덕궁 후원에서 갖은 재롱을 다 부렸다.

당시 고종에게는 크나큰 걱정이 하나 있었다. 일제가 영친왕을 볼모로 일본으로 데려간 전례가 있는 만큼 덕혜옹주에 대해서도 그냥 내버려둘 것 같지 않았기 때문이다. 더구나 일본의 역사를 보면 정략결혼이 비일비재했으므로 덕혜옹주도 성장하면 반드시 일본으로 데려다 정략결혼을 시킬 것이 눈에 보이는 듯했다. 고종은 밤에 잠도 잘 자지 못할 지경이었다.

고종이 하루는 시종 김황진(편집자 주: 필자의 백부)에게 물었다.

"너는 자식이 몇이나 있느냐?"

"소인에게는 딸자식이 하나 있을 뿐이옵니다."

"그러면 조카는 없느냐?"

"아우가 여럿 있어서 조카아이들은 많사옵니다."

며칠 후 고종은 다시 김 시종에게 말했다.

"일본 놈들이 또 무슨 짓을 하지 모르니 옹주는 이편에서 먼저 약혼을 해두었다가 적당한 시기에 발표하여 그놈들이 꼼짝 못하도록 해야겠다."

그러면서 김 시종에게 장래 부마감으로 조카를 하나 내놓으라고 했다. 시종 김황진은 병자호란 때 농성 중이던 남한산성에서 끝까지 항복에 반대하다가 청나라에 볼모로 끌려가 7년 동안이나 만주 심양에서 유폐 생활을 했던 김상헌 선생의 후예로서, 많은 시종 중에서도 고종이 가장 신임하는 사람이었다. 모처럼의 분부일 뿐더러 황제의 고충을 가엾게 생각한 김 시종은 덕혜옹주와 나이가 맞는 조카아이를 하나 천거했다. 고종은 어느 날 밤 비밀리에 별감 하나를 시켜 그 아이를 덕수궁으로 데려다 보기까지 했다. 그 결과 고종과 김 시종 사이에는 그 조카아이(편집자 주: 필자의 아우)를 김 시종의 양자로 입양한 후에 약혼을 하기로 밀약이 성립되었다. 그리고 적당한 시기에 덕혜옹주의 약혼이 이미 성립되었음을 공표하기로 했다.

그러나 대궐 속에도 수많은 사람들이 살고 있고, 그중에는 총독부의 앞잡이도 있었으므로 그만한 일이나마 비밀을 지켜나간다는 것은 여간 어려운 일이 아니었다. 그러므로 옹주의 약혼뿐만 아니라 다른 문제에 관해서도 고종이 김 시종과 이야기를 할

사진上:일본에 끌려간 뒤 학습원에 재학 중이던 덕혜옹주.

사진下:고종이 덕수궁에 설립한 유치원에 다니던 때의 덕혜옹주(앞줄 가운데). 앞줄 왼쪽에서 두번째가 필자의 아내 민덕임이다.

때에는 남의 이목을 피해서 되도록 단둘이 이야기를 나누었다. 아무리 해도 비밀스러운 담화를 할 수가 없을 때는 조그만 종이 쪽지에 사연을 써서 방바닥에 슬쩍 떨어뜨리거나 보료 밑에 넌지시 넣기도 하여 남몰래 그것을 꺼내 보았다는 눈물겨운 이야기도 있다. 그러나 이것도 오래 가지 못했다. 고종과 김 시종 사이에 반드시 뭔가가 있다는 스파이의 보고로 경무총감이 직접 김 시종에게 권고사직을 강요했기 때문이다. 이로써 고종과 김 시종이 다시는 만나지 못했을 뿐 아니라 옹주의 약혼 얘기도 유야무야되고 말았다.

시간이 흘러 고종이 세상을 떠나고 곧 이어서 3·1운동이 발발했다. 일제는 물실호기(勿失好機)라고 생각했던지 침략정책을 더욱 노골화하기 시작했다. 덕혜옹주가 퇴계로에 있던 일출 소학교 4학년에 다닐 때, 왕족은 일본에서 교육을 받아야 한다는 핑계로 덕혜옹주를 억지로 일본으로 데려간 것도 그 일환이었다. 그 이후 도쿄에 있는 학습원에서 공부를 하던 옹주가 19세 되던 해, 일제는 대마도 번주의 아들인 소 다케유키(宗 武志) 백작과의 정략결혼을 강행하고야 말았다.

덕혜옹주는 처음 그 말을 듣고 사흘 동안이나 식음을 전폐하고 울었다. 그럴 때마다 옹주 앞에 있는 일본인 궁녀들은 누가 보는 데서는 "전하!" 하고 공손히 절을 하다가도 주위에 아무도 없을 때에는 "정말 시집을 아니 갈 테야?" 하고 윽박질러서 가뜩이나 고독한 옹주를 더 고독하게 만들었고 공포에 떨게 했던 것이다. 가기 싫다는 시집을 억지로 간 옹주는 결혼 후 수년 만에 마사에(正惠)라는 딸 하나를 낳고는 그만 정신병에 걸리고 말았다.

그 후 세월은 흘러 일본은 결국 태평양전쟁에서 패배했고, 조선은 대망의 독립을 얻었다. 그러나 덕혜옹주의 이야기를 하는 사람은 아무도 없었으니 옹주의 존재는 이 세상에서 완전히 말살된 것이나 다름없었다. 고종황제와 김 시종과의 사연을 잘 알고 있었던 나는 어쩐지 덕혜옹주의 일이 몹시 마음에 걸렸다. 그래서 나는 도쿄에 도착하자마자 소 백작에게 전화를 걸었다. 전화번호부를 보고 번호를 알아냈던 것이다. 옹주의 근황을 물으니 소 백작은 옹주가 입원중이라고 하면서 굳이 만나볼 필요는 없지 않느냐며 아주 냉담하게 전화를 끊었다.

그 이튿날 영친왕을 만났을 때, 나는 덕혜옹주가 도쿄 교외에 있는 마쓰사와 정신병원에 입원해 있다는 것을 알게 되었다. 영친왕이 병원비로 매월 1만 엔씩을 내고 있다고 했다. 그 길로 나는 도쿄 시내에서 자동차로 한 시간쯤 걸리는 그 병원을 찾아갔다. 신경과 병원으로는 일본에서 제일 오래 되었다는 마쓰사와 병원에는 음산한 공기가 떠돌고 있었다. 중환자가 있는 병실은 마치 감방처럼 쇠창살로 창을 막고 있었다. 안내해주는 간호부의 뒤를 따라갔는데, 한 병실 앞에 이르자 간호부의 발이 딱 멈추었다. 그 안을 들여다보니 40세쯤 되어 보이는 중년의 부인이 앉아 있었다. 창백한 얼굴에 커다란 눈을 뜨고 이쪽을 바라보는 것이 무서울 지경이었다. 그 부인이 바로 덕혜옹주였던 것이다. 아무도 없는 독방에서 여러 해 동안을 우두커니 앉아 있는 옹주가 어찌나 불쌍한지 나도 모르는 사이에 눈물을 흘렸다. 만일 고종황제가 이 광경을 본다면 얼마나 슬퍼하실까? 어느 나라고 왕가의 종말에는 허다한 비극이 깃드는 법이지만, 고종황제의 고명딸님 덕혜옹주의 말로가 이다지도 비참하게 될 줄이야 어찌 뉘라서 상상인들 했으랴?

생각건대 덕혜옹주는 정략결혼의 희생이 된 것이었다. 구중궁궐에서 금지옥엽으로 세상을 모르고 자라다가 환경이 돌변하여 일본에서 생각지도 않았던 대마도 사람과 강제결혼을 하게 되니 모든 것이 무섭고 구슬퍼서 필경 정신병 환자가 된 것이 아닐까? 무엇 때문에 이 세상에 났다가 무슨 까닭으로 만리타향에서 산송장의 신세가 되었단 말인가? 그 처참한 광경을 보고는 병원에 갔던 것을 오히려 후회하게 되었다. 이제는 하루바삐 덕혜옹주를 데려다가, 죽더라도 조국에서 죽게 해야겠다는 생각을 깊이 하게 되었다.

소 백작이 이미 여러 해 전에 다른 일본 여자와 재혼을 했고 무남독녀 마사에는 해방 후 세상을 비관하고 집을 나간 채 행방불명이 되었다는 소식을 접한 영친왕은 더욱 그 누이동생을 측은하게 생각해서 항상 입버릇처럼 "옹주를 본국으로 데려가면 얼마나 좋겠느냐"고 말하곤 했다.

사랑의 귀공자

영친왕이 늘 안타깝게 생각했던 손아랫사람이 또 하나 있다. 해방 직전 히로시마에서 원자폭탄에 죽은 이우 공(李鍝 公)이다. 그는 고종의 둘째아들 의친왕의 제2공자로 태어나 여섯 살 때 대원군의 손자인 영선군 이준(李埈) 공의 양자로 들어간 사람이다.

1945년 8월 6일, 당시 육군중좌로서 히로시마 소재 서부군관구사령부의 고급 참모였던 그는 아침 일찍 말을 타고 출근하는 도중에 원자폭탄 세례를 받고 아깝게도 세상을 떠나고 말았다. 그때 그의 나이 34세였다. 포악했던 일제를 끝장낸 그 역사적인 원자폭탄에 조선왕실의 왕손이었던 그가 참사했다는 것은 참으로 야릇한 운명의 장난이 아닐 수 없다.

이에 앞서 이우 공은 본국에 돌아와 약 한 달 동안 운현궁에서 지냈다. 무슨 불길한 예감이 들었던지 일본으로는 다시 가지 않겠다고 항거하다가 일제의 강압으로 가기 싫은 길을 억지로 떠났다. 그의 희생은 결국 일제가 만든 것이나 다름없는 것이었다. 구황실의 왕족으로 태어났기 때문에 마음에도 없는 일본 군인이 되었지만 소극적이나마 항상 일본에 대한 저항을 계속해온 이우 공이었으니, 지하에서도 더욱 통분하게 생각했을 것이다.

이우 공의 유해는 그 이튿날 일본 공군기로 서울에 공수되어 그리운 운현궁으로 들어갔다. 장례식은 조국이 해방되던 8월 15일에 조선군사령부에서 거행되어 양주 선영에 묻히게 되었다. 젊은 나이에 미망인이 된 박찬주 여사와 이청(李淸), 이종(李淙) 두 어린 상제의 애처로운 모습이 사람들의 눈물을 자아내게 했다.

그런데 여기에는 한 가지 특기할 사실이 있다. 당시 이우 공의 부관으로 있던 요시나리 중좌가 상관의 유해를 비행기에 실어 조선으로 가도록 마련해놓고는, 자기 죄도 아니건만 책임을 통감하고 자기 방으로 들어가 권총으로 자살했다는 사실이다. 비록 일본인이긴 하나 그는 진정한 사무라이라고 할 만하다. 한편으로 보자면 이 역시 이우 공의 인덕의 소치가 아닌가 한다.

이우 공의 부인 박찬주 여사는 철종의 부마인 금릉위 박영효의 손녀이다. 이우 공이 일본 왕족에게 장가를 가지 않고 박찬주 여사를 아내로 맞이하기까지에는 실로 눈물겨운 노력과 치열한 저항이 있었다. 일제는 한일합병 이후에 조선을 영원히 자기 것으로 만들려고 조선의 왕족은 절대 자기 마음대로 혼인을 하지 못한다는 법규를 제정했다. 이것은 사실상 일본 왕족이나 귀족과만 결혼하게 하려는 조치였다. 이로 말미암아 영친왕을 비롯해서 덕혜옹주나 이건 공(李鍵 公-이우 공의 형님)까지도 일본인들과 결혼을 하게 되었던 것이다.

이우 공에 대해서도 야나기사와 백작의 딸을 후보자로 정해놓고 일왕의 칙명으로 이를 결행하려 했다. 이를 눈치 챈 이우 공은 죽어도 정략결혼은 하지 않겠다는 결심을 하고 마땅한 인물을 물색하게 된다. 바로 그때 뽑힌 것이 당시 경기여고생이던 박찬주 양이었다. 신분이 신분이라 어렸을 때 궁궐에서 한두 번 만나기는 했지만 두 사람이 처음부터 연애를 한 것은 아니었다. 박영효의 부인 박 씨가 두 사람을 만나게 해주려고, 손녀를 데리고 일부러 장충단공원으로 나온 것을 이우 공이 넌지시 본 것이 본격적인 첫만남이었다. 두 사람 다 스무 살이 넘은 꽃다운 청춘이었고, 그렇게 두 사람의 로맨스는 시작되었다. 날이 갈수록 이우 공의 마음속에는 결혼 상대자가 조선인이어야 하며 박찬주 양 외에는 없다는 생각이 더욱 굳어졌다.

이우 공은 일본 궁내성에서 말을 꺼내기 전에 먼저 기정사실로 만들어놓으려고 아버지 의친왕과 장차 장조(丈祖)가 될 금릉위의 양해를 얻은 후 약혼반지와 사주단자를 보내 혼약의 증거로 삼았다. 그리고는 이왕직장관을 불러 약혼은 이미 성립되었노라 언명하니, 장관은 의외라는 표정으로 강경하게 반대의 뜻을 표시했다. 결국 이왕직과 일본 궁내성에는 이 문제로 인해 커다란 파문이 야기되었다. 당시 이왕직장관 한창수와 차관 시노다는 일본 궁내성대신에게 다음과 같은 암호 전문을 보냈다.

이우 공이 혼약을 하기 전에 칙허를 얻어야 함은 '왕공가(王公家)규범'에 규정되어 있음에도 불구하고 전하가 칙허를 얻지 않고 혼약을 하고, 또 칙령으로 정한 후견인(이왕직장관)을 무시한 것은 분명히 유감스러운 일로 생각됨.

이 내용을 보면 그들이 얼마나 이우 공의 전격적인 약혼 선언을 탐탁지 않게 여겼던가를 잘 알 수 있다. 그리고 당시 그들의 왕공가규범 제 119조에는 "왕공족의 결혼은 기약을 하기 전에 칙허를 받아야 한다"는 구절이 있었다. 그들은 이를 빌미삼아 이우 공의 자유결혼을 강경하게 반대했던 것이다.

때마침 영국에서는 황태자가 미국인이자 유부녀인 심프슨 부인과 열렬한 사랑에 빠져서 '왕관이냐 사랑이냐' 양자택일을 하게 되었을 때, 용감하게도 사랑을 위해 왕관을 버렸기 때문에 전 세계에 큰 충격을 준 사건이 발생했다. 자신의 사랑을 지키기 위해 대영제국의 왕위를 초개같이 버린 열정에 모든 사람이 놀라고 탄복한 것도 무리가 아니었다. 물론 그와는 사정이 다르지만, 이우 공이 영국 황태자 사건에 큰 자극과 충동을 받았을 것은 능히 짐작할 수 있는 일이다. '남은 대영제국의 왕관도 버렸는데 이까짓 지위쯤이야 대수랴' 하는 생각에서 그는 기어이 자기 뜻을 관철하려 했을 것이다. 그럴수록 이왕직과 일본 궁내성의 반대 또한 맹렬했다. 그들은 이우 공의 아버지 의친왕과 운현궁의 양어머니 영선군비(永宣君妃)를 움직이거나 이우 공을 달래고 위협도 하여 약혼 취소를 강요했다. 그러나 이우 공은 다만 왕공가규범을 어긴 사실만 인정했을 뿐 결혼 문제에 대해서는 끝까지 양보하지 않았다.

박영효는 과거 갑신정변 때 김옥균과 함께 혁명을 일으킨 투사였던 만큼, 사랑하는 손녀의 장래를 위해서도 그저 가만히 있을 수가 없었던 듯하다. 그는 이우 공에게서 받은 단자와 반지를 일단 반환하게 해서 일방적으로 맺은 약혼은 우선 해소된 것처럼 해놓고, 자신이 직접 도쿄로 가서 일본 궁내성과 담판을 지었

2007년 8월 KBS 특집프로그램 방영 이후 '얼짱 왕자' 열풍을 불러일으킨 이우 공.
—사진연구가 정성길 소장사진

다. 결국 그처럼 강경하던 일제도 강철 같은 이우 공의 마음은 도저히 꺾을 수가 없음을 깨닫고 이번에는 오히려 이왕직에 명령하여 그 결혼을 추진하도록 했던 것이다.

한편, 이우 공이 그처럼 철석같은 결심으로 최후까지 자기의 주장을 관철한 이면에는 영친왕의 은근한 성원과 격려가 있었다. 영친왕은 누구보다도 정략결혼의 쓰라림을 가장 잘 알고 있었을 뿐더러 왕실에서 한 사람쯤은 정략결혼을 하지 않아도 좋지 않겠냐는 생각에서 본인과는 다른 이우 공의 용기를 가상히 여겼다. 처지가 처지인지라 드러내놓고 말은 못했지만, 혹시 단독으로 이우 공을 만날 때에는 "기왕 말이 났으니 끝까지 버티라"며 격려를 해 주었던 것이다.

이우 공의 굳센 저항정신은 마침내 일제를 굴복케 하여 문제가 발생한 지 만 4년 후에 일왕의 칙어가 내렸고 도쿄에서 화촉을 올리게 되었다. 1935년 5월 3일의 일이다. 그리고 그 후 10년 만에 히로시마에서 원자폭탄의 희생이 되었으므로 이우 공은 '사랑에 이기고 원폭에 죽은 사람'이라고 할 수 있다.

나는 꼭 한 번 생전의 이우 공을 만난 일이 있다. 태평양전쟁이 거의 끝날 무렵, 이우 공의 매부 윤원선 씨가 나를 찾아와서 말했다.

"이우 공이 지금 서울에 와 있는데 당신을 만나고자 하니 한번 가서 봅시다."

당시는 일제 강점기라 영친왕은 물론이요 이우 공 같은 이도 만날 수가 없었던 때였다. 이우 공도 다만 사진으로만 그 얼굴을 보았을 뿐 한 번도 만난 일이 없었는데, 나를 만나고자 한다니 웬 일이냐고 물었다. 윤 씨는 이우 공이 곧 일본으로 귀임하는데, 가기 전에 민간인을 만나서 이야기를 듣고 싶다고 하므로 나를 추천했더니 곧장 만나게 해달라고 해서 왔노라고 했다. 그때는 벌써 서울 상공에도 B-29폭격기가 자주 날아와서 일본의 패전은 오직 시간문제로 생각되던 때였다. 바깥소식을 전혀 몰랐던 이우 공이 누구든 믿을 만한 사람을 만나 답답한 심정을 토로하고 싶었을 것은 넉넉히 추측할 수 있는 일이었다.

어느 날 밤 나는 윤 씨를 따라서 운현궁으로 갔다. 지금은 덕성여대가 된 양관(洋館)으로 들어가니 평복을 입은 이우 공이 응접실에서 나를 기다리고 있었다. 첫 인사가 끝난 뒤에 그와 마주 앉아 가만히 관찰하니 이우 공은 과연 소문에 듣던 바와 같이 훤칠하게 생긴 귀공자였다. 만주사변 이후 중국 산서성 태원(太原)에 있는 제1군사령부 정보참모로 있다가 최근 돌아왔다는 말을 마치자마자 대뜸 내게 질문을 던지는데 그 기세가 보통이 아니었다.

"대관절 시국은 어떻게 되는 겁니까? 그리고 일반 민중은 이 판국을 어떻게 보고 있나요?"

"일제의 압박으로 민중들이 아무 소리도 못하고 있지만 마음속으로는 일본이 이미 전쟁에 졌으며, 조선의 해방과 독립은 이제 오직 시간문제가 된 줄 알고 있습니다."

내가 이렇게 대답하니 이우 공도 무릎을 치며 말을 이었다.

"나도 그렇게 생각합니다. 남에게 말할 수는 없지만 내가 보기에도 일본의 패전은 기정사실인데, 미국뿐만 아니라 소련도 가만히 있지 않을 것이니 조선의 해방도 뒷수습이 큰일입니다."

그는 또, 이제는 그만 군복을 벗고 운현궁에서 여생을 보내고 싶지만 어디 그것이 마음대로 되느냐고도 했다. 그때 일제는 임시 대본영이 있는 히로시마로 이우 공을 보내기로 하고 이미 전임발령까지 내렸으나, 이우 공은 이 핑계 저 핑계로 부임을 연기하고 있었다. 처음에는 서울 용산에도 군대가 있으니 되도록 본국에 있게 해달라고 하다가 그것이 거부되자, 이번에는 꾀병을 써서 출발을 연기했다. 그것 역시 더 핑계를 댈 수가 없게 되자, 마침내는 사랑하는 어린 아들에게 설사하는 약을 먹여서까지 겨우 다시 수일간의 여유를 얻었다는 것이다. 나는 그 이야기를 들으며, 비록 소극적이기는 하나 그토록 일본을 싫어하고 그토록 마음을 썩여가면서 일제에 저항하는 이우 공의 모습을 눈물겹게 바라보았던 것이다.

이우 공은 아호를 염석(念石) 혹은 상운(尙雲)이라고 하며 취미로 그림을 그렸는데 특히 말을 즐겨 그렸다. 34세의 짧은 생애를 거의 일본에서 보내고 일인들 틈에서 지내왔건만, 일본 것에 대해서는 병적이라고 할 만큼 모든 것을 싫어해서 군대생활 중에는 음식 때문에 제일 혼이 났었노라고 했다. 나는 이우 공의 인상이 기대 이상으로 좋았음에 만족하고, 구왕가에도 사람이 있음을 다행스럽게 여기면서 그날 밤 늦게서야 운현궁에서 나왔다.

그 만남이 있은 지 얼마 지나지 않아 이우 공은 일제의 재촉에 못 이겨서 가기 싫은 길을 억지로 떠나 히로시마로 갔다. 그리고 꼭 한 달 만에 원자폭탄에 억울하게 희생되었다. 그렇게도 일본을 싫어하던 사람이 공교롭게도 일본 땅에서 비명횡사를 한 것은 하나의 숙명이라고 하지 않을 수 없다. 지금까지도 나는 우리 나라의 좋은 인재 하나를 잃었음을 아깝게 생각하고 있다.

 이우 공의 큰아들 이청은 미국에서 밀워키 마퀘드 대학을 나온 후 전도유망한 토목기사로 활약 중이다. 둘째아들 이종은 미국 브라운 대학에 유학 중이던 1966년 12월 25일, 불행하게도 교통사고로 세상을 떠남으로써 아들 형제를 생명과 같이 여기던 어머니를 슬프게 했다. 약관 25세의 청춘도 아까우려니와 그보다도 부친은 일본에서 원자폭탄에, 아들은 미국에서 자동차사고로 참혹한 죽음을 맞은 것은 무슨 운명의 장난이란 말인가?

의친왕과 이건 공

영친왕은 형님 의친왕에 대해 항상 마음속으로 송구하게 생각했다. 의친왕이 고종황제의 제 2왕자이므로 순서대로 한다면 그분이 황태자가 되었어야 했지만 아우인 자기가 왕위계승자가 되었기 때문이다. 의친왕은 선풍도골로 총명한 재질을 타고 났건만 일생을 풍류와 향락으로 보냈다. "의친왕이 그같이 방탕한 생활을 하게 된 것은 황태자가 되지 못한 것에 불만을 품고 전 생애를 향락으로 일관했기 때문이다." 세간에는 이렇게 말하는 사람도 있었던 터라 영친왕도 늘 그 점이 마음에 걸렸던 것이다. 그러나 영친왕이 황태자로 책봉된 지 얼마 지나지 않아 한일합병으로 나라와 왕실이 다 함께 망했으므로 그런 일은 다 지나간 날의 한낱 에피소드에 지나지 않게 되었건만 의친왕의 방탕한 생활은 개선되지 않았으니, 아마도 그것은 망국의 통한 때문이었는지도 모른다.

의친왕은 인물이 뛰어난 이우 공의 생부인 만큼 구왕족으로는 제일 잘생긴 사람이었다. 꼭 그 때문은 아니겠지만 한국과 일본에 걸쳐 무려 30여 명의 자녀를 둔 것도 그분이 아니면 할 수 없는 노릇이다. 의친왕의 빼어난 외모가 잘 드러나는 일화가 있다.

1929년 9월 10일의 일이었다. 이날은 총독부에서 주최하는 조선박람회가 열리는 날이어서 경복궁 경회루에서는 사이토 총독 이하 수천 명이 모여 성대한 개회식을 하게 되었다. 일본에서는 왕족을 대표해서 강인노미야가 왔는데, 이 사람은 영국의 콘노트공과 더불어 세계의 왕족 중에서도 잘생긴 사람으로 유명했다.

당시 나는 신문기자로서 그 행사를 취재하고 있었다. 대낮에도 어두컴컴한 경회루에 입추의 여지가 없을 만큼 사람이 빽빽하게 들어선 가운데 멀리 단상을 바라보니 사이토 총독을 중심으로 왼편에는 의친왕, 오른편엔 강인노미야가 앉아 있었다. 의친왕은 달덩이같이 얼굴이 환하고 기품이 있어 보이는 반면에, 강인노미야는 얼굴의 윤곽만은 단정하게 잘 생겼으나 까무잡잡하고 빈약한 것이 의친왕과는 비교가 되지 않을 만큼 큰 차이가 있었다. 그나마 의자에 앉아 있을 때는 그런대로 괜찮았으나 개회식이 끝나고 일어설 때의 광경이 가관이었다. 다리가 짧은 강인노미야가 앉아 있을 때는 체격이 늠름해 보이던 것이 의자에서 일어서니까 갑자기 난장이같이 키가 작아서 육척장신의 의친왕과는 비교가 되지 않을 만큼 초라한 것이었다. 그것을 보고 "비록 나라는 없어도 사람은 우리가 낫다"는 생각에 마음이 흐뭇했던 것을 지금도 기억한다.

이에 앞서 의친왕에게는 특기할 만한 사건이 있었다. 기미년 3·1운동 직후에 임시정부가 있던 상해로 탈출하려다 미수에 그친 일이다. 한일합병으로 나라가 망하게 되자 수많은 애국지사들이 해외로 망명했는데, 대부분은 중국으로 가고 일부는 러시아나 미국으로 갔다. 상해에서는 임시정부를 설치하고 독립운동을 활발히 전개했는데, 거기에 필요한 비용은 국내로 밀사를 파견해서 자금을 거둬다 썼다. 그런데 차차 시간이 감에 따라 임시정부에 대한 인식과 성의가 희박해지므로, 누구든 저명한 인사를 국내로부터 끌어내다가 국내외의 주의를 환기시킬 필요가 있었다.

이에 호응해서 국내에서는 전협, 정남용, 황옥 등이 비밀결사인 대동단을 조직하여, 구한국 대신으로 일본의 남작 작위를 받은 김가진을 상해로 망명하게 했다. 그는 비록 한일합병 때 작위를 받기는 했으나 기골이 있는 애국자였으므로 당시 중학생이던 아들을 데리고 상해로 탈출했던 것이다. 이로 말미암아 임시정부는 갑자기 활기를 띠게 되었다. "전 대신이요 일본의 남작이 된 사람까지 일제의 학정에 견디다 못해 상해로 탈출했다"는 기사가 전 세계에 보도되면서 임시정부에 한층 무게가 실리게 되었다.

그 다음으로 탈출하려던 사람이 바로 의친왕이었다. 그는 처남인 김춘기와 함께 상제로 변장하여 방갓으로 얼굴을 가리고 기차로 국경을 넘어갔다. 그러나 안타깝게도 중국 안동현(安東縣)에서 발각되어 모처럼 결행하려던 그의 장거도 결국 무산되고 말았다. 의친왕은 왕족이었기 때문에 무사했으나 이 사건으로 말미암아 대동단은 해산되고 기소된 사람만도 43명에 달했다. 그때 만일 의친왕이 상해로 망명하는 데 성공했더라면 김가진의 망명 이상으로 큰 효과가 있었을 것임은 다시 말할 것도 없다. 어쨌든 이 사건은 의친왕 일생일대의 걸작이라고 할 것이다. 풍류

아들 이우 공과 더불어 구황실의 미남으로 손꼽혔던 의친왕의 젊은 시절.

남아 의친왕은 1955년 8월, 서울에서 78세를 일기로 세상을 떠났다.

이건 공은 의친왕의 장남으로서 이우 공의 형님이 되는 분이다. 이우 공과 마찬가지로 역시 일본으로 끌려가서 육군사관학교와 육군대학을 마친 후 해방 직전에는 기병중좌로 복무하고 있었다. 모든 조건이 아우와 비슷했지만 다만 한 가지 다른 점이 있었다. 이우 공은 사사건건 일제에 저항했으나 이건 공은 마음이 약한 탓인지 무엇이고 하라는 대로 순종했다. 결혼 문제에 있어서도 아우와는 달리 일본 궁내성에서 지시하는 대로 일본 귀족의 딸을 아내로 맞이했다.

해방 전에 일선 기자로 있던 어느 날 이왕직이 있는 창덕궁에 들어갔더니, 당시 회계과장으로 있던 사토라는 일본인 사무관이 내게 말했다. 이건 공은 온화한 분이라 별 문제가 없지만, 이우 공은 측근의 말을 도무지 듣지 않아서 곤란하다는 것이었다. 그들이 좋지 않게 말하는 것은 그만큼 영특하다는 것을 의미하는 것이므로, 이우 공은 다시 말할 것도 없이 만만찮은 사람임을 알 수 있었다.

이건 공의 부인이 된 여성은 히로하시 백작의 딸 세이코로서 이건 공과의 사이에 여러 남매를 두었다. 세이코 부인은 8·15해방이 되어 지위도 재산도 없어지자 남편을 헌신짝같이 버리고 도쿄 긴자에서 모모야마라는 바의 마담이 됨으로써 한때 일본 사회의 큰 이야깃거리가 되었다. '거리로 뛰어나온 공비'니 '기울어가는 왕가'니 하여 각 신문과 잡지에 크게 보도되었던 것이다. 패전 후 일본의 왕족과 귀족들은 갑자기 변한 시대풍조에 순응하지 못하고 몰락하는 가정이 많았다. 그들도 인간인지라 여러 가지 불미한 사건도 적지 않았지만, 이건 공 내외만큼 일본 매스컴에 많이 등장한 사람도 별로 없을 것이다. 그 때문에 "과일 망신은 모과가 시키고 이왕가의 망신은 이건 공이 시킨다"는 말까지 있었다.

실제로, 내가 도쿄에 있을 때 가장 창피스럽고 곤란했던 일은 일본 사람들이 영친왕과 이건 공을 혼동해서 말하는 것이었다. 이건 공과 그 부인의 이야기가 신문이나 주간 잡지에 커다랗게 보도된 다음날에는 어김없이 질문을 받았는데, 거의 모두가 이건 공을 영친왕으로 잘못 알고 하는 질문이었다.

"이왕전하도 큰 일 났습니다, 그려."

"왜 이혼을 했나요?"

"무슨 스캔들이 있었나요?"

"하지만 이왕비는 꽤 미인입디다."

그럴 때마다 나는 이왕가의 계보를 설명하느라 땀을 흘렸다. 조선왕실의 '이 모 전하'라고 하면 으레 영친왕으로 짐작하는 그들에게는 좀처럼 납득이 가지 않는 모양이었다. 그런 문답이 오갈 때의 창피함이란 이루 형언할 수가 없었다. 아무 상관도 없는 내가 그랬는데 정작 영친왕 본인이야 얼마나 가슴이 아프고 또 마음이 쓰라렸을까?

어느 날 오후 영친왕 댁에 갔더니 영친왕 내외는 없고 웬 중년의 일본 부인이 아들인 듯한 어린아이와 함께 응접실에 앉아 있었다. 안으로 들어가서 당시 영친왕 댁의 살림살이를 도맡아 보던 여비서에게 물어보니, 그 여자가 바로 이건 공이 새로 얻은 부인인데 가끔 와서 돈을 뜯어간다는 것이었다. 간혹 돈이 없어 주지 못하는 때에는 "그래, 왕전하라고 하면서 조카도 못 봐주느냐?"며 함부로 대들어서 그 여자만 나타나면 왕전하 내외는 딱 질색이며, 그날도 그 여자 때문에 밖에서 일부러 돌아오지 않는 것이라고 했다. 평생 남에게 시달림을 받아본 일이 없는 영친왕으로서는 감당하기 어려운 일이겠으나, 그렇다고 내 집을 비워두고 밤낮 밖으로 피해 다닐 수만도 없지 않은가? 나는 그날 밤 집으로 돌아오며 혼자서 탄식했다.

"왕전하는 너무 마음이 약하시다."

명성황후는 미인이었다

영친왕은 생모인 엄비보다 큰어머님인 명성황후를 더 한층 가엾은 분이라고 생각했다. 엄비는 상궁으로 있다가 자기를 낳고 '비'로 올라선 분이기 때문에 인생에 그다지 큰 파란이 없었지만, 명성황후는 한 나라의 황후로서 끔찍하게도 일본 낭인패의 칼에 맞아 돌아가신 만큼 항상 그 점을 불쌍하게 여겼던 것이다.

명성황후의 용모나 인품에 대해서는 여러 가지 말이 많은데다 일본의 악선전도 있고 해서 어느 것이 진실이고 거짓인지를 알기가 매우 힘들다. 다행히도, 명성황후의 시의로 자주 황후를 진찰한 바 있는 미국인 여의사가 지근거리에서 황후를 관찰한 기록이 남아 있다.

당시 선교사로서 의사를 겸한 이가 적지 않았는데, 알렌 박사도 그런 사람이었다. 그는 남대문 밖에다 제중원(훗날의 세브란스병원)을 개설하고 의료와 전도를 했는데, 이것이 이 땅에 맨 처음으로 생긴 서양식 병원이었던 것이다. 알렌은 오래지 않아 고종황제의 시의가 되었으며 제중원은 한국에서 가장 유명한 병원으로 발전했다.

제중원 최초의 산부인과 의사는 엘리스라는 여의사였는데,

1888년에 벙커 씨와 결혼하여 병원에서 사임했다. 그 후임으로 온 이가 릴리아스 호손이라는 미혼의 여의사였다. 한국에 온 지 1년 만에 연희대학의 창립자인 언더우드 목사와 결혼하고, 또 1년 후에는 첫 아들 원한경 씨를 낳았다. 이들은 한국 최초의 여의사로서 두 사람이 함께 명성황후의 시의로 활동했다. 그들은 1886년부터 1895년 명성황후가 암살되기까지 궁중에 출입했다. 이하는 엘리스 벙커가 쓴 회상기의 일부이다.

9월 14일 언더우드 부인과 나는 황후폐하를 뵙고 진단할 수 있었다. 황후는 금실로 수놓은 아름다운 주머니 하나씩을 우리에게 주었다. 황후는 오랫동안 병석에 있었다. 궁중에서는 닥터 알렌에게 사람을 보내어 약을 받아갔으나 아무런 차도가 없었다. 닥터 알렌이 병을 제대로 치료하려면 황후의 몸을 직접 진단해보아야 한다고 말해서 이번에 우리가 불려 들어간 것이다.

맑게 갠 가을날이었다. 사인교를 타고 궁중으로 들어갔는데, 병사들이 앞장서서 인도했다. 나의 가슴은 몹시 울렁거렸다. 대체 황후 앞에서 어떻게 해야 할지 걱정이 되었기 때문이다. 널따란 응접실에는 전부터 안면이 있는 황후의 조카 민영익 공이 있었다. 관복을 입은 시종이 나타나자 민영익 공은 우리를 데리고 배알실로 들어갔다. 나는 조심조심 걸어 들어가서 세 번 큰절을 했다. 그리고는 눈을 떴다. 황후폐하는 금은보석으로 수놓은 화려한 비단옷을 입고 있었다. 키는 그리 크지 않았지만 하얀 살결에 검은 눈과 검은 머리가 아름다웠다. 더욱이 방긋 웃을 때에는 절세의 미인으로 보였다.

황후는 뛰어난 외교가이며 강한 의지와 날카로운 성격의 소유자였다. 그러면서도 황후는 인자하고 다정한 사람이었다. 내가 방문할 때마다 황후는 부드러운 말과 친절로 맞이해주었다. 나는 황후에 대해 최대의 존경과 감격을 금할 수가 없었다. 황후는 먼저 나에게 잘 지내고 있느냐고 하면서 나이는 몇 살이고 부모가 다 생존해 있는지, 그리고 형제가 몇이며 그들은 무엇을 하고 있는가를 묻고는 아무쪼록 이 나라에 정을 붙이고 오래 있어주기를 바란다고 말했다. 옆에 서 있던 민영익 공이 나에게 의자 하나를 갖다주었다. 그제야 나는 황후가 서양식 안락의자에 앉아 있다는 사실을 깨달았다. 황후를 진찰하는 동안, 나는 처음 보는 신사 두 분이 처음부터 그 옆에 서 있는 것을 보았다. 내가 진찰을 마치고 나올 때 그들은 황후와 함께 나의 절을 받았다. 민영익 공은 다시 우리를 데리고 응접실로 나왔고 나는 거기서 닥터 알렌이 고종황제를 뵙고 나오기를 기다리고 있었다.

이윽고 닥터 알렌이 나와서 내게 이렇게 물었다. "황후 옆에 서 있던 분들이 누구인지 아십니까?" 내가 잘 모르겠다고 했더니, 그 두 분이 바로 고종황제와 황태자(순종)라고 했다. 나는 그 신사가 임금님인 줄 몰랐던 것을 퍽 다행스럽게 여겼다. 만일 내가 그 사실을 미리 알았다면 손이 떨려서 진찰도 제대로 하지 못했을 것이기 때문이다. 우리는 또 다시 과일과 음식으로 대접을 받고 군사들의 호위를 받으며 집으로 돌아왔다.

어느 날 내가 이 구절을 읽어드렸더니, 영친왕은 무슨 신비한 이야기나 듣듯이 "호! 호!" 하고 감탄사를 연발했다. 해방 전 일본의 교육방침은 되도록 조선인에게는 조선의 역사를 가르치지 않는 것이었으므로 학교에서는 절대로 진정한 역사를 배울 수가 없었다. 따라서 구황실의 역사도 잘 아는 사람이 드물었는데 그것은 영친왕도 예외는 아니었다. 어렸을 때 본국을 떠나 거의 일생을 일본사람 틈에서 지냈으니 누구 한 사람 역사 이야기를 해 주는 사람이 있을 리 없었다. 일본의 사관학교나 육군대학에서 특별히 조선 역사를 가르칠 까닭도 없었으니, 영친왕은 일본인이 조작한 역사만 대강 들어서 알 뿐 그 참다운 내용에 대해서는 알래야 알 수가 없었던 것이다.

명성황후의 시의였던 벙커와 언더우드 두 여사의 회상기를 낭독하던 날 영친왕은 나에게, 그러면 황후를 죽인 최고책임자는 누구냐고 물었다. 나는 게이오대학 교수 무라마쓰 씨가 해방 후에 쓴 『민비 암살』이라는 책의 내용을 내가 기억하는 대로 다음과 같이 전했다.

민비의 암살은 1895년 10월, 즉 일청전쟁 직후에 당시의 한국 주재 미우라 공사와 한성신보 사장 아다치 등이 주체가 되어서 민간 낭인과 일부 관료의 손으로 이루어진 것이었다. 아무리 국가주의의 전성시대인 19세기라도 공사가 직접 지휘해서 왕비를 죽인다는 것은 상상도 할 수 없는 일이다. 열국은 즉시 일본에 항의했고, 일본도 처음에는 민비를 죽인 것은 훈련대 제2대대장 우범선(씨 없는 수박으로 유명한 우장춘 박사의 부친)이 중심이 된 조선인의 소행이라고 부인했다. 그러나 나중에는 국제 문제가 될 것을 두려워하여 지사(志士)로 자처하는 범인들을 일단 전원 체포한 뒤 히로시마재판소에 미우라 공사 이하 48명을 기소했으나, 결국 증거 불충분을 이유로 무죄 석방하여 사건은 흐지부지되고 말았다.

민비는 1851년생이라니까 당시는 이미 40세를 넘었을 터인데, 아무리 보아도 20대로밖에 보이지 않는 우아한 여성이었다고 한다. 암살에 가담한 낭인 중 한 사람이었던 고바야카와는 이렇게 보고했다.

"나는 실내로 들어가서 거기에 쓰러져 있는 부인을 보았다. 이 부인은 금방 자리 속에서 나온 듯 상체에는 하얀 저고리를 입고 허리로부터 아래는 역시 하얀 바지를 입고 있었으나 무릎 아래는 발가숭이였다. 두 손을 가슴에 얹고 반듯이 누워 있었는데 주위에는 새빨간 피가 흐르고 있었다. 자세히 보니 키가 작고 살빛이 희며 25~6세로밖에 보이지 않는 한 연약한 여인이, 죽었다기보다는 인형을 자빠뜨린 것 같은 모양으로 누워 있었다. 연약한 여자의 몸으로 팔도강산을 주름잡고 군웅을 조종한 민황후의 유해라고는 도저히 생각할 수 없었는데, 누구 하나 시체를 지키는 사람도 없어 참으로 처참한 광경이었다."

명성황후를 암살한 사건의 중심인물인 미우라는 그 후 일본 정계의 원로가 되어 자작이 되었으며, 낭인의 지도자 아다치는 체신대신과 내무대신 등을 역임한 후 선거를 어찌 잘했던지 '선거의 가미사마(신)'라고 하여 한때 민정당 총재까지 되었으니, 이것이 지나간 날 제국 일본의 참다운 모습이었던 것이다.

세 번의 통곡

1907년은 구한말의 가장 중요한 전기가 된 해였다. 헤이그 밀사사건이 발생한 것이 그해 6월이고 그 일로 말미암아 고종황제가 양위를 한 것이 7월 20일이며, 영친왕이 황태자로 책봉된 것이 9월이고 유학이라는 명목으로 일본으로 끌려간 것이 12월이었다. 영친왕은 큰 형님 되는 순종이 즉위한 직후 만 11세의 약관으로 황태자가 되었는데, 조선통감 이토 히로부미는 메이지 일왕의 이름으로 칙어까지 내려서 영친왕을 인질로 끌고 갔다. 그 후 1910년에 한일합병이 되었고, 영친왕은 이후 50여 년을 일본에서 보내게 되었던 것이다.

이토 히로부미가 영친왕의 일본 유학을 제의했을 때 고종은 좀처럼 승낙을 하지 않았다. "수학원에서 공부하면 될 것을 멀리 일본에까지 갈 것이 무엇이냐"는 것이 고종의 뜻이었고, 영친왕의 생모 엄비는 인질로 잡아가는 것이라며 펄펄 뛰었다. 그러나 이미 실권이 없어진 왕과 왕후의 말이 무슨 소용이 있으랴. 결국 일본 메이지 일왕의 칙어가 발표됨으로써 고종황제는 꼼짝없이 영친왕을 일본으로 보낼 수밖에 없었다. 고종황제와 엄비는 "훌륭한 황태자로 교육을 하고 매년 여름방학에는 반드시 한 번씩 귀국하시게 하겠습니다"라는 이토 히로부미의 언질을 받고야 겨우 승낙을 한 것이었다. 그러나 그때의 약속은 이토가 하얼빈 역에서 안중근 의사에게 암살되고, 육군대장 데라우치가 후임으로 옴으로써 한 번도 실현되지 못했다.

결국 엄비는 사랑하는 아드님을 두 번 다시 만나지도 못한 채 세상을 떠났다. 엄비는 자나 깨나 영친왕이 보고 싶어서 데라우치 총독을 만나기만 하면 "태자를 한 번 돌려보내 주오"라며 졸랐다. 데라우치는 정색을 하고 "조금만 더 기다리십시오. 지금 학습원에서 열심히 공부를 하시는 중이니까 중단이 되면 안 됩니다"라며 번번이 거절했다. 그와 같이 냉담한 태도에 엄비는 "5년 동안 한 번도 돌려보내지 않으니 너무하지 않소. 이토 통감은 1년에 한 번은 반드시 돌려보내겠다고 약속을 했소. 아마 약속을 지키지 않는 것이 당신네들의 상투수단인가 보오"라고 꾸짖었다. 그러나 일본의 군벌 중에서도 경골한(硬骨漢)으로 유명한 데라우치에게는 통할 리가 없었다. 그리하여 어머니와 아들은 영원한 한을 품게 되었던 것이다. 엄비는 덕수궁에서 열병으로 세상을 떠날 때 "아! 태자가 보고 싶다. 태자는 왔느냐?"고 소리 지르다 숨을 거두었다. 영친왕은 도쿄에서 '모친 별세' 전보를 받자 "어마마마!" 하고 외마디 소리를 지르고는 그 자리에 쓰러졌다. 그날 밤은 이불을 뒤집어쓰고 밤이 새도록 울었다고 한다.

영친왕이 비록 이불 속에서나마 목놓아 운 것은 그 전에도 한 번 있었다. 그것은 1910년 8월 29일 한일합병이 된 날이다. 그날도 영친왕은 책상에 앉아 책을 읽고 있었는데, 시종무관 조동윤이 신문 호외를 가지고 들어왔다.

"전하! 한일합병이 되었습니다."

"무어?"

"합병입니다. 조선은 일본의 일부가 되었습니다."

"그러면 일본의 속국이 되었단 말이오?"

"황송하옵니다."

영친왕은 자기도 모르는 가운데 가슴이 뭉클해지며 눈시울이 뜨거워졌다. 아랫사람에게 눈물을 보이지 않으려고 애를 쓰건만 두 눈에서는 뜨거운 눈물이 자꾸 넘쳐흘렀다. 눈물 속에 어렴풋이 아바마마와 어마마마의 슬퍼하시는 얼굴이 보이는 듯했다.

"전하! 그만 진정하십시오."

조동윤도 따라 울면서 말했다.

"합병이 된대도 황실에는 아무 변동이 없고, 일본의 황족으로 그대로 예우를 받으신답니다. 그래서 태황제폐하(고종)는 이태왕(李太王)으로, 신황제폐하(순종)는 이왕(李王)으로, 전하는 왕세자로 새로운 명칭이 결정되었습니다."

영친왕은 말할 수 없는 굴욕감을 느끼고 더 한층 흐느껴 울었다. 조동윤이 어쩔 줄 모르고 무슨 위로나 하듯 말했다.

"그러하오나 전하께서는 그대로 일본에서 공부를 하시도록 되어 있습니다."

"싫소, 나는 곧 귀국을 해야겠소. 일본에 온 지도 벌써 3년이 되는데 한 번도 보내주지 않는단 말이오?"

"황송하오나 지금은 합방으로 시국이 혼란하므로 귀국은 어려우신 것 같습니다."

"그러면 나는 정말 인질이란 말이오?"

"그럴 리야 없지요."

"아니야, 허울 좋은 인질로 잡혀온 것이야."

영친왕은 조동윤을 내보낸 뒤 난생 처음 목놓아 울었다.

영친왕은 평생에 세 번 몸부림쳐 운 일이 있다고 한다. 첫 번째는 한일합병으로 나라가 없어진 때요, 두 번째는 어머님 엄비가 돌아가신 때요, 세 번째는 부왕 되시는 고종황제가 승하하실 때였다고 한다. 어쨌든 엄비가 돌아가신 것을 기회삼아서 영친왕은 꼭 5년 만에 본국에 돌아오게 되었다. 데라우치 총독은 영친왕을 귀국시키면 다시는 일본에 보내지 않을 것을 두려워해서 허락을 하지 않았으나, 엄비가 세상을 떠나게 되니 모자간의 정을 막을 수가 없어서 5년 만에 비로소 귀국을 허가한 것이었다. 서울에 도착한 영친왕은 즉시 덕수궁으로 들어가서 석조전에 머물게 되었다.

고종과 엄비의 거처인 함령전이 바로 지척에 있건만 엄비가 열병(장티푸스)으로 돌아가셨다 하여 온통 소독약을 뿌린 함령전에는 즉시 들어가지 못했다. 다만 석조전 난간에서 '아바마마, 어마마마. 지금 막 돌아왔습니다' 하고 마음속으로 절을 할 수밖에 없었다. 영친왕은 돌아가신 어머님 곁에는 가지 못하더라도 살아계신 아버님께는 곧 가서 뵙고 싶었다.

그러나 그것마저 허락되지 않았다. 그뿐 아니라 시종이 "태왕께서 세자를 보시려고 석조전으로 오십니다"고 아뢰자, 영친왕은 깜짝 놀라서 "아버지가 먼저 아들을 보러 오시다니 그것은 인륜에 벗어나지 않으냐"며 나무랐다. 그러나 시종은 "함령전은 위험합니다. 만일의 일이 있으면 어떻게 하십니까?" 하고 굳이 말렸다. 그러나 영친왕은 비록 열병이 옮는 한이 있더라도 함령전으로 가고 싶었다.

바로 그때 함령전의 고종은 세자가 왔다는 말을 듣고 이땐가 저땐가 하고 기다리고 있었는데, 시종이 와서 "황송하오나 석조전으로 나시옵소서" 하고 허리를 굽혔다. 고종은 깜짝 놀라서 "그게 무슨 소리냐. 만고에 아비가 자식을 먼저 가보는 법이 어디 있단 말이냐"고 역정을 냈다. 그러나 "왕세자의 신상에 만일의 일이 있으시면…"이라는 시종의 말을 듣고, 이번에는 아들을 사랑하는 어버이의 마음에서 "그러면 내가 가지" 하며 시종의 뒤를 따랐다.

고종이 석조전의 계단을 올라가 막 대청에 들어서자 "아바마마!" 소리와 함께 영친왕이 뛰어나왔다.

"오냐, 아기야!"

고종은 두 팔을 벌려서 세자를 껴안고 어깨며 팔이며 마구 어루만졌다. 인자한 고종의 두 눈에는 왕비를 잃은 슬픔과 세자를 만난 기쁨의 눈물이 한데 어울려서 그칠 줄을 몰랐다.

엄비의 장례식에 참석하기 위해 일시 귀국한 영친왕(앞줄 가운데).

고종의 고심

고종은 가장 어려운 시기에 임금이 되어 대원군과 명성황후 틈에서 만고풍상을 다 겪었고 결국은 나라를 잃고 말았다. 시대가 나빴고 신하를 잘못 만나서 대사를 그르쳤으나, 마음만은 항상 어떻게 하면 독립을 유지하고 국권을 다시 찾느냐 하는 문제로 괴로워했다. 을사늑약만 하더라도 노일전쟁에 승리하여 기고만장해진 일제의 강압으로 부득이 체결했지만, 이에 항의하여 민영환이 자결하자 일제에 대한 원한은 날이 갈수록 깊어 갔다.

그러던 차에 영어교사이자 황제의 고문인 헐버트 박사를 통해 네덜란드 헤이그에서 제 2회 만국평화회의가 열리는 것을 알고 이상설, 이준, 이위종 3인을 대표로 삼고 헐버트 박사를 고문으로 하여 비밀리에 헤이그로 파견하니 이것이 바로 헤이그 밀사 사건인 것이다. 고종황제는 만국평화회의에 당시의 강대국인 러시아를 비롯하여 세계열강이 다 모일 것이므로, 일제의 강압으로 을사늑약을 체결한 사정을 호소한다면 모든 것이 잘 될 줄 알고 친서를 주어 보냈던 것이다. 막상 밀사들이 헤이그에 도착해보니 그놈의 을사늑약 때문에 조선은 이미 외교권이 없다는 이유로 회의에는 정식으로 참가할 수 없었고, 겨우 각국 대표를 찾아다니며 일제의 침략과 조선의 억울함을 호소하는 수밖에 없었다. 이 사실을 안 일제와 이토 히로부미는 노기충천하여 고종에게 양위를 하게 만들었던 것이다.

고종은 그 후 10년이 못 가서 갑자기 세상을 떠나게 되었다. 3·1운동이 일어나기 직전인 1919년 1월 25일 밤의 일이었다. 평소에 식혜를 좋아하던 고종은 그날 밤에도 식혜를 들었는데, 밤중에 별안간 복통이 시작되어 괴로워하다가 결국 운명하고 만 것이었다. 너무나 뜻밖이고 허무한 일이라 모든 사람이 이상하게 생각했다. 더욱이 입관을 하려고 염을 하는데 시체에서 살이 묻어나게 되니 사람들은 더 한층 의심을 품게 되었다. 예전부터 독약을 먹고 죽은 사람의 시체에서는 살이 묻어난다는 말이 있으므로 고종이 독살되었다는 소문이 쫙 퍼지게 되었으며, 전의였던 안상호가 의심을 받게 되었다.

당시 세계정세는 제1차 세계대전이 끝나고 미국 대통령 윌슨이 민족자유주의를 제창해서 전 세계의 약소민족들이 들먹들먹할 때였다. 일찍이 헤이그에서 개최되었던 만국평화회의에 밀사를 파견한 전력이 있는 고종이 응당 무슨 행동을 또 할 것이고, 그에 따라 일본도 가만히 있지는 않을 것이라는 추측 때문에 그런 의심이 더욱 증폭되었던 것이다.

그와 같은 추측이 아주 근거가 없는 것은 아니었다. 헤이그 밀사사건으로 황제의 자리를 내놓고 곧 이어 한일합방이라는 미명 아래 나라를 빼앗기게 된 고종은 하루도 마음이 편한 날이 없었다. 어떻게 하면 나라를 다시 찾을까 하는 생각으로 밤에 잠도 잘 이루지 못하는 형편이었다. 신임하는 시종 김황진이 대궐에 들어가기만 하면 "무슨 방도가 없겠느냐?"고 자꾸 재촉을 했다.

그러던 차에 제1차 세계대전이 끝나고 파리에서 강화회의가 열리게 되니, 되든 안 되든 밀사를 다시 한 번 보내보려고 김 시종을 대하기만 하면 비밀리에 그 일을 의논하게 되었다. 그러나 가장 큰 문제는 비용 조달과 밀사가 될 인물의 선정이었다. 그래서 황제는 김 시종을 보기만 하면 "무슨 방도가 없느냐?"고 물었던 것이다.

헤이그 밀사사건 때만 해도 어느 정도 자유가 있었다. 고종은 조남승을 시켜 황제 명의의 경성전기회사를 미국인 콜브런에게 팔아서 그 비용을 만들었다. 그러나 합병이 되고 총독부가 생긴 뒤로는 궁중의 예산을 바싹 줄이고 감시가 엄중해졌을 뿐더러, 수많은 상궁들 가운데에는 일본의 끄나풀과 스파이가 많아서 임금과 신하가 서로 이야기를 주고받는 데도 여간 조심스러운 것이 아니었다.

밀사 파견의 비용을 마련하다 못한 고종은 김 시종과 난상협의 끝에 한 나라의 임금으로서 할 일은 아니지만 막중한 나랏일이니 하느님도 용서하시리라는 생각에서 한 가지 군색한 계교를 짜냈다. 합병 직전에 어떤 사람이 고종에게 일금 10만 원(편집자 주: 당시 쌀 한 가마 가격이 39원)을 상납한 일이 있었는데, 그 사람이 살기가 어렵게 되었으므로 그 돈을 도로 돌려줘야겠다는 것이었다. 헌 종이에다 상납한 돈을 받았다는 영수증을 만들고 고종이 '윤허'라는 서명까지 넣어서 김 시종에게 보관하게 했다. 그리고 어느 날, 이왕직장관 한창수를 불러서 "예전에 내가 받은 일이 있는 돈이니, 즉시 반환토록 하라"고 분부했다. 고종으로부터 직접 이 같은 분부를 받은 한창수가 아무리 이왕직 문서를 뒤져 보아도 그런 사실이 없었다. 한창수는 며칠 후 고종을 뵙고 아뢰었다.

"황송하오나 확실한 증빙서류가 없으면 그만한 돈은 지출하기가 곤란한 듯하옵니다."

고종은 벌컥 화를 내면서 강경하게 말했다.

"그러면 내가 거짓말을 했단 말이냐? 그 일은 김 시종이 잘 아니, 김 시종과 의논해서 곧 조치토록 하여라."

김 시종으로 하여금 고종의 친필로 된 영수증까지 제출하게 하니 이왕직장관은 물론, 총독부에서도 의심은 가지만 임금을 거짓말쟁이로 만들 수는 없었다. 결국 그 돈을 지불하되 돈의 행방만은 엄중히 추궁하기로 했다.

그 일이 있은 뒤 어느 날, 김 시종이 평상시와 같이 인력거를 타고 덕수궁으로 들어가려는데 대한문 앞에서 경비를 서던 일본인 헌병이 앞을 가로막으며 경무총감부(지금의 경찰청)로 끌고 갔다. 곧 문초가 시작되었는데, 그들이 알고 싶어 하는 것은 역시 고종과 무슨 음모를 했는가 하는 것이었다. 보나 안 보나 어떤 스파이 상궁이 밀고를 한 것이 분명했다. 김 시종은 물론 극구 부인했다. 아무리 욕설을 먹고 고문을 당해도 입을 벌리지 않았다. 만일 무슨 말을 했다가는 헤이그 밀사사건으로 양위까지 한 가없은 고종에게 또 무슨 일이 일어날지 모르기 때문이었다. 아무리 문초를 하고 위협을 해도 도무지 자백을 하지 않을뿐더러, 무슨 확실한 증거가 있었던 것도 아니므로 김 시종은 한 달 만에 겨우 석방되었다. 그러나 거기에는 한 가지 조건이 있었다. 사직서에 도장을 찍고 다시는 덕수궁이나 고종 앞에 나타나지 말라는 것이었다. 그리하여 고종과 시종 김황진은 군신 간에 서로 그리워만 하다가 다시는 만나지 못했으며 고종은 천추의 한을 품은 채 세상을 떠났다. 3·1운동이 일어나던 1919년 정월의 일이다.

고종황제.

고종의 고심

마지막 가르침

고종은 남달리 민족관념이 강하고 더욱이 일본에 대해서는 황후를 죽인 불구대천의 원수로 여겼기 때문에, 국제결혼 같은 것은 생각해본 일도 없었다. 그러나 임금의 자리를 넘겨주고 사랑하는 막내아들 영친왕마저 인질로 빼앗기게 되니 장래의 일을 생각하지 않을 수 없었다. 그래서 영친왕과 덕혜옹주만은 자기가 살아 있는 동안에 미리 혼인을 정해 놓으려고 애썼다.

앞에서 말한 것처럼, 우선 덕혜옹주는 가장 신임하는 시종 김황진의 조카와 비밀약혼을 해놓았다. 영친왕은 전 동래부사 민영돈의 딸을 황태자비로 간택해서 영친왕이 일본으로 간 직후 약혼반지까지 보냈다. 그러나 고종황제의 그 같은 고심도 일조에 수포로 돌아갔다. 김 시종의 파면으로 덕혜옹주의 약혼이 자연히 소멸되었고, 영친왕이 일본 왕족과 결혼함으로써 민 규수와의 약혼도 일방적으로 파기되었기 때문이다.

당시 일본은 군벌의 전성시대였다. 육군대장 야마가타는 군부의 원로로 군림하고 있었고, 역시 육군대장 데라우치는 조선총독으로 있다가 총리대신이 되어 이 두 사람이 일본의 궁중과 내각을 뒤흔들고 있었다. 영친왕의 결혼 문제에 대해서도 그들이 앞장섰다. 영친왕비는 꼭 일본 왕족이라야 된다며 부랴부랴 서둘러서 나시모토노미야의 큰딸 마사코 왕녀를 황태자비로 결정했던 것이다.

영친왕이 육군소위로 도쿄 주재 고노에연대에 근무할 때였다. 하루는 일본인 사무관이 들어오더니 말했다.

"전하, 나시모토노미야 집안과의 약혼이 거의 성립되었다고 합니다. 데라우치, 야마가다 두 원수가 대단히 노력해서 성상(일왕)께서도 윤허를 하셨다고 합니다."

영친왕은 다만 묵묵히 듣고만 있을 뿐인데, 그때 마침 고의경 사무관이 들어왔다.

"다름이 아니오라 전하의 혼사에 대해서…"

"지금 막 들었소."

"그러면 말씀 여쭙겠습니다만, 이번 혼사는 군인들끼리 저희 마음대로 작정한 노릇인데 전하의 생각은 어떠신지요?"

사실 영친왕은 일본의 왕녀와 결혼을 하는 것이 과연 좋은 일인지 아닌지를 얼른 판단할 수가 없었다.

"무엇보다 부왕전하의 윤허가 있어야 될 일이 아니오? 만일 강경히 반대를 하신다면…"

이렇게 말을 하고서도, 일본의 군벌들이 하는 일이므로 누가 반대를 한다고 하더라도 아무 소용이 없을 거라는 생각이 들었다. 고 사무관이 다시 말했다.

"예, 곧 서울에 다녀오겠습니다만, 한 가지 걱정이…"

"응, 민 규수 말이지?"

"네, 예전에 왕세자비로 간택이 되었다는데…"

"그렇소. 간택이 된 뒤에 나는 곧 일본으로 왔소."

"그건 저도 잘 압니다만, 우리나라 법에 왕세자비로 간택이 된 것만으로도 일생을 독신으로 지내지 않으면 안 되므로 그것이 걱정이옵니다."

그 말을 듣자 영친왕은 마음이 언짢아져서 한참 동안 말도 하지 못했다. 자기 때문에 한 사람의 여성이 시집도 못가고 일생 동안 '만년처녀'로 지내야만 한다니 얼마나 가엾은 일인가?

바로 그 무렵, 나시모토노미야 집안에서도 마사코 왕녀의 혼사 문제로 야단이 났다. 나시모토노미야 공은 맏딸 마사코가 당시 히로히토 황태자의 황태자비 후보에 오른 것을 매우 기뻐하여 그것이 확정되는 날만 고대하고 있었다. 하루는 궁중에서 곧 들어오라는 기별이 있어서 '아마 오늘은 정식 간택이 되나보다' 하고 황급히 입궐하여 보니, 일왕은 뜻밖에도 마사코 왕녀를 황태자비로 달라는 것이 아니라 조선 황태자 영친왕에게 시집보내라는 것이었다. 마침 입궐해 있던 데라우치 총리대신도 일본의 장래를 위해서 두 나라의 왕실을 굳게 결합시킬 필요가 있으므로, 모든 것을 참고 마사코 왕녀를 조선 왕실로 출가시키라며 졸라댔다. 나시모토노미야 집안은 마치 초상난 집과 같이 수심이 가득했다. 그러나 결국 영친왕이 일본 왕족 못지않게 영특하다는 것과 일왕의 명령은 절대로 거역할 수가 없다는 점에서 어쩔 수 없이 승낙하게 되었다.

영친왕과 마사코 왕녀의 결혼식은 1919년 1월 28일 도쿄에서 거행될 예정이었으나, 바로 그 일주일 전인 22일 밤에 갑자기 고종이 승하했기 때문에 결혼식은 무기한 연기되었다. 영친왕이 "태황제가 위독하시니 곧 돌아오라"는 전보를 받은 것은 23일 아침인데, 실상 서울에 도착해보니 고종이 세상을 떠난 것은 22일 밤이었다. 다만 영친왕이 도착할 때까지 발표를 하지 않고 있었음을 도착하고 나서야 알게 되었다. 열차가 부산에서 서울까지 오는 연도에서도 그랬지만, 정작 서울에 도착해보니 대한문 앞 광장에는 흰옷 입은 사람들이 수없이 땅에 엎드려서 망곡(望哭)을 하고 있었다.

덕수궁 안으로 들어서니 늙고 젊은 상궁들이 일제히 울음보를 터뜨렸다. 함령전에서는 창덕궁에서 달려온 순종이 아버님의 영구 앞에서 통곡하다가 영친왕이 들어오는 것을 보자 이번에는 형제분이 서로 얼싸안고 울었으며, 그에 따라 200여 상궁들의 통곡하는 소리도 더욱 높아졌다. 고종이 세상을 떠난 슬픔에다 나라가 망한 슬픔까지 겹친 때문이었으리라.

고종의 국장은 3월 3일로 정해졌는데, 그날을 이틀 앞둔 3월 1일이 되자 독립만세 운동이 터졌다. 당시 서울에는 인산(因山-임금의 장례)을 구경하려고 경향 각지에서 유림이 모여들어 거리에는 백립을 쓴 사람들이 가득했다(예전에는 인산 때 흰 갓을 썼다). 남녀 학생들이 부르짖은 "대한독립 만세!" 소리와 고종의 승하를 슬퍼하는 울음소리가 서로 어우러져 서울 장안이 떠나가는 듯했다. 거리 이곳저곳에서는 맨주먹으로 그저 만세만 부르는 학생들을 일본 헌병이 치고 때려서 소요는 더욱 더 커질 뿐이었다.

"독립만세!"의 우렁찬 소리는 자연 덕수궁 안에도 들려와 순종과 영친왕을 위시해서 모든 사람의 마음을 더 한층 구슬프게

고종의 장의를 치르기 위해 덕수궁 함령전을 나서는 영친왕.

했다. 순진한 상궁들은 정말 독립이 된 줄 알고 더욱 고종의 죽음을 안타깝게 생각했다. "상감마마께서 살아 계셨다면 독립이 된 것을 아셨을 것을…" 하고 상궁들이 안타까워하는 것을 보고, 영친왕도 마음속으로 '정말 독립이 됐다면 얼마나 좋아하셨을까' 하고 다시 한 번 생전의 아버님을 생각해보았다.

영친왕의 일본 유학이 결정되었을 때의 일이다. 하루는 함령전으로 아바마마를 뵈러 들어갔더니 마침 무엇을 쓰고 있던 고종은 "아기야, 너 이런 글귀를 아느냐?"고 하며, 일부러 다음 문구를 손수 써서 보여주었다.

先天下之憂而憂
後天下之樂而樂

천하의 걱정은 먼저 걱정하고 천하의 즐거움은 나중에 즐긴다는 뜻이다. 다시 말하면, 제왕이 되는 사람은 백성의 걱정은 백성보다 먼저 걱정하고 백성의 즐거움은 백성보다 나중에 즐겨야 한다는 교훈이다. 영친왕이 그 글의 뜻을 대강 풀어 올리니, 고종황제는 인자한 눈에 대견한 표정으로 태자를 보며 말했다.

"일본에 가거든 아무리 곤란한 일이 있더라도 모든 것을 꾹 참고 때가 오기를 기다려라."

그리고는 붓으로 커다랗게 참을 '忍' 자를 한 자 써주었다. 고종황제는 명성황후가 일본 놈들의 칼에 맞아 비참한 죽음을 한 뒤부터는 정말로 일본 사람이 무서웠던 것이다. 저희 말을 듣지 않는다고 해서 밤중에 궁중으로 들어와 남의 황후에게 칼질을 하고 시체에다 석유를 뿌리고 불을 질러서 한 줌의 재로 만드는 위인들이니 무슨 짓인들 못할 일이 있으랴 싶었다. 고종황제는 러시아 영사관으로 피신하여 거기서 정무를 본 일까지 있었다. 어느 시기까지는 소위 면종복배로 나갈 수밖에 없다고 결심하고, 일본으로 떠나가는 어린 영친왕에 대해서도 때가 오기까지는 그저 참으라고 신신당부를 했던 것이다. 그러나 고종황제는 그 '때'를 기다리다 못해 제 2의 헤이그 밀사사건을 계획하다가 결국 명성황후처럼 비명횡사를 했고, 영친왕의 생모 엄비는 아들을 보고 싶어 노심초사하다 혼자서 쓸쓸히 세상을 떠나고 말았다.

영친왕은 그 모든 일을 생각하니 가슴이 찢어지는 듯 아팠다. 그러나 한 가지 시원한 것은 어머님이 돌아가셨을 때도 그랬지만, 이번에 와서도 실컷 울어서 마음속에 쌓이고 쌓였던 슬픔과 괴로움을 다 털어놓은 것이었다. 영친왕은 천성이 온후하고 인자한 성격인데다가 아버님의 교훈으로 슬픈 일이나 기쁜 일이나 좀처럼 얼굴에 나타내지 않았다. 기쁠 때에는 약간 미소를 띠고 슬플 때에는 억지로 참고 있다가 아무도 없는 밤중에 자리 속에서 혼자 우는 고독한 성격이 제 2의 천성처럼 되었다. 어머님의 부고를 받고도 그랬고, 아버님이 위독하시다는 전보를 받고도 그랬다. 그렇지만 장의 때에는 모든 사람이 보는 가운데서도 터놓고 실컷 울 수가 있어서 마음이 후련했다.

제 2부 · 망국의 볼모

정략결혼의 안팎

고종의 국장이 끝난 후 영친왕은 여러 가지 감회를 품고 다시 일본으로 돌아갔다. 바로 그 무렵에 도쿄의 나시모토노미야 집안에서는 영친왕과의 혼사에 대해서 몹시 걱정을 하고 있었다. 마사코 왕녀의 부친은 처음 교섭을 받았을 때 "황태자비 후보까지 된 내 딸을 어찌 조선 사람에게 줄까보냐"라는 생각에 선뜻 대답을 하지 않았다. 하지만 차차 듣고 보니 신랑감이 훌륭할 뿐더러 "나라를 위해서 그렇게 하라"는 권고에 못 이겨서 겨우 승낙을 한 것인데, 고종이 승하하고 이어서 곧 조선에서 독립만세운동이 일어나니 그는 깜짝 놀라서 어쩔 줄을 몰랐다.

그가 신문 호외를 읽으면서 "이거 큰일 났군. 독립만세로 조선은 매우 소란한 모양인데"라며 걱정스럽게 말하자, 옆에 있던 부인도 "그러기에 내가 뭐라고 말했어요? 인정풍속이 다른 외국인과의 혼인은 암만해도 재미가 없다고 하지 않았어요?"라며 거들었다.

그래서 결국 따님을 불러다 놓고 물었다.

"이번 혼인은 국가적인 배경으로 하는 일인 만큼 일한 양국관계가 악화될 때에는 매우 곤란할 터인데 그래도 이왕가에 시집을 갈 테냐?"

마사코 왕녀는 뜻밖에도 이렇게 대답했다.

"아무 걱정 마세요. 설사 나라와 나라 사이가 악화되더라도 저는 그분을 믿을 테니까요."

"그건 무슨 소리냐?"

"아무리 정략결혼이라도 저는 이왕전하 개인에게 시집을 가는 것이지, 조선이라는 국가에 시집을 가는 것은 아니니까요."

결국 나시모토노미야 공도 무릎을 치며 말했다.

"딴은 그래. 너의 말도 옳다. 그러면 그분이 돌아오는 대로 다시 택일을 해서 속히 결혼을 하도록 하지."

그리하여 새로 정한 날짜가 그 이듬해 1920년 4월 28일이었다. 그 당시의 일을 영친왕비 방자 여사는 다음과 같이 말한다.

기나긴 2개월 만에 왕세자님이 서울로부터 돌아오셨습니다.

"이번에는 초종을 치르시느라고 얼마나 힘드셨습니까?"

"나는 괜찮소만 당신에게 심려를 끼쳐서 미안하오."

나를 깊이 아껴주시는 뜻이 그 말씀 이상으로 두 눈에 깃들어 있었습니다. 두 나라 사이는 어떻게 되건, 왕세자님과 나는 굳게 결합되어 있다는 실감이 강렬하게 가슴에 치밀어서 흐뭇한 생각에 젖었습니다.

그 시대의 황족이란 결혼하기 전에 한두 번 만나는 것이 고작이었습니다만 우리는 비교적 자유스러워서 일요일이면 가끔 초청하시기도 하고 또 내가 찾아가 뵙기도 하며 즐거운 시간을 가질 수 있었습니다. 그 때문에 서로 이해를 깊이 할 수 있었던 것은 참으로 다행한 일이었습니다.

그해도 지나 1920년 봄 대망의 날이 닥쳐왔습니다. 4월 28일, 왕세자님과 내가 영원히 결합되는 날이며, 또 그로 말미암아 한국과 일본의 왕실이 굳게 맺어지는 날이었습니다. 양친께 작별인사를 드렸을 때에는 그래도 시집가는 날답게 마음이 센티멘털해져서 가슴이 메어지는 듯했습니다. 양친께서도 심정은 마찬가지이신 듯 눈에 눈물을 빚어내시면서 격려해주셨습니다.

"나라와 풍속이 다르므로 괴로운 일도 많겠지만, 너에게 지워진 중대한 사명을 잊지 말도록 하기 바란다. 그리고 우리 집안 이름을 더럽히지 않도록 노력할 것이요, 훌륭한 왕비가 되어주기 바란다."

도리이사카 왕세자 댁에 당도하니 이미 황족 대표가 모두 와 있었고, 궁내대신 이토 공작(이토 히로부미의 아들) 부처 등 많은 사람이 와 있었는데, 이왕가에서는 순종황제의 칙사로 이달용 후작이 참석했습니다. 황족의 결혼에는 예전부터 입는 옷이 따로 있었으나, 이번만은 특별히 왕세자님은 육군 소위의 예장을 하시고 나는 양장으로 결혼식을 했습니다. 나는 그저 실수만 없도록 힘쓰기에 정신이 없었습니다. 그러면서도 가슴에 단 훈장과 머리에 쓴 관이 상징하고 있는 조선 왕녀로서의 무거운 책임감을 뼛속 깊이 느끼고 있었습니다.

방자 여사의 말처럼 영친왕은 남다른 역경에서 자라났고, 어려서부터 양친의 슬하를 떠나 이역만리에서 무미건조한 군대생활만 해왔으므로 무엇보다도 애정에 굶주린 것이 사실이었다. 그러므로 정략결혼이건 아니건, 한국인이건 일본인이건, 마치 사막에서 오아시스를 만난 듯 총명하고 싹싹한 방자 왕녀에게 온갖 애정을 기울였을 것은 넉넉히 추측하고도 남음이 있는 일이다. 두 사람은 결혼을 한 후에 연애를 시작했던 것이다.

영친왕은 본인이 그랬던 것처럼 방자 왕녀 또한 일본의 국책으로 정략결혼을 강요당한 가엾은 희생자라는 점에서 적어도 가정생활만은 서로 아끼고 사랑해서 단란하게 할 결심을 했다. 방자 왕녀도 영친왕과 마찬가지로 정략결혼이건 아니건 기왕 결혼을 한 바에는 일본이고 한국이고 모든 것을 초월하여 한 사람의 남자와 한 사람의 여자로서 적어도 가정생활만은 단란하게 하겠다고 마음먹었다.

결혼식을 무사히 끝내고 시작한 신혼생활은 무난한 편이었습니다. 미리 염려한 것처럼 습관의 차이로 말미암아 감정이 빗나가는 일도 없었고, 내가 한두 마디씩 하는 서투른 조선말도 도리어 애교가 되었습니다. 결혼 당시의 그 즐거움이란 누구나 다 마찬가지겠지만, 우리의 경우는 그 행복감이 더 한층 절실했다고 말하지 않을 수 없습니다. 두 사람 다 특수한 환경에서 태어났고, 특히 왕세자님은 가정적으로 심한 역경 속에서 성장하셨으니 신혼의 행복이 더 한층 즐거웠던 것은 물론입니다. 결혼한 지 반년쯤 지나서 태기가 있었습니다. '이제 나는 어머니가 된다'는 즐거움 속에서도 일종의 긍지와 책임을 느끼지 않을 수 없었습니다.

그 이듬해 8월 18일에 집에서 무사히 옥동자를 해산했습니다. 나는 처음에 딸을 낳기를 바랐으나 바깥어른을 비롯해서 여러분들이 "이제 왕실의 후사가 생겼으니 이렇게 경사스러운 일은 없다"라고 말씀하시므로 나도 한 가지 책임을 다한 즐거움에 잠길 수가 있었습니다. 해산한 지 일주일 만에 이름을 지었는데, '진(晋)'이라고 했습니다. 이 아기는 조선왕조 제 29대에 해당합니다.

영친왕의 결혼식이 도쿄에서 거행될 무렵 서울에 있는 순종황제는 매우 섭섭하게 생각하여 일본에서 결혼식이 끝나거든 곧 귀국해서 조선식으로 다시 식을 올리자고 하셨다. 그러나 일본 궁내성과 총독부의 반대로 실현되지 못했다가 큰 아들 진을 낳은 지 여덟 달 만에야 겨우 결혼인사를 드리러 귀국하게 되었다. 결혼 후 3년 만의 일인데, 방자 여사로서는 평생 처음으로 조선을 방문하는 것이었다. 생후 8개월밖에 되지 않은 진 왕자를 데리고 간다는 말을 듣고 방자 여사의 친정어머님은 애써 말렸다. 그러나 방자 여사는 비록 나이는 어릴망정 장차 왕실의 전통을 이어나갈 아들에게 조국의 공기를 마시게 하고 싶었을 뿐더러 첫 아들을 낳은 공로도 자랑하고 싶어서 기어이 데려가기로 했던 것이다.

서울에는 기차와 연락선으로 도쿄를 떠난 지 사흘 만에 도착했다. 서울역에는 데라우치 총독 이하 많은 사람들이 마중 나와 있었다. 의장마차를 타고 덕수궁으로 가서 석조전에 발을 들여놓은 영친왕은 지난날 아버님, 어머님 생각이 나서 더욱 마음이 애처로웠다. 그 이튿날 창덕궁 대조전에서는 순종을 뵙는 의식이 있었다. 조선왕실의 옛 풍속대로 대례복 차림을 한 영친왕비는 어디로 보든지 외국사람 같지 않아 종친들에게 많은 감명을 주었으며, 순종 내외도 마음에 흡족하여 여간 다정하게 대하지 않았다. 방자 여사가 당시 소학생이던 덕혜옹주를 처음 만나본 것도 그때의 일이다.

의식이 끝나자 곧이어 각계 대표자들을 접견하고, 그날 밤에는 창덕궁에서 성대한 만찬회가 벌어졌다. 영친왕은 방자 여사가 처음 오는 조선이고 더구나 궁중 풍속에는 생소할 터인데, 뜻밖에도 조선의 왕녀나 조금도 다름이 없었고 모든 사람에게 좋은 인상을 준 데 만족하여 덕수궁으로 돌아가는 자동차 안에서 부인에게 말했다.

"참 수고 많이 했소. 종친들이나 상궁들까지 당신을 퍽 좋게 말하더군. 어여쁘고 명랑하다고. 이제는 나도 마음을 놓겠소."

그런데 뜻밖에도 불행한 일이 하나 생겼다. 큰 아들 진 왕자가 갑자기 세상을 떠난 것이다. 도쿄로 돌아가기 전날인 5월 8일 밤의 일이었다. 밤중에 별안간 일본에서 데리고 온 나카야마라는 유모가 황급히 들어오면서 "비전하, 큰일 났습니다. 아기가 갑자기…"라며 말을 잇지 못했다. 그때의 일을 방자 여사는 다음과 같이 말한다.

급히 아기가 있는 옆방에 가서 보니 그토록 원기가 있던 진이가 몹시 괴로워하고 있었습니다. 나는 가슴이 덜컥 내려앉는 것을 느끼고 곧 고야마 전의를 부르고, 또 총독부 의원 의원장과 소아과장의 왕진도 청했습니다. 그 결과 급성 소화불량인 듯하다는 진단을 받았습니다. 그러나 소화불량 치고는 좀 이상했습니다.
이튿날이 되어도 도무지 차도가 보이지 않았습니다. 얼굴은 더욱 창백해졌으며, 푸르데데한 것을 자꾸 토하다가 기력도 없어졌는지 다만 숨소리도 괴롭고 울기만 할 뿐이었습니다. 우리는 만일을 염려해

영친왕 내외가 결혼 인사를 하러 와서 찍은 사진
(왼쪽부터 덕혜옹주, 영친왕비, 윤대비, 순종, 영친왕, 그리고 시종이 영친왕의 아들 진을 안고 있다).

서 진의 음식물에는 신중에 신중을 기해 왔었습니다. 좀 이상한 것이라든지 기름진 음식은 절대로 주지 않았습니다. 그리고 면회를 하거나 밖에서 돌아왔을 때에는 반드시 손을 소독하기로 했습니다. 그런데 날이 감에 따라 마음을 놓았다고 할까, 진에 대한 주의가 좀 부족했던 모양입니다. 이때까지는 궁녀들이 진을 데리고 다니면 나는 하도 귀여워서 그러려니 하고 내버려두었습니다. 그런데 막상 일을 당하고 보니 그런 무신경한 태도가 이와 같은 결과를 초래한 것만 같아 어찌할 바를 몰랐습니다.

급히 도쿄에까지 연락해서 소아과의 권위자 미와 박사까지 청해보았습니다만, 그가 도착하기도 전에 진은 숨을 거두고 말았습니다. 1922년 5월 11일 오후의 일이었습니다. 싸늘하게 식은 진의 시체를 끌어안고 그저 한낱 어머니로서 슬픔에 몸부림치며 울기만 했습니다. 할아버님이 일본사람의 손에 세상을 떠났기 때문에 하늘이 일본사람의 피를 받은 이 어린 것에게 벌을 내리셨는지요?

그러나 다만 한 가지 위안이 되는 것은 본국의 임금이 될 피를 받은 진이 조상의 나라 조선에 와서 목숨을 거두었다는 사실입니다. 이것 역시 하느님의 뜻인지도 모르지요.

진 왕자는 청량리에 소재한 엄비의 산소 영휘원에 딸린 봉우리를 숭인원이라고 이름 짓고 그곳에 매장했다. 방자 여사는 큰아들 진이 독살된 것으로 믿었으며, 그 때문에 작은 아들 구 씨는 나이 서른이 훨씬 넘도록 본국에는 얼씬도 못하게 했다.

만년처녀 민 규수

　영친왕의 정략결혼으로 가장 큰 피해를 본 사람은 민갑완 규수였다. 민 규수는 당시 주영공사를 지내고 승후관으로 있었던 민영돈 씨의 큰 따님으로, 영친왕이 일본으로 건너가기 직전에 장래의 영친왕비로 내정되었다. 만일 한일합병이 되지 않고 국권이 그대로 있었더라면 명성황후와 순종황후의 뒤를 이어서 제3의 민비가 탄생함으로써 여흥 민씨의 세도가 또 다시 부활했을지도 모르나, 운명의 신은 그것을 허락하지 않았다. 일제가 왕실의 혼사는 반드시 일왕의 승인이 있어야 한다는 것을 이유로 이미 간택된 사실을 절대 비밀에 부치는 동시에 약혼을 강제로 파기했기 때문이다. 영친왕이 도쿄에서 화촉을 올리게 된 이면에는 민 규수라는 만년처녀가 눈물을 흘리고 있었던 것이다.
　그때만 해도 봉건시대의 유습으로 한번 왕비나 왕세자비로 간택되었던 여성은 설사 그 혼인이 성사되지 않았다 하더라도 다른 데로 시집을 가지 못하는 관습이 있었으므로, 민 규수 역시 생과부로 평생을 늙지 않을 수 없었다. 자기도 모르는 사이에 약혼이 성립되고, 자기도 모르는 사이에 파혼이 되어서 다시 태어나기 어려운 귀중한 일생을 만년처녀로 허송하게 되었던 것이다. 민갑완 여사는 그의 저서『백년한(百年恨)』에서 간택과 파혼의 경위를 다음과 같이 말하고 있다.

내가 열한 살 되던 해 정초의 일인데, 하루는 남치마에 옥색저고리를 입고 또야머리에 첩지를 쓴 궁인 세 사람이 우리 집에 왔다. 한 분은 영친왕님의 유모이고 두 분은 상궁이었다. 어머님께 정중히 인사말씀을 올리더니, "아시는 바와 같이 왕세자님의 간택을 하실 의향을 가지시고 간택단자를 돌리라고 하시와 부모(유모)와 같이 간택단자를 가지고 나왔사옵니다"라고 하며, 상궁 한 분이 다홍색 간지(簡紙)를 내놓았다. 민간에서는 혼삿말이 있으면 남자 집에서 여자 집으로 사주라는 이름으로 생월생시를 써서 먼저 보내오건만, 나랏법은 그와는 달라 비를 책봉하려면 먼저 간택단자라는 것을 만들어 들여가게 마련이다. 간택단자에는 검은 붓글씨로 간택에 참여할 처자의 생월생시를 써서 들여가는 것이다.

간택되던 날. 나는 사인교를 타고 덕수궁으로 들어갔다. 나와 같이 들어온 처자가 무려 150여명이나 되어서 그런지 간택은 좀처럼 끝나지 않았다. 해는 서산을 넘은 지 오래여서 바깥은 캄캄하고 전안에는 전등불이 환하게 켜졌다. 나는 다리가 아프고 짜증이 나서 옆에 앉은 상궁을 흔들었다. 상궁은 깜짝 놀라면서, "처자, 왜 그러십니까?" 하고 묻는다. "상궁, 다름이 아니구요. 오늘이 간택날이라는데 신랑 될 분이 누구신가요?" 하고 수줍음도 없이 묻자, 상궁들은 나의 깜찍한 질문에 눈이 휘둥그레졌다. 마침 그때였다. 초조한 안색을 하신 귀인마마께서 또 다시 전안으로 나오셨다. 우리는 다시 상궁의 부축을 받고 일어섰다. 귀인마마께서 내 앞으로 오시자 나를 부축하던 상궁은 웃음을 참으며 아뢰었다.

"마마, 기특한 질문이 하나 있사옵니다."

"무슨 말이냐?"

"이 처자가, 오늘이 간택일인데 신랑이 누구시냐고 질문을 했습니다."

"뭐라구? 어디 보자. 아, 승후관 민 공의 딸이구나. 그래 너는 아버지 보고 싶지 않으냐?"

"왜 안 보고 싶겠어요. 무척 뵙고 싶습니다."

"그래. 넌 대답두 잘하고 아주 총명하게 생겼구나. 그래, 신랑감이 꼭 보고 싶으냐?"

"네."

내가 고개를 숙이자, 귀인마마께서는 내 손목을 잡으시고 소파 앞으로 가셨다. 그곳에는 세 분이 있었다. 나중에 알고 보니 모두 사촌, 육촌들이었다. 영친왕님은 그때 복건에 초립을 쓰시고 연두 두루마기에 남빛 전복을 입으셨다. 나하고는 생일까지도 같은 동갑장이 열한 살의 아기인지라 그분도 세상을 모르는 듯 소파에서 뛰어놀고 계셨다. 나는 그분과 함께 뛰어놀고 싶은 충동을 가슴에 품은 채 그저 가만히 서있을 뿐이었는데, 그분은 아침부터 와서 고생을 치른 우리의 심정을 아는지 모르는지 그대로 천진하시기만 했다.

귀인마마께서 손목을 끄시자 소파에서 내려서신 그분은 귀인마마의 바른손을 잡으시고 나는 귀인마마의 왼손에 잡히어서 내전으로 들어갔다. 그곳에서 그분과 나는 등을 마주대고 키를 재보았으나 내가 그분보다도 한 치가량 더 컸다. 그때 나는 어쩐지 마음이 서운했다.

'남자분이 왜 여자보다 작으실까?'

그러나 반드시 키가 크기만 하면 인물이 좋다는 법도 없지 않은가, 하고 스스로 마음을 달래면서 닥쳐오는 일을 해야만 했다. 양전마마가 계신 앞에서 나는 시험을 받은 셈이다. 아버님의 직품이며 우리 집 가문의 내력이며 어른들의 생신날과 연세, 또는 제삿날까지도 물으셨다. 양전마마께서 물으시는 대로 거침없이 대답을 하자 기특하신지 무릎을 치시며 기꺼워하셨다. 그로 말미암아 내용적으로는 거의 나로 확정이 된 셈이다.

그러나 나랏법은 그렇지가 않아서 형식적이나마 세 명을 뽑아야 되므로, 나 외에 의정대신을 지낸 민영규 씨의 따님과 심 씨 댁 따님, 이렇게 셋이 첫 간택에 뽑혔다. 150명을 몇 차례씩 추린 후 결국에 가서는 셋을 뽑고 나니 밤은 이슥하여 벌써 자정이 가까웠다. 나는 희색이 만면하신 양전마마께 인사를 드린 후 마당에 대령하고 있는 사인교에 올랐다. 앞에는 초롱을 든 정감(廷監)이 쌍쌍이 여덟이 서고, 뒤에는 하사하신 예물과 상으로 받은 교자가 따랐다. 집에서는 벌써 전갈을 받아 수표교 앞까지 마중을 나와 있었다. 온 동네가 떠들썩한 것이 정신이 없었다.

사인교에서 내려 대청에 오르자니까 첫닭이 울었다. 거창한 행사에 고된 하루가 지샌 것이다. 어머님을 비롯하여 온 가족이 무척 기뻐했다. 그러나 나는 기쁨보다도 어떤 무거운 짐을 진 듯이 가슴을 누르는 중압감을 느꼈다. 간택이 된 것만은 틀림없는 일이며 떼놓은 당상이건만, 앞으로 나의 할 일이 태산준령 같았기 때문이다. 만인의 어머니인 일국의 국모가 되려면 지혜나 재량에 있어서도 남보다 탁월해야 하고, 덕망과 부덕도 남달리 있어야 하기 때문이었다.

파혼되던 날. 그 후 세월은 흘러 내 나이는 어느덧 스물둘이 되었다. 여자의 운명이란 이런 것인가. 십여 년 전에 정해놓은 그분을 위하여 문밖에도 마음대로 못 나가고 사람도 친척 이외에는 피해가면서 살자니 정말 고통스러운 생활이었다. 그런데 어느 추운 겨울날 오후에 대궐로부터 상궁들이 우리 집에 나왔다. 한 분은 창덕궁 제조상궁인 김 상궁이고, 또 한 분은 홍 상궁이었다. 방안에 들어선 그들은 "대감마님께 문안드리옵니다. 부인마님께 문안드리옵니다"라고 하면서 절을 한 후에 나란히 앉았다. 한참 만에 김 상궁이 먼저 입을 열었다.

"황공하온 말씀이오나 신물을 환수하러 나왔사옵니다."

"아니, 그게 무슨 말씀이오? 자다가는 꿈도 꾼다지만, 이런 꿈밖의 일이 또 어디 있단 말이오?"

"물론 놀라실 줄 알고 왔사오나 상(上)의 뜻이 그러하시다니 어찌하옵니까?"

"상의 뜻이라니? 간택을 치르고 신물까지 나눈 지 10여 년이 된 오늘에 와서 뜻이 변하셨단 말씀이오?"

"그리 노하실 것은 아니옵니다. 강약이 부동으로 총독부에서 지령한 일이온즉, 어찌할 도리가 없사옵니다."

"나는 못하겠소. 내 자식의 일생을 망치고 게다가 그 동기까지도 폐혼하게 되는 그런 일을 어찌하라고 하겠소? 못해요."

아버님께서 언성을 높이시자 이번엔 어머님께서 울먹이면서 통곡을 하셨다.

"아무리 나랏일이 중하다 해도 자식들의 전정을 막는 법이 어디 있단 말씀이오? 큰 애를 그렇게 해놓으면 그 애는 물론이거니와, 그 아래 아이들까지도 전정을 막아버리게 되지 않습니까? 역혼은 못하는 법인데, 세상에 이런 법도 있습니까?"

민 규수의 양친은 사랑하는 딸의 장래를 위해서 끝까지 버텼으나, 결국 고종황제의 어명을 내세우는 총독부의 성화같은 독촉을 견디다 못해 왕실에서 받은 금가락지 등의 신물을 반환하고 딸을 다른 데로 시집보내겠다는 서약서까지 쓰게 된 것이었다. 그러나 민 규수는 "간택에 그쳤다 하더라도 황실의 약혼녀답게 깨끗이 살겠다"며 상해로 망명해서 24년간이나 꽃다운 청춘을 헛되이 보낸 후 해방되던 다음해에 귀국하여 『백년한』이라는 눈물의 역사를 쓰고, 1967년 동래에서 73세를 일기로 한 많은 세상을 떠나고 말았다.

영친왕이 발병하기 전 도쿄에서 내가 민 규수의 이야기를 꺼냈더니, 은발동안의 영친왕은 "민 규수도 가엾은 사람이야" 하고 얼굴을 흐렸다. 옆에 있던 방자 여사는 귀국하면 민 규수를 꼭 한번 만나보겠다고 했는데, 이제는 영친왕도 민 규수도 다 저세상 사람이 되었으니, 지금에 와서 생각하면 '백년한'이라기보다 '무궁한(無窮恨)'이라고 함이 오히려 더 타당할 것 같다.

여운형의 도쿄 방문

1919년 3월 1일 기미독립운동은 일제의 간담을 써늘하게 했고, 2만여 명의 사상자와 5만여 명의 피검자를 내었다. 당시 일본 정부 일각에서는 탄압만 하는 것이 능사가 아니므로 유화정책을 쓰는 것도 좋지 않으냐는 의견이 대두해서 우선 조선인의 주장과 의견을 들어보기로 했다. 당시 관동청(만주 대련에 있었음) 장관 고가(古賀)가 상해임시정부에 연락을 취한 결과 비공식이나마 국빈의 예로써 몽양 여운형 씨를 초청하게 되었다. 그때 일본에서는 평민재상으로 이름 높던 하라 게이가 총리로 있었는데, 조선총독부도 모르게 그의 독단으로 비밀리에 결정한 일이었다. 여운형 씨는 또 여운형 씨대로 '호랑이굴에 들어가지 않으면 호랑이새끼를 얻을 수 없다'는 생각에서 용감히 일제의 심장부로 뛰어 들어가 마음에 있는 바를 한번 시원하게 토로나 해보자고 그것을 선뜻 수락한 것이었다. 말하자면 피차에 하기 어려운 모험을 한 것이었다. 이것은 나중에 문제가 되어서 임시정부는 무슨 변절이나 한 것처럼 여운형 씨를 비난했고, 총독부에서는 하라 총리의 독단적 처사에 대해서 크게 불만을 품었다.

그러나 정작 도쿄에 도착한 여운형 씨의 인기는 대단했다. 그가 묵고 있던 데이고쿠 호텔에는 독립국가의 외무장관이나 국빈을 맞이한 것처럼 인산인해를 이루었다. 일본의 대표적 신문기자 1백여 명이 모인 자리에서 여운형 씨는 일본의 침략정책을 통렬히 공격하고, 조선 독립의 필요성을 기탄없이 역설하여 일본 조야에 큰 파란을 일으켰다. 여운형 씨가 도쿄에 있는 동안 일본의 각 신문은 앞을 다투어 이를 보도했다.

여운형 씨 왈, 조선은 독립해야 한다.
여운형 씨 왈, 조선은 꼭 독립하고야 말 것이다.
불령선인(不逞鮮人-불순한 조선인), 제국의 수도에서 조선 독립을 주장.

여운형 씨가 영친왕에게 비밀리에 면회를 요청한 것은 바로 그러한 때였다. 고 사무관은 이 요청에 대하여 깊이 생각한 끝에 이렇게 진언했다.

"전하의 처지로서는 매우 미묘한 바가 있사오니, 배알을 허락하시와 간단하게나마 몇 말씀 해두시는 것도 좋지 않을까 합니다."

"그러면 적당히 조치하여 주오."

이리하여 영친왕과 여운형 씨의 면담 계획은 비밀리에 진행이 되었던 것이다.

당시 상해임시정부 외교부 차장 여운형 씨의 인기란 대단한 바가 있었다. 준수한 용모와 늠름한 태도는 일본 사람들을 경탄케 하여 일거일동이 날마다 커다랗게 신문에 보도되니, 영친왕은 물론 고의경 사무관도 그 이름만은 잘 알고 있었다. 그런데 뜻밖에도 여운형 씨로부터 전화가 걸려 왔으므로 고 사무관도 약간 당황하지 않을 수 없었다. 한편으로는 놀라고 한편으로는 큰 호기심을 가지고 영친왕께 면담의 승낙을 권유했던 것이다.

만날 시일과 장소는 고 사무관이 여운형 씨와 직접 만나서 결정하기로 했는데, 이 계획은 아깝게도 사전에 탄로되어 실현되지 못했다. 다 같은 사무관이면서도 실상은 스파이로 들어와 있는 구리하라라는 일본인 촉탁이 미리 그 사실을 알고 비밀리에 헌병대에 알렸기 때문이다. 도리이사카에 있는 영친왕의 저택은 갑자기 정사복 일본 군경이 주야로 엄중한 경계와 감시를 하게 되었다. 고 사무관은 구리하라 촉탁이 가증스럽기 짝이 없었지만 무력한 조선인으로서는 어찌할 수가 없었다. 그래서 기껏 한다는 소리가 이런 항변일 뿐이었다.

"여운형은 일본의 총리대신이 일부러 불러온 사람이오. 총리대신이 초청한 사람을 전하께서 만나주시기로 무엇이 나쁘단 말이오?"

그러나 구리하라도 지지 않고 대들었다.

"그래 총리대신과 전하가 똑같단 말이오?"

분통이 터진 고 사무관은 즉시 사직하고 싶은 생각이 들었으나, 고독한 영친왕의 곁을 떠나기가 차마 어려워서 그만두겠다는 말도 못하고 있던 차에 도쿄 헌병대에서 호출이 왔다. 육군 대위인 헌병대장은 노기등등하여 으름장을 놓았다.

"그대가 여운형의 앞잡이 노릇을 한다는데, 만일 그것이 사실이라면 그대도 후테이센징(불령선인)으로 알겠다. 그리고 아무리 왕전하라고 하더라도 여운형 일파와 무슨 연락이 있다면 그냥 둘 수는 없다."

고 사무관은 금후에는 한층 주의하겠다고 서약을 한 후에야 겨우 헌병대에서 풀려나왔다.

신혼마차에 날아든 폭탄

1920년 4월 28일 도쿄에 있는 영친왕저에는 결혼식을 참관하러 온 사람들로 혼잡을 이루었다. 수많은 일본 왕족들과 조선에서 건너온 종친들, 그리고 데라우치 총독 내외가 미리 기다리고 있었다.

신부가 탄 의장마차가 막 도리이사카의 언덕길을 올라갈 때 별안간 학생복 차림의 청년 하나가 옆 골목에서 뛰어나오며 뭔가를 던졌다. 미리 경계 중이던 헌병과 형사가 달려가서 그 청년을 붙들고 그가 던진 것을 보니, 그것은 사제폭탄으로 성능이 좋지 못해서 다행히 터지지 않은 것이었다. 즉시 경시청으로 압송하여 문초를 한 결과, 청년은 당시 도쿄에 유학하고 있던 경상도 출신의 서상일이라는 청년이었다. 그는 심문하는 경관에게 이렇게 자백했다.

"이왕전하나 방자여왕에게는 아무 원한이 없으나, 억지로 일선융화(日鮮融和)를 시키려는 일본의 소행이 미워서 한번 엄포를 놓으려고 한 노릇이오."

미수로 끝난 이 사건은 사상자가 나지 않았으므로 극비에 부치게 되어 관계자 외에는 별로 아는 사람이 없었고 신문에도 보도되지 않았다. 폭탄을 던진 서상일 청년은 그 때문에 4년의 금고형을 받았다.

　이 사건뿐 아니라 결혼식을 앞두고 영친왕저에는 매일같이 결혼을 반대하는 전화와 투서가 답지했다. 그러나 그런 것은 다 사무관이나 궁내성에서 파견된 감시원에게만 도달되었을 뿐, 영친왕이 그러한 사실을 안 것은 훨씬 뒤의 일이다.

　1923년 9월 초하룻날 일본에서는 관동대지진이 일어나서 도쿄는 하루아침에 폐허가 되고 수만 명이 불에 타 죽는 비극이 발생했다. 인심이 극도로 흉흉하여 눈이 뒤집힌 사람들이 무슨 짓을 할지 모르므로 일본 정부에서는 즉시 계엄령을 선포하고 그 대책에 부심했는데, 어디서부터 나온 말인지 이상한 소문이 쫙 퍼졌다.

　"조선인들이 우물 속에 독약을 넣었다."

　"조선인들이 불을 지른대."

　그렇지 않아도 집을 잃고 가족이 죽어서 환장한 사람들은 모든 불행이 조선 사람 때문에 발생된 것처럼 "조선인을 모조리 때려 죽여라"며 악을 쓰고 덤볐다. 그 때문에 당시 조선유학생이나 노동자가 수천 명이나 억울하게 희생되었다.

　일본정부의 미스노 내무대신과 계엄사령관 후쿠다 육군대장 등이 가장 염려를 한 것은, 큰 지진으로 말미암아 집을 태우고 가족을 잃은 사람들이 공산주의자나 무정부주의자에게 선동되어 혁명을 일으키지나 않을까 하는 문제였다. 눈이 뒤집힌 민중의 심리를 딴 곳으로 돌리게 할 필요가 있었으므로 애꿎은 조선 사람들에게 억울한 죄명을 뒤집어씌운 것이다.

신혼 시절의 영친왕과 방자 여사.

신혼마차에 날아든 폭탄

그러한 이야기를 들을 때마다 영친왕과 방자 여사는 참을 수 없는 슬픔과 분노를 느꼈다. 그러나 영친왕은 자기 자신도 조선 사람인 점에는 틀림이 없었으므로 더더욱 어떻게 할 수가 없었다. 비록 일반 민중들과는 다르다고 하지만 또 언제 무슨 일이 생길지도 모르므로 일주일 동안이나 궁성 안으로 피난한 일까지 있었다.

영친왕과 방자 여사는 비록 민족과 국경을 초월해서 애정과 이해로 부부가 되었지만, 조선과 일본 두 민족 사이에는 관동대지진 때 조선인 학살사건으로 말미암아 메울 수 없는 큰 틈이 더한층 커진 것을 뼈저리게 느꼈다. 따라서 조선과 일본 사이의 숙명적인 대립은 어쩔 수 없는 일이라고 하더라도 두 사람의 애정만은 그에 좌우되는 일이 없기를 바랐던 것이다. 그러나 구황실이나 구왕족의 운명은 완전히 조선총독부와 일본 궁내성에서 장악하고 있어서 자주성이라고는 조금도 없었다.

원래 일제와 조선총독부는 조선 민족을 극력 일본에 동화시키는 동시에 조선 왕족의 피에다 일본인의 피를 섞는 것을 조선통치의 근본으로 삼았다. 임진왜란 때의 도요토미 히데요시도 조선에서 군대를 철수하는 조건으로 첫째 왕자를 인질로 보낼 것, 둘째 두 나라가 서로 국혼을 할 것, 셋째 충청, 전라, 경상 3도를 일본에 줄 것 등을 요구했다가 거절당한 일이 있었다. 이제 300여 년이 지난 뒤에 마침내 그 목적을 달성하게 된 것으로, 그들은 영친왕의 결혼만으로는 만족하지 않고 단 하나밖에 없는 누이동생 덕혜옹주에게까지 손을 뻗치게 되었던 것이다.

덕혜옹주는 그때 아직 소학교 6학년생이었는데, 일제는 영친왕과 마찬가지로 어려서부터 일본에 동화시키려고 했다. 그 말을 듣고 큰 오라버님 되는 순종은 너무나 애처롭게 생각하여 극력 반대하는 동시에, "적어도 여학교를 졸업할 때까지는 슬하에 두고 싶다"고 했다. 그러나 나라를 잃은 전 황제로서는 한낱 헛된 저항에 지나지 않았고, 시계처럼 정확하게 진행되는 그들의 계획에는 아무런 변경도 가져오지 못했다. 그리하여 덕혜옹주의 생모 양귀인은 끝내 일본으로 끌려간 딸자식을 그리워만 하다가 다시 한 번 만나보지도 못하고 청주 친정에서 유방암으로 쓸쓸하게 세상을 떠나고 말았다.

덕혜옹주가 일본으로 간 지 꼭 1년 만에 순종이 세상을 떠났다. 그는 1874년 2월 8일 창덕궁 관물헌에서 탄생하여 1926년 4월 25일 창덕궁 대조전에서 서거했다. 향년 52세로, 고종보다도 15년이나 이른 나이에 세상을 떠난 것이다. 영친왕은 순종의 병환이 심상치 않다는 기별을 받고 방자 여사와 더불어 벌써 몇 달 전부터 서울에 와 있었으나, 결국 상사를 당하고 보니 형님 되는 순종이 가엾기 짝이 없었다. 풍운의 구한말에 태어나서 하기 싫은 임금의 자리에 올랐다가 나라를 잃은 것도 분하거늘, 어머님 명성황후는 말할 것도 없고 아버님 고종황제마저 비명횡사를 했을 뿐더러 사랑하는 아우와 누이동생까지 멀리 일본에 빼앗기고 말았으니 얼마나 가슴이 쓰리고 아팠으랴.

순종의 장의는 국장으로 모시게 되어 그해 6월 10일에 거행되었는데, 고종의 장의 때와 마찬가지로 창덕궁 돈화문 앞에는 망곡하는 남녀노소가 그칠 새가 없었다. 조선일보 주필 안재홍은 '순종마저 가시다'라는 비장한 사설까지 써서 그렇지 않아도 망극해 하는 일반 민중의 마음을 더욱 격앙하게 만들었다. 송학선이라는 청년은 창덕궁에서 자동차를 타고 나오던 경성 상공회의소의 일본인 회장을 데라우치 총독으로 오인하여 금호문 앞에서 단도로 찔러 죽였다. 국장일인 6월 10일에는 돈화문에서 동대문까지 빽빽이 들어선 군중 가운데에서 갑자기 "대한독립 만세!" 소리가 나서 미리 경계 중이던 경관대와 충돌이 벌어졌다. 이것이 바로 6·10만세운동이었다. 이는 모두 대한제국 최후의 황제인 순종의 죽음을 슬퍼하는 동시에, 그 기회를 이용해서 조금이라도 일제에 대한 저항정신을 표하기 위함이었다.

　6·10만세운동은 더욱 확대되어 남녀 중등학교에서는 동맹휴학이 속출했으며, 그로 말미암아 경찰에 체포된 학생들도 적지 않았다. 영친왕은 순종의 영구를 금곡왕릉에 안장하고 차마 돌이키기 어려운 발길을 돌이켜 도쿄로 다시 갔다. 이때부터 영친왕은 조선조 제 28대 왕통을 계승하게 되었다. 그리고 영친왕은 왕세자에서 이왕전하로, 방자 여사는 왕세자비에서 이왕비전하로 불리게 되었다. 그러나 아무 실권이 없는 왕이나 왕비라는 허울은 오히려 귀찮은 일만 많아서 차라리 왕세자나 왕세자비로 그냥 있는 것만 같지 못했다.

유럽 여행

　일본의 왕족 대우를 받으면서도 실상은 왕족이 아닌 고충은 영친왕이 유럽 여행을 계획했을 때에도 여실히 드러났다. 서울의 종친들은 "전하가 유럽에 가셔서 만일 상대편이 대한제국의 황태자로 대우를 해드린다면 일본 측에서 좋아하지 않을 것이고, 그렇다고 순수한 일본 황족도 아니시니 혹시 소홀하게 굴지도 모른다"며 반대했다. 일본 측에서는 "유럽 여러 나라에서 일본의 사정을 잘 모르고 '프린스 오브 리(Prince of Lee)'를 '프린스 오브 코리아(Prince of Korea)'라고 잘못 부르면 큰 탈이다"며 반대를 하는 것이었다. 영친왕은 단호하게 잘라 말했다.
　"아니오. 나는 왕전하로 가는 것이 아니라 한 인간으로서 가는 것이니 어떠한 대우를 받아도 좋소."
　평소에는 아무 말이 없고 웬만한 일은 다 순순히 양보하던 영친왕이 유럽 여행에 한해서만은 그같이 강경한 태도를 보인 데는 그만한 이유가 있었다. 표면상으로는 최고의 대우를 받았으나, 실상인즉 무엇 하나 마음대로 할 수 없는 자기의 처지가 원망스러웠기 때문이다.

　영친왕이 처음 일본에 갔을 때는 나이도 어렸지만 그저 아버님과 어머님이 그리웠을 뿐 별다른 생각이 없었으나, 차차 나이가 들고 주위 환경에 익숙해짐에 따라 자기가 누구이며 자기의 처지가 어떻다는 것을 조금씩 이해하게 되었다. 그중에도 안중근 의사가 이토 히로부미를 저격한 사건은 영친왕에게 비상한 충격을 주었으며, 난생 처음으로 국가의 독립이 얼마나 소중한 것인가를 깨닫게 했다.

이토 히로부미는 영친왕에 대해서는 극진하게 굴었다. 태자대사로서의 책임감도 있었을 것이다. 인천에서 일본 군함을 타고 시모노세키에 상륙할 때까지 이토는 잠시도 영친왕 옆을 떠나지 않은 것은 물론, 시모노세키에서 도쿄로 향하는 열차 안에서도 마치 어버이가 자식이나 손자를 사랑하듯 다정하게 굴었다. 도쿄에 도착한 후에도 영친왕의 숙소인 시바 이궁(離宮)을 자주 방문하여 때로는 쌍두마차에 나란히 앉아서 이곳저곳 구경도 다녔다. 그와 같은 친절을 베푼 것은 이토 히로부미 한 사람뿐만 아니라 메이지 일왕도 마찬가지였다. 일왕이 몸소 영친왕의 숙소를 방문한 것은 물론이고 사흘이 멀다고 궁중으로 데려다가 좋은 음식을 대접했다. 어떤 때는 자신이 차고 있던 순금시계까지 선사하여 고독한 '이방의 왕자'를 달래기에 부심했다. 그러므로 영친왕은 그들의 속셈이야 어떻든 자기에 대한 호의만은 항상 고맙게 생각했던 것이 사실이다. 그러나 이토 히로부미의 암살은 영친왕에게 비상한 충격을 준 동시에, 처음으로 민족주의에 눈을 뜨는 계기가 되었다.

이토 히로부미의 암살에 이어, 1923년 관동대지진 때 아무 죄도 없는 조선인 유학생과 노동자가 수천 명이나 학살당한 것 역시 큰 충격이었다. 그때 체포된 무정부주의자 박열은 일왕에게 대역사건을 일으키려 했다며 무기징역이 선고되었다. 그 직전에는 소위 참정권 운동을 한다고 일본에 간 국민협회장 민원식을 양근환이라는 청년이 도쿄 스테이션 호텔에서 칼로 찔러 죽인 사건이 발생했다. 신문에는 날마다 조선인에 관한 기사가 나지 않는 날이 없었다. 그중에도 1924년 1월 5일 밤 도쿄 궁성으로 들어가는 이중교(二重橋)에 폭탄을 던진 사건은 전례가 없던 일인 만큼 일본 사회에 큰 충격을 주었다. 그것은 상해에서 잠입한 의열단원 김지섭 열사의 소행이었다. 그는 결국 사형을 당했으며, 일본의 각 신문사에서는 호외까지 발행하여 그 사건을 크게 보도했다.

그와 같은 사건이 자꾸 생겨서 '불령선인'이라는 네 글자가 날마다 큼직하게 신문에 날 때마다 영친왕의 마음은 어두웠다. 그뿐 아니라, 과거의 역사를 잘 모르는 자들이 일본 문화의 은인인 조선 사람을 까닭도 없이 업신여기고 차별대우를 하는 것을 듣고 볼 때에는 더욱 마음이 아팠다. 그래서 이것저것 다 잊어버리고 일본도 한국도 아닌 곳에 가서 편안히 쉬고 싶었다. 그러나 궁내성에서 쉽사리 승낙을 하지 않던 중에 다이쇼(大正) 일왕이 세상을 떠나니, 유럽 여행은 당분간 연기할 수밖에 없었다.

다이쇼 일왕의 뒤를 이어서 황태자로 있던 히로히토(裕仁)가 쇼와(昭和) 일왕으로 등극하는 것을 본 영친왕은 문득 "나도 황태자였는데…" 하는 생각이 머리에 떠올라 자신도 깜짝 놀랄 지경이었다. 이래서는 안 되겠다 싶어 잠시라도 일본을 떠나고 싶은 생각이 더욱 간절했던 것이다.

 일본 궁내성에서 영친왕의 유럽 여행을 선뜻 승낙하지 않은 데에는 그들 나름의 이유가 있었다. 만일 영친왕이 이왕전하의 자격으로 유럽을 여행하게 된다면, 국제적으로 한국에는 아직도 독립국가의 왕실이 있는 것 같은 인상과 오해를 줄 것을 염려했기 때문이다.

 '그렇지만 나는 가야겠다. 어딘가 멀리 가서 영원히 살고 싶지만, 그것이 안 된다면 단 몇 달만이라도 자유롭게 살고 싶다.'
 이렇게 생각한 영친왕은 시노다 차관에게 말했다.
 "시노다 군! 올 여름까지는 출발하고 싶소. 유럽에서 어떤 대우를 받는대도 좋소. 나는 왕족으로서가 아니라 한 인간 이은으로서 가는 것이니까."
 "예, 황공하옵니다. 반드시 유럽 여행은 꼭 실현될 것으로 확신하옵니다."
 처음에는 영친왕의 여행에 반대하던 시노다 이왕직차관도 영친왕이 하도 유럽 여행을 열망하므로, 이제는 찬성파로 전향해서 어떻게든 영친왕의 희망을 들어주기로 결심했다. 그래서 궁내성의 어떤 고관을 만났더니 그자는 아주 냉담한 태도로 난색을 보였다.
 "글쎄, 근자에는 황족의 여행이 너무 많아서…"
 당시는 일본의 국위가 날로 융성해 갈 때이므로 일본에서는 일왕이 아직 황태자로 있었을 때 여행한 것을 위시하여 왕자들도 유럽을 다녀왔다. 영국 황태자와 스웨덴 황태자 구스타프도 일본에 온 일이 있었기 때문에 이편에서도 몇 사람 더 여행을 해도 상관이 없을 터인데, 유독 영친왕의 여행에 관해서만은 고개를 흔드는 것이었다. 애초에는 여행에 반대했던 시노다도 궁내성 관리의 그런 태도를 보자 의분이 끓어올랐다. 법학박사 출신으로 이왕직차관이 된 시노다는 호락호락하게 물러날 위인이 아니었다.

"그러면 비공식으로 사사로이 가신다면 문제는 없겠군요?"

"그렇지요. 개인의 자격으로 가신다면 구태여 반대할 이유가 없겠지요."

"그러면 그렇게라도 곧 여행 수속을 해주시오."

시노다 차관은 비록 얼굴에는 나타내지 않았지만 마음속에는 형언할 수 없는 울분과 함께 영친왕이 몹시 가엾게 생각되었다. 그도 일본인이므로 만일 영친왕이 다시 대한제국의 황제가 되겠다고 나선다면 가만히 있지는 않을 것이었다. 그러나 양과 같이 유순한 영친왕의 일상생활을 잘 아는 그이므로, 일본 관료들의 냉담한 태도를 볼 때에는 피가 끓어오름을 어찌할 수 없었다.

그러던 어느 날, 시노다가 궁내성에 갔다 오더니 영친왕에게 말했다.

"전하, 이제야 여행하시는 일이 확정되었습니다. 그런데…"

"왜 그러오. 무슨 일이 있었소?"

"다만 공식적인 것이 아니라서…"

"응. 그건 아무 상관없소. 공식 방문이면 도리어 거북하니까 나는 처음부터 사적으로 가는 것을 희망했소. 그러면 언제든지 출발할 수 있겠지?"

유럽 여행 당시 영친왕 내외(앞줄 가운데)와 수행원들.
앞줄 오른쪽 끝이 시노다 이왕직차관이다.

영친왕은 비로소 안심이 되는 모양이었다. 그 얼굴을 보니 시노다는 영친왕의 처지가 더욱 애처로워졌다.

"그저 공식적인 여행이 못되어서 황송합니다."

"오히려 잘 되었소. 공적이면 귀찮은 일이 많아서 모처럼 하는 여행이 즐겁지 못하니까 나는 처음부터 사적인 여행을 희망했던 것이오."

영친왕은 결국 한 개인의 자격으로 유럽 여행을 떠나게 되었다.

상해임시정부의 영친왕 납치 기도

영친왕의 유럽 여행에는 또 한 가지 난관이 있었다. 일본에서 배를 타고 유럽으로 가려면 반드시 상해를 거쳐야만 하는 것이었다. 당시 상해에는 임시정부가 있었고, 거기에는 이시영, 이동녕, 조완구 등 구한국 시대에 고관을 지낸 사람들도 많았다. 만일 영친왕이 탄 배가 상해에 기항해서 상륙을 하면 무슨 일이 발생할지 모르기 때문에 일본 측에서는 그 점이 큰 걱정이었다. 일본 궁내성과 총독부 당국에서는 영친왕이 상해를 통과할 때 임시정부에 납치나 유인되는 일이 없도록 특별한 경계를 하게 되었고, 그에 따라 종로서 고등계 주임으로 악명 높던 미와 경부에게 영친왕을 특별히 수행하도록 했던 것이다.

영친왕 내외가 유럽 여행을 떠난 것은 1927년 5월이었다. 영친왕은 개인 자격으로 하는 여행인 만큼 되도록 단출하게 가고 싶었다. 그러나 막상 떠나려고 하니 시노다 이왕직차관을 비롯하여 시녀와 시의에다 시종무관 사토까지 수행원이 자그마치 일곱 명이나 되므로, 미와 경부는 상해까지만 데리고 가기로 했다. 영친왕 일행이 일왕의 칙사와 많은 귀족들의 전송을 받으며 요코하마에서 하코네마루라는 1만 톤급 기선을 타고 고베에 이르니, 거기에는 한창수 이왕직장관이 미리 와서 기다리고 있었다. 한창수는 머리를 숙이며 말했다.

"전하, 조용히 여쭐 말씀이 있는데요."

"갑자기 무슨 말이오?"

"상해에 있는 임정 사람들이 전하께서 유럽 여행을 떠나시는 것을 알고 무언가 비밀스러운 계획을 하고 있다는 극비정보가 있었습니다."

영친왕은 다만 그의 말을 들을 뿐 묵묵히 있었다. 한창수는 다시 말을 이었다.

"총독부 보안과와 내무성에서 긴밀히 연락해서 엄중한 경계를 하고, 특히 상해까지는 미와 경부가 수행을 하게 되었습니다만, 걱정이 되어서…"

한창수는 총독부에 잘 보여 이왕직장관까지 된 사람으로, 덕혜옹주를 일본으로 시집보내는 데 큰 공로를 세운 사람이었다. 그뿐 아니라 자기의 손녀까지도 일본 사람에게 시집보냄으로써 자기의 충성심이 남다름을 표시했던 전력이 있었다.

"너무 걱정할 것 없소. 누구든 정 만나자면 만나지. 지금부터 걱정할 것이야 없지 않소?"

"안 됩니다. 만나시면 안 됩니다."

"누가 꼭 만나겠다고 그랬소? 이를테면 그렇다는 말이지."

"그저, 아예 접촉을 하지 않는 것이 상책입니다. 그리고 상해를 무사히 통과하시더라도 파리와 헤이그가 또 문제입니다."

"글쎄, 그런 걱정은 하지 말래도 그러는구려. 이번 여행은 내가 일개인의 자격으로 하는 것이니까 너무 시끄럽게 굴지 마오."

한창수의 지나친 걱정에 영친왕은 화를 내었다.

그때 상해임시정부에서는 김구 선생이 경무부장으로서 모든 행동을 직접 지휘하고 있었다. 김구 선생은 일본영사관의 스파이들이 임시정부에 잠입하는 것을 방지하는 한편, 국내와 일본에 테러리스트를 들여보내는 일에 전력을 기울였다. 상해임시정부는 본국에서 망명해 온 청년 지사들이 이역만리에서 맨손으로 만든 정부인만큼 무엇보다도 선전이 제일 중요한 과업이었다. 몇해 전에 의친왕을 데려가려다 불행히 실패한 적이 있었던 임시정부가 이번에는 영친왕을 주목하게 되었던 것도 자연스러운 일이라 하겠다.

그런데 이시영, 이동녕, 조완구 씨 등 임시정부의 중요인물들이 영친왕 신상에 만일의 피해라도 있을 것을 우려하여 영친왕을 납치하겠다는 계획을 맹렬히 반대했다. 그중에서도 이시영 선생은 해방 후 귀국해서도 돈화문 앞을 지나갈 때에는 일부러 자동차에서 내려 창덕궁을 향해 요배(腰拜)를 할 정도로 구한국의 충신이었던 만큼 가장 강경하게 반대했다. 그러나 김구 선생은 영친왕을 납치하는 것은 그를 박해하려는 것이 아니라 일제로부터 구해내기 위한 것이라며 끝까지 양보하지 않았다. 그리고 열한 살 때 볼모로 일본에 끌려간 영친왕에게는 아직도 민족정신이 살아 있을 것이요, 차차 나이가 들면서 일본에 대한 적개심도 왕성해질 것이므로, 한번 일제의 세력권 안에서 빼내오기만 하면 금세 우리 쪽에 합류하리라는 것이 김구 선생의 생각이었다.

결국 김구 선생의 주장대로 구체적인 작전계획을 검토하고 청년부원들로 결사대까지 조직하여 만반의 준비를 하고 있었는데, 뜻밖에도 일본영사관에 조선인 스파이가 밀고함으로써 그 계획은 사전에 탄로가 났고 끝내 실현되지 못했다. 일본영사관의 첩보를 받은 조선총독부와 일본 내무성에서는 긴급회의를 연 결과 우선 종로서 고등계 주임인 미와 경부를 상해까지 수행하게 하는 한편, 그러고도 미심쩍어서 동지나해에 있던 군함을 상해까지 파견하기로 했다. 1927년 5월 30일 아침, 영친왕 일행이 탄 하코네마루가 상해 부두에 닿자, 일본 해외함대사령관 아라키 소장과 야다 총영사가 마중 나와서 말했다.

"상해에 상륙하시는 것은 위험하오니 오늘밤은 군함에서 주무셔야 되겠습니다."

그들은 영친왕에게 즉시 야구모 함으로 옮겨 탈 것을 권고했다. 그리하여 영친왕 부부는 상해는 구경도 못하고 군함에서 하룻밤을 지냈고, 영친왕이 상해에 상륙하면 납치하려던 임시정부의 계획도 자연히 수포로 돌아가고 말았다. 그 이튿날 아침 영친왕은 상륙은 하지 않더라도 황포강을 거슬러 올라가서 멀리 연안의 풍경이나마 보고 싶었으나, 건너편에서 총을 쏘면 위험하다는 말에 그것마저 포기했다. 그날 오후에 다시 하코네마루로 갈아탈 때까지 그저 가만히 군함에 머물러 있을 수밖에 없었다.

영친왕 일행이 탄 하코네마루는 그날 오후 3시에 상해를 출발하여 싱가포르로 향했다. 그날 이후 영친왕의 머릿속에는 '상해에는 우리나라의 독립을 위하여 싸우는 임시정부가 있다'는 생각이 더욱 뚜렷하게 남게 되었다. 그리고 지난날 도쿄에서 만날 뻔했다가 만나지 못한 여운형 씨나 상해임시정부 요인들의 생각이 자꾸 머리에 떠오르는 것을 어찌할 수 없었다. 일본을 떠나 올 때 한창수 장관이나 동행한 시종무관이 임시정부 사람은 위험하니 절대로 만나지 말라고 했지만, 아무리 생각해도 그들이 자기에게 해를 끼칠 것 같지는 않았다. 상해를 싱겁게 통과하고 난 뒤에는 이 핑계 저 핑계로 외부 사람과의 접촉을 못하게 하는 측근들이 밉기까지 했다.

하코네마루가 상해를 떠나서 싱가포르로 향하는 도중에 5월이 끝나고 6월이 되었다. 세계 3대 야경의 하나인 홍콩의 밤을 마음껏 즐기고 있을 때 시노다 이왕직차관이 무엇인가 자꾸 분개를 하고 있었다. 자세히 이야기를 들어보니 홍콩 주재 영국 총독이 경의를 표하러 오지 않는다는 것이었다. 처음부터 개인 자격으로 여행을 떠난 영친왕이므로 그런 일에는 조금도 관심이 없었다. 오히려 시노다 차관을 달래기까지 했다.

하루는, 일본을 떠나올 때 고베에 있는 뉴하임이라는 독일 출신 과자상인이 선사한 카나리아 새장 앞에서 방자 여사가 왠지 심각한 표정으로 서 있었다.

"왜 그러오?"

"카나리아가 모이를 먹지도 않고 울지도 않아요."

독일인 과자상인이 카나리아를 헌상했을 때는 암수를 따로따로 새장에 넣었는데, 방자 여사가 그것을 한 장 속에 넣었던 것이다. 시노다 차관이 방자 여사에게 말했다.

"카나리아는 따로 있지 않으면 울지 않는답니다."

"울지 않아도 좋아요. 따로 있으면서 서로 건너다만 보는 것이 너무 가엾어서."

방자 여사는 영친왕과 자기야말로 새장에 든 카나리아 한 쌍이 아닌가 생각했던 것이다.

헤이그에서

영친왕은 프랑스를 위시해서 영국, 스위스, 벨기에, 이탈리아, 네덜란드, 노르웨이, 스웨덴, 폴란드, 오스트리아, 이집트 등 여러 나라를 두루 시찰하고 그 이듬해 4월에 돌아왔다. 비록 개인 자격의 여행이었지만 프랑스에서는 엘리제궁에서 투메르 대통령을 만났고, 영국에서는 버킹검 궁전으로 영국 황제와 황후를 방문하여 환대를 받았다. 그리고 스웨덴을 방문했을 때는 과거에 일본과 조선을 방문한 적이 있고 역사에도 조예가 깊은 구스타프 황태자가 반가이 맞이해주었다.

"신라의 문화는 동양 문화 중에서도 뛰어난 것입니다."

그는 이렇게 격찬하면서, 일부러 고려자기까지 꺼내며 말을 이었다.

"이런 훌륭한 예술품이 서양에는 없습니다. 고려자기의 아담한 맛은 동양을 모르고서는 잘 이해할 수가 없겠지요. 그리고 동양이라고 하면 우선 중국이나 인도를 생각하게 되는데, 한국은 어떤 나라보다도 더 특수한 문화가 있다고 생각합니다."

그리고 일본에서의 영친왕의 처지를 잘 아는 구스타프 황태자는 의미심장한 표정으로 영친왕을 바라보았다. 영친왕은 다만 목례로써 대답할 뿐 아무 말도 하지 않았다.

바로 그 무렵 제네바에는 사이토 총독이 군축회의 일본 대표로 와 있었다. 현직 조선총독으로 있는 만큼 영친왕에 대해서 특별히 관심이 많았던 사이토는 프랑스 정부에 교섭하여 최고훈장인 레지옹 도뇌르를 영친왕에게 서훈하도록 교섭하는 등 호의를 표시했다. 그는 또 유럽 여행 중인 영친왕의 경호가 너무나 소홀함을 염려하면서 파리에는 소위 불령선인 망명객이 많고 네덜란드 헤이그에는 일찍이 고종황제의 밀사가 왔던 일이 있는 만큼 어떤 불상사가 생길지도 모르니 각별히 조심하라고 시노다 차관에게 주의까지 시켰다.

제 3대 조선총독 사이토 마코토 자작은 해군대장인 만큼 육군 출신과는 달라서 세계에 대한 견문도 비교적 넓었다. 3·1운동 직후에 새로 총독으로 부임해와서 소위 문화정치를 표방한 인물이므로 조선왕실에 대해서도 특별한 관심이 있었던 것이다. 그리하여 주불 일본대사 이시이와 함께 프랑스 정부에 영친왕의 레지옹 도뇌르 훈장 서훈을 간청했던 것인데, 그것은 일본의 다른 왕족들과 차별이 없게 하기 위함이었다.

어느 날 사이토 총독과 이시이 대사를 만나고 온 시노다 차관이 영친왕에게 아뢰었다.

"두 분 전하께서 엘리제궁으로 투메르 프랑스 대통령을 방문하신 답례로 투메르 대통령이 일본대사관으로 왔는데, 그때에 사이토 총독이 전하께 프랑스의 최고 훈장을 드리도록 말했다 하오니 곧 무슨 통고가 있을 줄로 아옵니다. 사이토 총독은 참 기특한 사람입니다. 프랑스뿐만 아니라 앞으로 방문하실 각국 원수에 대해서도 미리 그런 교섭을 해두도록 우리나라의 대사와 공사를 총동원하고 있습니다."

그 말을 들은 영친왕은 창피한 생각이 들었다. 무릇 훈장이라는 것은 저편에서 자발적으로 주어야지 이편에서 요청을 해서 받는다는 것은 오히려 받지 않는 것만 못하다는 생각이 들었기 때문이다. 사이토 총독의 배려는 고맙지만 그런 일은 하지 말아 주기를 바랐다. 방자 여사도 영친왕과 마찬가지로 유럽을 여행하는 동안만이라도 아무 거리낌 없이 자유롭게 있고 싶었기 때문에 시노다의 그러한 노력을 탐탁하게 여기지 않았다. 영친왕은 시노다에게 다시는 그런 쓸 데 없는 짓을 하지 말라고 되풀이해서 타일렀다.

영친왕은 벨기에 수도 브뤼셀에서 보드왕 국왕을 만나고 오찬 대접까지 받은 후 네덜란드의 빌헬미나 여왕을 방문하러 헤이그에 도착했다. 헤이그에 들어서자마자 영친왕은 아무도 모르게 머리를 숙이며 독백했다.

"태황제 폐하, 지금 막 헤이그에 왔습니다!"

영친왕은 당시 밀사들의 심경과 멀리 헤이그까지 마음을 뻗치신 아버님 고종황제의 거룩한 뜻을 생각하고 혼자서 눈물을 지었다. 그리고 영친왕은 여기서 분사한 이준 열사의 넋을 위로해 주고 싶은 생각이 들었다.

1907년 6월, 네덜란드 헤이그에서 열린 만국평화회의에 돌연 고종황제의 밀사가 나타난 것은 일본 측에 비상한 충격을 주었으며, 이는 통감정치를 모욕하는 것으로 받아들였다. 헤이그에 가 있는 일본 대표단과 도쿄 정부로부터 헤이그 만국평화회의에 고종의 밀사가 출현했다는 청천벽력 같은 긴급전보를 받고 격노한 이토 히로부미는 즉시 덕수궁으로 입궐했다. 그는 고종에게 정말로 밀사를 파견했느냐며 항의를 겸한 질문을 던졌다. 마음이 약한 고종은 그런 일이 없다고만 말할 뿐 도무지 태도가 분명하지 못했다. 더욱 화가 치민 이토는 고종에게 말했다.

"이런 음험한 수단으로 일본의 보호를 거부하시려거든 차라리 일본에 대해서 정정당당하게 선전포고를 하심이 좋지 않을까 하옵니다."

조선통감의 위신이 하루아침에 땅에 떨어진 것이 어지간히 분했던 모양이다. 이토는 당시 총리대신이었던 이완용을 불러다가 말했다.

"대한제국 황제가 친히 보호조약을 무시하고 보호국에 저항하는 태도를 취한다면 일본으로서는 한국에 대해서 선전을 포고할 충분한 이유가 있소. 그러므로 국왕께 그 뜻을 여쭈어서 잘 처결하시도록 하시오."

이토의 태도가 예상 이상으로 강경한 것을 알게 된 이완용은 즉시 각의를 열고 고종을 참석하게 하여 어전회의를 열었다. 당시 한국에 와 있던 《오사카매일신문》 특파원 나라하시 기자는 그때의 상황을 다음과 같이 보도했다.

어전회의가 열렸을 때 농상공부대신 송병준이 상주했다.
"헤이그 사건이라는 것이 이제 일한 양국 간의 중대 문제가 되었고 일본 측으로부터 강경한 항의가 있어 우리나라의 책임을 물으려고 하고 있습니다. 폐하께서는 조종을 존숭하시고 사직을 위하신다면 즉시 그 진상을 명확히 하시와 당연한 재결을 내리시기 바라옵니다."

이에 대해 국왕이 말했다.

"참으로 경들이 걱정하는 것은 당연한 일이다. 선후책에 대해서 의견이 있으면 무엇이고 기탄없이 말해보라."

다시 송병준이 말했다.

"신에게 두 가지 대책이 있사옵니다만, 도저히 청허하시지는 못할 것으로 생각되옵니다."

"무엇인지 말해보라."

"이번 헤이그 말사사건은 폐하께서 크게 실수를 하신 것이 명백하므로 대가(大駕-임금의 가마)를 도쿄로 납시어 일본천황에게 진사를 하시든지, 그렇지 않으면 대한문 앞에 하세가와 대장을 맞이하여 그에게 항복하는 수밖에 없을 줄로 아옵니다."

국왕은 홱 얼굴빛이 변해서 이럴 때에 늘 하는 버릇으로 두 손을 자꾸 비비면서 송병준을 흘겨보며 침통하고도 의미심장한 말씀을 남기고는 자리에서 일어섰다.

"아아, 짐은 송병준의 인물됨을 잘못 보았도다. 짐이 좀 더 일찍이 경을 중용했더라면 나라를 이런 위지(危地)에 몰아넣지는 않았을 것을…"

고종황제는 결국 양위를 하게 되어 황태자가 국왕(순종)이 되었다. 새로 황태자가 된 영친왕이 순종황제를 모시기 위해 창덕궁으로 옮겨 갈 때 고종황제는 덕수궁에서 영친왕을 앞에 앉히고 새삼스레 양위의 전말을 들려주었다.

"이제 창덕궁으로 가면 지금과 같이 아침저녁으로 만나기도 어려울 것이다. 그러므로 작별하기 전에 한 마디 말해둘 것이 있다. 이완용 내각이 성립된 다음 달인 6월에 화란국 해아(네덜란드 헤이그)에서 만국평화회의가 열리게 되었다. 이 기회를 놓치고는 나라를 구할 길이 없다고 생각하고 주로공사 이범진과 연락해서 밀사를 보내게 된 것인데, 원수의 보호조약 때문에 정식으로 참가를 하지 못했고 일본 대표의 반대로 아무 성과도 얻지를 못했으며 도리어 이토에게 강요를 받아 양위를 하게 된 것이다. 일청, 일로전쟁 이래 우리나라는 점차 일본에 잠식되어 통감부가 설치된 뒤로부터는 자주권을 잃고 일본의 보호국이 되고 말았다. 창덕궁(순종)은 육친으로는 형이 되지만 황위는 부자지간이니 서로 도와서 사직을 잘 지켜나가도록 하라."

 영친왕은 어린 마음에도 아버님 고종의 말씀이 몹시 침통하게 들려서 머리를 들지 못하고 그저 암담한 마음으로 있었다. 어머니 되는 엄비는 수건으로 얼굴을 가린 채 소리 없이 울고 있었고, 지밀 밖에서는 상궁들의 흐느끼는 소리가 들렸다.

 고종황제는 조선조 500년의 역사가 장차 그 종말을 고하려고 할 때 사직의 안태(安泰)와 국가의 장래를 나이어린 아들 영친왕에게 기대했다. 그러나 그것은 열한 살밖에 되지 않는 영친왕에게 너무나 무거운 부담이었다. 보통 서민의 집 아이들 같으면 집안에서 제기를 차든지 밖에 나가 연이나 날릴 나이에 어찌 그렇듯 중대한 문제를 이해할 수 있겠는가? 그러므로 지밀 밖에 서서 고종황제가 아드님에게 하시는 말씀을 엿듣고 있던 상궁들은 그 눈물겨운 광경에 일제히 울음보를 터뜨렸던 것이다.

10년 만의 득남

영친왕은 1927년 5월 23일 도쿄를 출발하여 그 이듬해 4월 10일에 돌아왔으므로 거의 1년 동안 유럽을 여행한 셈이다. 영친왕이 귀국한 지 얼마 되지 않아 덕혜옹주의 생모 양귀인이 세상을 떠났는데, 그때의 경위를 영친왕비는 다음과 같이 기록했다.

우리가 유럽 여행에서 돌아오던 해 5월 30일, 어머니 양귀인이 별세했다는 급보를 받은 덕혜옹주는 시녀 나카가와 여사를 데리고 서울로 가셨습니다. 양귀인은 아직 48세의 젊은 나이였는데, 유방암이었다고 합니다. 생각하면 4년 전에 덕혜옹주가 일본으로 오신 이후, 큰오라버님 순종황제가 세상을 떠나셨을 때 국장에 참례하시느라고 잠깐 다녀오신 이외에는 귀국하시지를 못했으므로, 모녀분의 인연도 자연 희박해질 수밖에 없었던 것입니다. 그렇더라도 몸만 건강하시다면 어느 때고 다시 만나 뵈올 기회도 있으련만, 이제는 그것도 어렵게 되었으니 금후에는 어디다 마음을 붙이고 사셔야 될는지… 모든 것이 왕전하의 경우와 똑같은 불행한 길을 걷게 되신 것인데, 옹주의 몸이었고 더구나 말이 없고 심신이 약한 분이었습니다. "마음을 굳세게 먹으셔야 됩니다"라고 말씀드리면 옹주는 다만 "예" 하고 대답만 할 뿐 아무 말이 없었는데, 서울로 귀국해서 어머님의 장사를 치르고 와서는 더욱 말없는 옹주가 되고 말았습니다.

가을이 깊어진 그해 10월 18일에 나는 비상한 결심을 하고 동대병원 이와세 부인과에 입원하여 '자궁 후굴증' 수술을 받게 되었습니다. 올해는, 올해는 하고 큰 아들 진이 죽은 지 벌써 8년이 지났던 것입니다. 내 자식을 안아보고 싶다는 어버이의 마음은 당연한 것이지만, 황실전범에 의하여 양자 제도가 인정되지 않는 우리에게는 만약 세자가 없으면 왕가는 단절되고 마는 것입니다. 더욱이 구한국의 왕통이라는 유서 깊은 왕가의 존폐 문제였던 만큼 나는 차차 초조해지기 시작했는데, 귀국한 지 4~5년이 지나자 한참 뜸했던 태기가 있음을 알았습니다. 진을 잃은 후 꼭 10년째, 게다가 그 동안에 두 번이나 유산을 한 일까지 있었던 만큼 1931년 12월 29일 밤 탄생한 아기가 남자라는 것을 알았을 때에는 참으로 기뻤습니다. 그리하여 이제는 나도 중대한 책임을 완수했다는 생각에 마음이 흐뭇했습니다. 아기에게 '구'라는 이름을 지어주고 그야말로 금이야 옥이야 했습니다. 그리고 바깥어른은 "이 애가 성장할 때까지는 바다 건너 여행을 하는 것과 같은 일은 삼가기로 하자"고 작정했습니다. 조선 왕가의 핏줄을 타고난 아기이므로 조국을 방문하지 않는다는 것은 우리로서도 달가운 일이 아니었습니다만, 10년 전의 끔찍한 기억이 나의 가슴을 떨게 한 것이었습니다.

쌓이고 쌓인 십년간의 괴로움 오늘 가시어,
소리 높은 아기 소리 아아 반갑도다.

이것은 둘째 아들 구 씨를 낳았을 때 방자 여사가 읊은 와카(和歌-일본 시가의 한 종류)이다. 오랜만에 얻은 아들 구가 무럭무럭 자라나는 것은 영친왕 내외에게 다시없는 행복이요 또 기쁨이었다. 방자 여사의 수기는 계속된다.

1935년에 바깥어른은 우쓰노미야사단으로 전임이 되었습니다. 육군대좌로 제59연대장이 되신 것인데, 여기서는 도쿄와는 비교가 되지 않으리만큼 인간적인 생활을 누릴 수가 있었습니다. 그리고 그 고장의 풍물을 접하는 동안에 스키에 취미를 붙였습니다. 스키로 말미암아 산의 매력에 사로잡혔습니다. 대자연의 위대한 품에 잠기는 기분, 혹은 험하고 힘에 겨운 길을 갖은 고생 끝에 올라가다가 정상에 당도하면 활짝 트이는 그 조망… 그러한 때의 감격이 우리를 산으로, 산으로 이끄는 것이었습니다. 더욱이 나는 규중 깊이 갇힌 몸이었으므로 산은 나에게 해방된 시간을 주는 유일한 것이기도 했습니다. 산에서는 기둥이 썩어 당장에 천장이 내려앉을 것 같은 움막집에 묵으면서, 곁에서 자는 사람의 코고는 소리라든가 큰 소리로 떠들어대는 인부들의 목소리에 잠을 설치는 일도 있었습니다. 또 어떤 때는 아침에 잠을 깨보니, 언제 모여들었는지 움막집이 가득하게 내 바로 옆에까지 사람이 누워 있는 것을 보고 놀란 적도 있었습니다. 그러나 속진을 떠나 검붉게 그을린 얼굴들만 보이는 산장에서 모닥불을 둘러싸고 산에 관한 이야기만 주고받는 그 서민적인 즐거움이란 달리 비할 것이 없었습니다.

호롱불빛과 모닥불 싸고 이야기하는

산 속의 모임이여 다정함이여.

우리가 이렇게 등산을 즐길 수 있었던 것도 구가 출생한 후 만주사변 같은 것이 일어나기는 했지만, 아직 우리의 생활이 비교적 평온했고 여유가 있었던 때문이겠지요. 나는 등산 이외에도 원래부터 좋아하던 수예라든가 와카와 글씨 쓰는 것을 즐기며 지냈습니다. 우리의 부부생활에 있어서 아마 그때가 제일 인간답고 또 자유스러웠다고 할 수 있겠지요. 그러나 그러한 평화로운 날은 오래 계속되지 못했습니다. 1941년, 일본은 마침내 저 비극적인 태평양전쟁을 일으키고야 만 것입니다.

이처럼 영친왕 내외가 우쓰노미야에서 한창 인생을 즐기고 평화를 구가할 즈음, 일본에는 점차 국수주의의 검은 파도가 일기 시작하여 일본 국민들 속에 이민족을 배척하는 공기가 더욱 강해졌다. 극단적인 국수주의자들이 "황실의 핏속에는 조선계가 섞여 있으니 황실을 추방하라"는 취지의 팸플릿까지 배포하고 있었으므로 헌병대에서 문제가 되었다. 만일 그러한 자들이 세력을 잡는다면 조선왕실의 운명은 풍전등화같이 위태롭게 될 것이며, 아들 구의 안전도 보장할 수 없지 않은가? 당시 영친왕 내외에게는 그러한 점이 가장 우려되었던 것이다.

마지막 황제 부의와의 만남

1936년 2월 26일 도쿄에는 눈이 많이 왔다. 그 전날부터 온 눈은 쉴 새 없이 내려 거리에 쌓인 눈이 사람의 정강이까지 닿을 지경이었다. 바로 그날, 도쿄에 주둔 중인 제1사단의 일부가 갑자기 반란을 일으켜 수상 관저를 습격하고 중신들을 죽임으로써 도쿄는 삽시간에 혁명 직전에 놓이게 되었다. 이것이 메이지 유신 이후 일본의 가장 중대한 사건의 하나인 소위 '2·26사건' 이다.

도쿄 제1사단의 청년 장교들이 인솔하는 수천 명의 병력은 기관총을 선두로 수상 관저를 위시하여 각처를 습격했다. 오카다 수상은 즉사하고(나중에 다른 사람이 대신 죽은 것으로 판명되었다), 사이토 내대신과 다카하시 대장대신, 스즈키 시종무관장 등 중신(重臣)급 사상자만 10여 명에 달했으며, 《아사히신문》도 자유주의 신문이라 하여 습격을 받았다.

청년 장교들은 궐기 취지서에서 "내외 정세가 위급한 이때에 원로, 중신, 재벌, 군벌, 관료 그리고 정당들은 세력다툼과 사리사욕에만 눈이 어두워 국가의 장래가 실로 염려되므로, 국체 파괴의 원흉을 제거하여 대의를 바로잡고 국체를 옹호하는 데 있다"라며 자신들의 거사 목적을 천명했다.

당시 일본 군대에는 농촌 출신이 많았는데, 농촌이 피폐해서 땅이 척박한 동북지방에서는 해마다 딸자식을 팔아서 겨우 연명하는 농가가 적지 않았다고 한다. 징병제도로 군인이 된 농촌 출신 사병들은 고향에 두고 온 본가 걱정 때문에 충실하게 군무를 볼 수가 없었다는 것이다. 그래서 본가에서 편지가 올 때마다 눈물을 흘리는 사람이 많았는데, 그것을 본 대대장 안토 대위는 젊은이의 정의감으로 부하들의 곤경을 구해주고자 여러 가지로 애를 썼으나 한 개인의 힘으로는 어떻게 할 수가 없음을 깨닫고, 여러 동지들과 더불어 근본적인 국가개조의 혁명운동을 일으킨 것이라고 했다. 그 첫 단계로 우선 일왕을 둘러싼 중신들을 죽이게 된 것인데, 이 때문에 눈 내리는 도쿄의 거리는 하루아침에 혁명의 도가니로 변했으며 오가는 사람들의 얼굴에는 핏기가 없었다.

반란부대를 진압하라는 출동명령을 받은 영친왕은 우쓰노미야 제59연대 병력을 이끌고 급거 도쿄로 달려갔다. 도쿄에 있는 군대는 믿을 수 없었으므로 도쿄에서 가장 가까운 지방의 병력이 필요했기 때문이다. 휘하 부대를 이끌고 도쿄에 도착한 영친왕은 도쿄의 중심지이며 궁성에서 가장 가까운 나가다쵸 한 모퉁이에서 반란부대를 포위하고, 만약 반란부대가 끝까지 항복하지 않고 저항할 때에는 일거에 쳐부술 준비를 하고 있었다. 만일 민가가 밀집해 있는 도쿄 한복판에서 전투가 벌어진다면 죄 없는 일반시민에까지 전화가 미칠 것이므로, 되도록 전투를 하지 않고 평화롭게 반란부대를 제압하기 위함이었다.

2·26사건이 벌어지자 당황한 일본 육군성에서는 부랴부랴 도쿄에 경비사령부를 설치하고, 가시 중장을 경비사령관으로 삼아 우선 반란부대를 회유하기에 전력을 경주했다. 천황제를 그대로 두고 일부 중신들을 제거한다 하더라도 혁명은 이룰 수 없다는 것을 깨달은 반란부대의 지도자들이 결국 반란부대를 해산하는 데 동의함으로써 도쿄 시내에서의 전투만은 모면하게 되었다. 그에 따라 영친왕의 제59연대는 다행히 총 한방 쏘지 않고 무사히 원대로 복귀했다.

　반란부대를 포위하고 일촉즉발의 위기에 처했을 때, 일본의 혁명을 제압하기 위해 조선 출신인 자기가 직접 일본 군대를 지휘하게 된 야릇한 운명을 영친왕은 몹시 안타깝게 생각했다. 반란부대를 포위하고 있는 동안 경비사령관이 병사들에게 귀순을 권고하는 라디오 방송을 들으면서 영친왕은 생각했다.

　'아무리 귀순을 권고하고 토벌을 한다고 해도 그들의 뜻은 남는다. 만주사변을 비롯하여 이번의 2·26사건을 보면 일본은 점점 국수주의의 방향으로 나아가는 것이 분명하다. 그리하여 화북(북중국)까지 수중에 넣은 일본은 조선 같은 것은 벌써 안중에 없을 것이니, 아시아에서 일본에 대항할 세력은 아무도 없는 것이다. 그렇다면 아버님 고종황제의 높으신 뜻은 영영 실현될 가능성이 없지 않은가?'

　적어도 한일합병 때만 해도 조선은 일본에 있어서 대륙진출의 제일선이었다. 그러나 이제는 만주나 화북에 가려서 조선 문제는 이미 까마득한 옛이야기가 되고 말았고, 고종의 뜻과는 달리 동아시아의 정세가 더욱 더 나빠지게 된 것을 영친왕은 가슴 아프게 생각했다.

2·26사건 이후 영친왕의 직위는 자꾸 올라가서 예과사관학교의 교수부장으로부터 오사카사단장, 우쓰노미야사단장의 요직을 거쳐 태평양전쟁 당시에는 제1항공군사령관에 취임했다. 영친왕이 오사카 제4사단장으로 있던 1940년, 만주국 황제 부의(溥儀)가 일본을 방문했다. 그는 청나라의 마지막 황제였던 선통제인데, 손문의 삼민주의 혁명이 성공하여 국민당 정부가 탄생하게 되자 황제의 지위에서 쫓겨났던 사람이었다. 만주사변을 일으켜 만주를 손아귀에 넣은 일제는 언제까지나 만주를 그대로 점령하고 있을 수 없었으므로, 괴뢰정부를 만들어 만주를 중국으로부터 독립시킬 결심을 했다. 그것이 1932년에 탄생한 만주국이고, 그에 이용되어 1934년에 만주국 황제로 등극한 사람이 바로 천진에 망명 중이던 부의였던 것이다.

부의가 일본을 방문했을 때 영친왕은 친히 오사카 역까지 나가서 그를 맞이해야 했다. 이것은 극적 효과를 노린 일본 군벌의 연출이었다. 당시 영친왕은 부의를 만나는 것이 그다지 달갑지 않았다. 부의는 대청제국의 마지막 황제였고 자기는 대한제국의 마지막 황태자였는데, 이 두 사람을 이목이 번다한 오사카 역에서 일부러 만나게 함으로써 대내외적으로 크게 선전하려는 일본 군부의 저의가 너무나 빤히 들여다보였기 때문이다. 그러나 아무리 이왕전하 혹은 사단장 각하라고 하더라도 군의 지상명령은 거역할 수 없었다. 영친왕은 하는 수 없이 부의를 맞으러 오사카 역까지 나갔다.

1940년 7월 6일 오전 9시40분, 오사카 역 플랫폼에서는 일본을 방문하고 만주로 돌아가는 부의황제와 그를 마중 나간 영친왕이 각각 다른 감회를 품고 오랫동안 악수를 교환했다.

하얼빈에서

영친왕은 그해 12월에 육군중장에 승진하고, 다음해 7월에는 우쓰노미야 제51사단장에 임명되었으며, 8월에는 부대를 이끌고 중국 화북의 금주(錦州)로 출발했다. 만주사변이 일어난 지도 벌써 10년, 전쟁은 점점 확대되어 남만주는 물론 화북과 남중국까지도 일본군이 출동하고 있었다. 병력이 부족할 수밖에 없는 상황이라 임시 편성의 우쓰노미야사단도 출동하게 되었던 것이다.

중국에 주둔하게 된 영친왕은 불현듯 하얼빈에 가보고 싶은 충동을 느꼈다. 하얼빈 역두에 있는 이토 히로부미의 암살현장과 안중근 의사의 의거 상황을 더듬어보고 싶었던 것이다. 이토 히로부미는 조선 침략의 제1인자였고 영친왕을 직접 일본으로 데려간 장본인이었다. 그러나 영친왕은 개인적으로는 이토에 대해 항상 고맙게 생각했다. 비록 일본의 국책으로 그 같은 일은 저질렀지만 고종황제와의 약속을 지켜 자진해서 태자대사가 된 책임감을 보여주었다. 그리고 당시 나이어린 영친왕에 대해 인간적인 애정으로 늘 따뜻하게 감싸주었기 때문이다.

영친왕은 또 안중근이라는 인물에 대해서도 비상한 관심과 호의를 가지고 있었다. 안 의사가 나라와 겨레를 위해 일신을 초개와 같이 여긴 열렬한 애국자였다는 점, 그리고 여간해서는 잘 맞지 않는 권총의 보기 드문 명수였다는 점에서였다. 당시 이토를 수행했던 나카무라가 수기에 쓴 것을 보면 그 솜씨를 대략 짐작할 수 있다.

범인 안중근이 가지고 있던 권총은 7연발인데, 그중 6발을 쏘아 3발은 모두 이토의 가슴팍에 맞췄고 1발은 수행원 모리의 팔과 어깨를, 1발은 가와카미 하얼빈 총영사의 팔을, 또 1발은 다나카 만철(만주철도) 이사의 다리를 꿰뚫었다.

이것을 비롯해 관련자료들을 읽었던 영친왕은 이토 히로부미의 암살 경위와 안중근 의사의 사람됨에 대해서 대략이나마 짐작할 수 있었다. 실제로 하얼빈에 가서 이토의 조난비 앞에 서니 실로 감개가 무량했다. 하얼빈 역두에 있는 이토 히로부미의 조난비는 뒤집어 말하면 안중근 의사의 의거비라고도 할 수가 있는 것이었다. 그 앞에 서있는 영친왕의 가슴속에는 이토의 죽음을 조문하는 마음과 안 의사의 의거를 찬양하는 정반대의 마음이 서로 엇갈려서 형언할 수 없는 감회에 잠겼다. 그리고 시간이 흐른 뒤, 지금은 갈 수 없는 하얼빈에 가서 비록 늦게나마 이토 히로부미의 조난비와 안중근 의사의 의거 현장을 보고 온 것을 영친왕은 늘 다행하게 생각했다.

영친왕은 그 후 약 1년 동안 화북전선에서 활약하다가 그 다음 해에는 본토의 제1항공군사령부로 전근되어 사령관이 되었고,

일본으로 끌려갈 당시의 영친왕과 태자대사 이토 히로부미.
—사진연구가 정성길 소장사진

그 이후 8·15해방 직전까지 군사참의관으로 있었다. 영친왕이 제1항공군사령관에 취임한 것은 1943년 7월 20일이었다. 태평양전쟁의 양상은 더욱 치열해졌다. 일제가 그 후 꼭 2년 만에 무조건 항복을 하여 조선은 8·15해방을 맞이하게 되었다. 방자 여사는 그때의 사정을 다음과 같이 기록했다.

전쟁 초기엔 눈부신 승리로 쳐들어갔던 기세도 다음해 가을부터는 벌써 꺾이기 시작하여 1억 국민의 총궐기를 부르짖게 되었습니다. 나도 후방을 지키는 국민의 한 사람으로서 바께쓰 릴레이나 응급치료법 등을 연습했습니다. 방공 모자에 즈봉(양복바지)을 걸치고 집안사람들과 함께 뛰어다니며 바쁜 일과에 쫓기고 있었습니다. 그 동안 황후폐하를 대신해서 징용된 여자들의 근로작업 시찰이나 혹은 병원 위문 같은 일도 했습니다. 특히 육군병원에서는 부상자들의 생생한 상처를 직접 눈으로 보고 나날이 가속적으로 악화되어 가는 전황이 짐작되어 암담할 뿐이었습니다.

때가 때인 만큼 1943년 초여름에 서울로 성묘하러 왔을 때 일본의 한 팔로서 전쟁하는 조선의 모습을 보고는 감개가 더 한층 깊었습니다. 지금도 생각나는 것은 소위 지원병 훈련소에서 수백 명의 청년들이 "바다로 가면 물에 감기는 시체, 산으로 가면 풀에 묻히는 시체"라는 비장한 군가를 합창하고 있는 광경이었습니다. 말이 지원병이지 강제로 조선의 청소년들을 붙들어온 것임은 다시 말할 것도 없었으므로, 우리는 그 광경을 보고 진심으로 미안한 생각이 들어서 눈시울이 뜨거워지는 것을 어찌할 수가 없었습니다. 이 지원병 제도와 대학생들의 학도병 제도가 당시의 젊은이들을 얼마나 괴롭혔는가는 다시 말할 필요도 없겠지요.

그해 6월 28일에 서울에 도착했는데 7월 4일에는 벌써 도쿄로 가야만 했습니다. 대비마마께 하직의 인사를 여쭙고 차마 떨어지지 않는 발길을 돌이켰는데, 그때의 심경은 언제 또 뵈옵게 될지, 혹은 영영 다시 뵈옵지 못하게 될지도 모른다는 극히 암담한 것이었습니다. 전황이 원체 험악하므로 그런 생각이 드는 것도 무리가 아니겠지요. 대비마마께 "아무쪼록 육체 강녕하시기를…" 하고 목멘 소리로 말씀을 올리니, "내 걱정은 말고 도쿄는 공습이 심하다니 각별히 조심하여 세자나 잘 양육토록 하오"라고 하시며, 조선조 최후의 왕비이신 대비마마는 아직 보지도 못하신 종손 구를 간곡히 부탁하셨습니다. 비록 드러내놓고 말씀은 하시지 않아도 구를 한 번 보았으면 하시는 표정이 역력히 보이므로 나는 황공하여 어찌할 줄을 몰랐으며, 마음 속 깊이 사과의 말씀을 올렸습니다.

도쿄에 돌아와 보니 물자의 부족은 밑바닥이 드러나고 있었습니다. 외삼촌인 나베시마 후작이 돌아가셨을 때에도 여러분들께서 쌀, 간장, 야채, 계란 등을 가져다주어 그것으로 간신히 49재를 지내는 형편이었습니다. 우리 식탁에 메밀가루나 옥수수가 오르는 날이 많았고, 때로는 정원의 풀로 죽을 끓이는 상태에까지 이르렀습니다.

1944년께부터 전황은 급속도로 악화하여 황태자 이하 학습원의 초중등과 학생은 닛코 등지로 소개(疎開)하게 되었습니다. 이때 중등과 생이던 아들 구도 닛코로 옮겨가게 되었습니다. 하지만 그것도 잠시, 곧 어떤 건전지 회사의 하다하라 공장으로 근로동원이 되어 갔습니다. 그때까지 거의 해마다 성묘하러 갔던 우리도 교통 사정 등이 어렵게 되었을 뿐 아니라, 조선에 있는 분들과 만나는 데도 여간 조심을 하지 않으면 안 될 입장에 놓였습니다.

5월 20일에는 강인노미야(당시 참모총장)가 돌아가셔서 25일 국장으로 모실 예정이었는데, 그 전날 있었던 대공습으로 관저는 다 타버리고 도쿄는 폐허로 변하여 장례식은 무기한 연기되었습니다. 그때 우리 집에 떨어진 소이탄은 다행히도 곧 껐지만, 친정과 누이동생 집은 모두 우리 집으로 피난을 해오는 참담한 형편이었습니다.

불타는 민족혼

전황이 그처럼 치열해지기 전에 영친왕의 마음을 슬프게 하고, 또 적어도 겉으로는 행복해 보이던 그의 등에 냉수를 끼얹은 사건이 있었다. 그것은 숙명여고생들의 방문이었다. 양정, 숙명, 진명의 세 남녀학교는 영친왕의 어머님 엄비가 재산을 내어 창설한 학교로서, 그 세 학교의 생도들이 수학여행이나 운동경기가 있어 도쿄에 갈 때에는 으레 영친왕저를 예방하는 것이 하나의 관례처럼 되어 있었다. 누가 찾아오든 되도록이면 영친왕과 만나지 못하게 하느라고 대문간에서 쫓아 보내는 왕저의 일본인 사무관이나 경호원들도 그 세 학교의 생도나 관계자만은 따돌리지 않았다.

영친왕이 제1항공군사령관으로 있을 때의 일이다. 하루는 왕저에서 휴식을 취하고 있는데 사무관이 들어와서 전했다.

"조선에서 수학여행을 온 여학생들이 전하께 문안을 드리러 왔다고 하옵니다."

"어느 학교인가?"

"숙명여고라고 합니다."

"숙명?"

영친왕은 깊은 감회에 잠겼다. 잠시 후, 영친왕은 방자 여사에게 말했다.

"당신도 함께 만납시다."

방자 여사도 따라 나섰다. 군복차림의 영친왕과 양장을 입은 방자 여사가 어깨를 나란히 하고 넓은 응접실로 나갔다. 시녀들이 큰 문을 좌우로 활짝 여니 거기에는 약 50여 명의 여학생들이 기침소리 하나 없이 고요히 서 있었다. 언뜻 보아서는 일본의 여학생과 조금도 다름이 없었으며, 다 같은 제복과 제모에 머리 모양마저 같아서 엄숙한 중에도 여간 귀엽지 않았다. 영친왕의 모습을 직접 뵙게 되자 그들의 두 눈에는 갑자기 긴장한 빛이 떠돌고, 앵두같이 어여쁜 입술이 점차 푸르러지면서 일제히 머리를 숙인다.

"경례!"

인솔해 온 일본인 교사가 호령을 했다. 왜, 최경례(最敬禮)라고 말하지 않는가? 그렇지만 여학생들은 머리가 땅바닥에 닿을 만큼 허리를 굽힌 채 언제까지나 머리를 들지 않고 최경례의 자세를 하고 있었다. 이윽고 여기저기서 흐느껴 우는 소리가 났다. 만일 사정이 허락한다면 금방 통곡이라도 할 분위기가 되니, 인솔자인 일본인 교사는 얼굴이 파랗게 질려서 "그만 머리를 들어라"며 소리소리 지르는 것이었다. 바로 그 순간 영친왕의 두 눈에도 눈물이 고였다. "아!" 하고 방자 여사도 탄식했다.

영친왕은 약간 주저했지만, 한순간 방자 여사도 시녀도 사무관도 모두 눈앞에서 사라지고 오직 슬픔만이 목에 걸려서 자기도 모르는 사이에 눈물이 쏟아졌다. 아무리 눈물을 흘리지 않으려 하고, 손수건으로 눈물을 닦는 모양을 남에게 보이지 않으려고 애를 써도 그저 슬프다는 생각만은 도무지 어찌할 수가 없었던 것이다.

'방자는 어떨까?' 이런 생각을 한 것은 여학생들이 겨우 머리를 들고 흐느끼는 울음소리가 약간 줄어든 때였다. 그러나 옆을 보니 방자 여사도 역시 하얀 손수건으로 눈물을 닦고 있지 않은가? 영친왕은 새삼스레 자신의 처지를 잘 알아주는 부인의 마음씨가 몹시 고맙게 생각되었다.

"전하, 그만 안으로 들어가시지요."

사무관의 말소리가 들리자 영친왕은 비로소 깊은 잠에서 깨어난 듯했다. 머리를 숙이고 있는 여학생들에게 마음이 끌리면서도 무거운 발걸음으로 접견실에서 나왔다.

"전하!"

방자 여사는 영친왕을 불렀지만 다음 말이 나오지를 않았다. 영친왕도 방자 여사의 눈물어린 얼굴을 보고 무슨 말이건 한 마디 하고 싶었으나 역시 말이 되지를 않았다. 그날 울음보를 터뜨린 여학생들의 마음속에는 영친왕이 몹시 가엾게 비쳤을 것이다. 그들은 볼모로 잡혀온 영친왕의 신세를 동정했던 것이다. 영친왕의 눈물은 여학생들의 마음에 비친 자신의 모습이 서글펐기 때문이다. 그리고 방자 여사가 그를 따라 눈물을 흘린 것은 영친왕을 동정하는 여학생들이나 그들로부터 동정을 받는 영친왕이 다 같이 가여웠기 때문이다. 방자 여사에게는 민족이라는 것이 참으로 무서운 것이라는 인식이 깊어진 계기이기도 했다.

1940년 여름, 즉 태평양전쟁이 일어나기 바로 전해에 도쿄 히비야 공회당에서는 한성준 일행이 조선의 고전무용을 공연하여 전문가들의 절찬을 받고 있었다. 한성준 씨는 충남 홍성 사람으로 북과 무용의 명인이었는데, 총독부의 억압으로 장차 없어질지도 모르는 조선 고유의 민족예술을 일본 본토에서 한번 과시해보려는 생각에 일부러 도쿄로 간 것이었다. 당시 일본 가부키의 중진이며 역시 무용가로 유명한 이치가와 엔노스케는 그때의 공연을 보고 다음과 같은 감상문을《아사히신문》에 기고했다.

조선 고전무용의 대가로 유일한 생존자라는 한성준 씨가 도쿄에 와서 무용회를 개최한 것은 여러 가지 점으로 자못 뜻 깊은 일입니다. 나도 가서 보았는데 얻은 바가 매우 많았습니다. 그중에서도 한성준 씨가 직접 추는 '신선의 춤'과 '학춤' 등은 참으로 훌륭한 것이어서 아주 경탄했습니다. 그리고 여러 사람이 추는 '하인의 춤'의 유머와 '풍년의 춤'의 향토적 정취가 가득한 점은 흥미진진했습니다. 승무는 역사가 오래 된 것인 만큼 언제 보아도 아름답고, 또 가장 알기 쉬운 것 같았습니다. 한성준 씨의 춤은 조금도 빈틈이 없는 훌륭한 무용으로서, 전체의 움직임이 아름다운 고전을 계승한 테크닉은 참으로 고귀한 예술이었습니다. 그리고 반주로 선보인 조선 음악도 훌륭한 것이었습니다. 다시 말할 것도 없이 한성준 씨뿐만 아니라 어떤 기성예술을 보존해 나간다는 것은 여간 어려운 일이 아니지만, 조선의 고전무용은 마땅히 영구하게 보존되어야 할 것이라고 생각합니다.

그 기사는 영친왕 내외도 읽었다. 그 얼마 전에 숙명여고생들의 내방으로 뜻하지 않은 눈물을 보이게 되고, 새삼스레 민족 문제라는 것이 참으로 어려운 것이라는 것을 뼈저리게 느끼고 있던 참이었다. 영친왕은 불현듯 히비야 공회당에 가보고 싶은 생각이 들었다.

"조선 무용을 보러 가지 않으려오?"

영친왕이 이렇게 말하니, 방자 여사도 그것을 기다리고 있었다는 듯 대답한다.

"저도 그것을 보고 싶었어요."

영친왕은 자못 만족한 표정으로 말했다.

"이제부터는 그런 것을 되도록 많이 보도록 합시다. 그러나 사무관들에게는 알리지 않는 것이 좋을 거요."

"저도 아무도 모르게 가는 것이 재미있어요."

그리고 운전수에게만 귀띔을 해서 두 사람은 히비야 공회당으로 갔다. 운전수가 먼저 공회당 사무실로 들어가서 표를 사왔다. 지배인이 문 앞까지 마중 나오겠다는 것을 비공식이니 제발 그러지 말라고 간신히 제지해야 했다.

히비야 공회당 1등석 한 모퉁이에 자리 잡은 영친왕은 뚫어질 듯 정면의 무대 위를 바라보고 있었다. 한성준은 과연 춤의 명수였고 젊은 여성들의 춤도 아름다웠다. 그러나 그보다도 갓을 쓴 옛 모습의 세 악사가 퉁소를 불고 해금을 켜고 장구를 치고 있는 광경을 보면서 거기서 풍기는 애연한 음악 소리를 듣고 있으면, 고향으로부터 누군가가 부르는 듯 마음이 저절로 처량해졌다. 영친왕은 그 옛날 덕수궁에서 들은 듯한 그 음색에 도취되어 말없이 옆에 있는 방자 여사를 보니, 부인도 역시 애연한 표정으로 영친왕을 바라보는 것이었다.

생후 처음으로 한성준 일행의 고전무용을 보고 또 그것을 반주하는 조선 음악을 듣고서 영친왕은 비로소 자기의 고향에 돌아온 듯 마음이 흐뭇했으며, 이러한 조상 전래의 예술이야 말로 영원히 보존되어야 할 것이라는 생각을 깊이 하게 되었다.

1945년 봄, 중국 태원의 제1군사령부 참모로 있다가 히로시마 서부군관구사령부의 고급 참모로 전근이 된 이우 공이 찾아왔다. 이우 공은 영친왕이 가장 믿고 또 사랑하는 조카였다. 이우 공은 그의 장형 이건 공과는 달리 민족의식이 강렬하고 반골정신이 왕성하여 이왕직장관은 물론, 일본인 사무관이나 부관의 말을 잘 듣지 않는 것으로 유명했다. 영친왕은 그러한 이우 공을 좋아했으며 자기에게는 없는 그 용기를 늘 가상하게 생각했다.

이우 공은 영친왕보다는 비교적 몸가짐이 자유로웠으므로 항상 바깥소문을 영친왕에게 전달하는 파이프의 역할을 했다. 중국 태원에서 돌아온 이우 공이 서울로 떠나기 전에 영친왕을 예방했을 때에도 여러 가지 이야기가 많이 나왔다. 일본의 패전은 이미 결정적이라는 것과 일본이 손을 들면 한국의 해방과 독립은 오직 시간문제일 것이지만 미국뿐만 아니라 소련도 가만히 있지는 않을 것이니 뒷수습이 큰일이라는 말을 나눴다. 조선의 일반 민중들은 이 판국을 대체 어떻게 보고 있을까도 화제의 중심이었다.

그 후 이우 공이 히로시마로 부임하기 직전에 잠시 운현궁에 와 있었을 때 영친왕께서 특별히 부탁하신 거라며 나에게 말했다.

"내가 도쿄를 떠나올 때 영친왕을 뵈러 갔습니다. 그 어른 말씀이 시국은 앞으로 더욱 혼란해질 터인데 우리나라의 고유한 문화재를 보존해둘 필요가 있으니, 이동백, 김창룡 등 명창들이 취입한 레코드판이 있거든 한 벌 구해달라고 하십디다."

아침저녁으로 공습경보가 울리고 여기저기서 대공포의 포성이 요란하던 일본에서, 그윽하게도 우리나라의 민요나 창극에 대해서 깊은 관심과 애착을 느끼고 있는 그 마음씨가 고마워서 나는 선뜻 그것을 수락했으며, 영친왕의 갸륵한 뜻을 더 한 층 우러러보게 되었다.

오랜만에 본국에 돌아온 이우 공은 되도록이면 다시 일본에 가지 않으려 했다. 히로시마 서부군관구사령부의 고급 참모로 전근 명령을 받고도 이 핑계 저 핑계를 대며 부임을 미루고 있었다. 그러나 성화같은 일본 군부의 명령으로 히로시마로 가서 결국 원자폭탄의 세례를 받게 되니 영친왕 내외의 충격은 이만저만한 것이 아니었다. 당시의 감회를 방자 여사는 다음과 같이 전한다.

태평양전쟁이 한창일 때 전하는 제1항공군사령관으로 계셨으므로 비행기로 시찰여행을 하시는 일이 많았고, 군대의 일이라 날씨가 좋지 않은 날에도 예정을 변경할 수가 없는 때도 많았으므로 "혹시나…" 하고 입 밖에 내지는 않았지만, 마음속으로는 은근히 만일의 경우를 생각하여 한 잠도 자지 못하고 오직 무사하시기만 기원하는 날이 많았습니다.

바깥어른은 다행히 아무 일도 없으셨으나, 천만 뜻밖에도 젊은 이우 공이 원자폭탄 때문에 세상을 떠난 것은 여간 큰 충격이 아니었습니다. 그해 7월 16일에 중국 태원에서 돌아온 이우 공이 히로시마로 가는 길이라고 인사를 하러 왔을 때에는 풍채도 당당한 청년장교였는데, 그 사람이 원자탄에 맞아 벌써 죽다니 도저히 믿을 수 없는 일이었습니다.

"도쿄도 이제부터는 공습이 더욱 심해질 것입니다. 작은 아버님, 작은 어머님께서도 아무쪼록 조심하시와 그저 무사하시기만 기원하겠습니다."

이렇게 말하던 이우 공이 그 후 한 달도 채 못 되어 먼저 세상을 떠나다니, 사람의 운명이란 참으로 알 수 없는 것입니다.

그 전해 여름, 나는 이우 공비와 함께 북해도에 있는 농촌 부녀들의 근로봉사를 시찰하고자 파견된 일이 있었습니다. 어느 날 밤 여관에서 이우 공비가 말했습니다.

"이 전쟁이 어떻게 되든 간에 모두가 한 사람이라도 더 많이 살아남아야 되겠습니다."

이 말을 떠올리니 젊고 아름답고 영리한 이우 공비가 몹시 가엾게 생각되었습니다.

조선의 왕족이라고 하면 우리 집과 이건 공, 이우 공 형제의 세 집뿐입니다. 그중에도 가장 젊고 총명하여 누구보다도 제일 믿고 의지하던 이우 공이 죽었으니, 왕전하의 마음이야 또 얼마나 슬프고 아프셨겠습니까? 그것은 옆에서도 차마 뵈올 수가 없을 정도였습니다. 이우 공의 죽음은 또 서울에 계신 아버님 의친왕 내외는 물론, 미망인 이우 공비와 나이어린 아들 청과 종 두 형제를 무한히 슬프게 했을 것입니다. 이우 공이 세계에서 맨 처음으로 원자폭탄에 희생이 되었다는 것은 아무리 생각해봐도 도무지 납득이 가지 않는 일이었습니다.

도쿄의 제 2 종묘

이 또한 이우 공으로부터 직접 들은 이야기이다. 영친왕은 도쿄저의 방 하나에 아무도 모르게 역대 임금의 신위를 모셔놓고 한식과 추석에는 꼭 차례를 지냈다고 한다. 아들 구 씨가 여섯 살 때부터는 차례를 지낼 때 술 따르는 방법까지 가르쳐주었다. 1937년 만주사변 직후, 영친왕은 당시 이왕직 예식과장으로 있던 이겸성으로 하여금 글씨를 잘 쓰는 남봉우라는 사람을 섭외하여 종묘에 모신 81위의 위패를 필사해서 보내도록 했다. 전쟁이 점점 확대되어 본국에 귀성하지 못하더라도 종묘에 제사만은 꼭 지내야겠다는 마음에서 제 2의 종묘를 마련해놓은 것이다.

뿐만 아니라 영친왕 내외는 민족의 장래가 오직 청년들에게 달려 있다고 생각하여 인재양성에도 적극적으로 나섰다. 남학생을 위해서는 '이화회(李花會)'를, 여학생을 위해서는 '홍희회(鴻嬉會)'를 만들어서 일본에 유학 중인 조선 학생들을 도와주었다고 한다. 그런 처지와 환경에 있는 사람으로서는 쉽지 않은 일이었을 것이다. 교육에 대한 영친왕의 관심은 아마도 돌아가신 어머님 엄비에게서 이어받은 것 같다. 엄비는 생전에 숙명, 진명, 양정의 세 남녀학교를 창설해서 지금까지 그 학교들이 남아 있다.

어느 날 영친왕이 나를 보고 말했다.

"구한말 그 어수선한 판국에 어떻게 교육기관을 만들 생각을 하셨을까?"

어마마마의 거룩한 뜻을 고맙게 생각하면서도 그 동기에 대해서는 매우 궁금하게 생각하는 듯했다. 그래서 나는 이렇게 말했다.

"우리나라의 여성교육기관으로는 1887년에 개교한 이화학당이 원조이지만, 그것은 미국의 선교사 부인에 의해서 된 일입니다. 순전히 우리나라 사람의 힘으로 세운 학교로는 숙명학원이 그 시초인데, 누가 건의했든 엄비께서 막대한 황실재산을 기부하여 숙명, 진명, 양정의 세 학교를 창설한 것은 참으로 잘한 일입니다. 지금에 와서 생각하면 구황실에서 직접 민중에게 무슨 혜택을 준 것이 있다면 오직 이것밖에는 없다는 점에서 매우 경하할 만한 일이 아닌가 생각됩니다. 그러므로 어마마마께서 세 학교를 창설하신 것은 엄비전하는 물론 구황실의 큰 자랑으로 영원한 기념탑이 될 줄로 믿습니다."

영친왕도 자못 흐뭇해했다. 1937년인가 1938년 봄에 본국에 다니러 왔을 때 당시 이왕직장관 시노다로부터 숙명여자대학의 창설 계획을 듣고 현재 숙대가 있는 대지를 무상으로 빌려주게 하는 한편, 방자 여사의 총재 취임도 허락한 일이 있었다고 했다. 영친왕은 장차 본국에 돌아가면 숙대는 물론 진명과 양정을 위해 뭐라도 도움이 될 만한 일을 하고 싶다는 희망도 피력했다.

영친왕이 제1항공군사령관에 취임하자마자 서울로부터 윤홍

일시 귀국했을 때 서울의 소학교 교실을 둘러보는 영친왕 내외.

섭 씨가 왔다. 윤 씨는 윤대비의 친정 오라버니로 일찍이 미국 유학을 했고, 설산 장덕수 씨와의 친분 관계 때문에 이승만 박사의 동지회와도 깊은 인연을 가졌던 사람이다. 그는 구황실 관계자 중에서는 최고의 신지식인이었으며 유일한 민족운동가였으므로 윤대비의 신임도 두터웠다. 그때 도쿄에 오게 된 것도 사실은 대비마마의 분부로 영친왕께 문안을 드리러 온 것이었다.

당시 도쿄의 영친왕저에는 정문 앞에 헌병과 경관이 즐비하게 늘어서서 외인의 출입을 일체 금하고 조선 사람이라면 누구도 면회를 못하게 했지만 윤대비의 오라버니 윤홍섭 씨만은 그저 돌려보낼 수가 없었던지 안으로 들여보냈다. 윤 씨는 사무관의 안내로 응접실에서 미리 기다리고 있던 영친왕을 배알했다. 사무관의 발자취 소리가 멀리 사라지자 윤 씨는 정색을 하고 말했다.

"전하! 왜 아직도 소개를 아니 하시고 도쿄에만 계시옵니까? 대비마마께서는 너무 심려를 하시와 밤에 잠도 잘 못 주무십니다."

"군인이라는 것은 함부로 지방으로 못 가는 거요."

"전하! 전하께서는 외부 사람과 만나지 못하시니 세계정세를 잘 모르시는 듯합니다. 처칠, 루스벨트, 장개석, 스탈린이 합의한 카이로선언에는 '적당한 시기에 조선은 독립이 될 것이다'라고 쓰여 있다는데, 그 점은 벌써 알고 계시겠지요?"

"…"

"일본의 패전은 이미 기정사실입니다. 도쿄의 공습 상황을 보셔도 잘 아시겠지요만…"

"…"

"오키나와가 함락되면 일본의 명맥은 그만이라고 지금 조선에서는 인심이 자못 소란합니다. 소위 내선일체, 황도선양 따위는 일부 친일분자들의 잠꼬대요, 미군이 상륙하면 모두 마중을 간다고 지금부터 서두르고 있는 중입니다."

윤 씨는 잠시 뜸을 들였다.

"구황실의 종친뿐만 아니라, 뜻있는 일반 민중들은 전하께서 하루바삐 일본의 황족이 아니라 조선의 황태자라는 것을 분명히 하시기를 바라고 있습니다. 만일 그렇지 않으신다면 조선이 독립되었을 때 전하께서 서실 땅이 없을 것입니다. 창덕궁 대비마마가 제일 걱정하시는 것도 그 점입니다."

영친왕은 아무 말도 하지 않았으나 마음속에는 격동이 일어나고 있었다.

"전하! 그렇지만 어쨌든 소인은 기쁩니다. 태황제폐하의 높으신 뜻이 이제야 실현을 보게 되었으니까요. 가증스러운 총독부 놈들을 철저하게 응징할 날도 이제는 얼마 남지 않았습니다. 공습은 이제부터 본격적이라는데 하루라도 빨리 서울로 돌아와주십시오. 눈앞의 일만 보지 말고 장차 올 날을 잘 생각하시와 영단을 내리시기를 다시 한 번 기원하옵니다. 그렇게 하시는 것만이 우리 왕실을 위해서도 좋지 않을까 생각되옵니다."

윤홍섭 씨가 나간 뒤 영친왕의 얼굴에는 두 줄기 뜨거운 눈물이 흘렀다. 그와 동시에 이런 생각이 불현듯 일어났다. '나는 왕이 아니다. 인간이다. 인간이면 족하다.' 그때 방자 여사가 들어와서 물었다.

"대비마마께서 편치 않기라도 하신가요?"

"아니, 그렇지는 않으신 모양이오."

시국이 시국이므로 방자 여사도 더 이상 묻지를 않고 말을 돌렸다.

"공습이 본격적으로 시작되기 전에 집에도 방공호를 파두어야지요."

"방공호도 좋지만 나스로 소개를 하는 것이 어떨까?"

"그러면 전하는 어떻게 하시고요."

"나는 여기 남지."

"그렇지만 만일의 일이 있으면…"

"군적에 있는 몸이 마음대로 도피할 수는 없으니까."

"떨어져 있는 것은 싫어요. 만일 무슨 일이 있으면 저도 함께 죽고 싶으니까요."

"좋소. 죽게 되면 전보를 칠 터이니 즉시 달려와서 같이 죽읍시다, 그려!"

전황은 더욱 치열해져서 1945년 7월 6일에는 미국, 영국, 중국의 세 나라 이름으로 포츠담선언이 발표되었다. 이것은 일본에 대한 항복의 최후통첩임이 분명했다. 그러나 '일억옥쇄'를 부르짖던 군부에서는 그 선언은 문제로 삼을 가치조차 없다고 하며, 연합군이 상륙해오면 일본 본토에서 반격할 준비를 착착 진행시키고 있었다. 스즈키 수상은 7월 28일의 기자 회견에서 포츠담선언을 중요하게 볼 필요가 없다고 생각한다는 뜻의 발언을 했다. 일본이 포츠담선언을 거부한 이후 미군의 폭격은 더 한층 치열해져서 24시간 내내 파상공습을 계속했다. 근해로부터의 함포사격으로 군사시설은 모두 괴멸되었고 본토상륙은 시간문제가 되었다. 마침내 8월 6일, 원자폭탄이 히로시마에 떨어져서 일본을 경악하게 만들었다. 곧 이어 나가사키에도 원자폭탄이 떨어지니 일본의 조야는 어찌할 바를 몰랐다. 8월 9일에는 소련이 참전했다. 수십만 소련군은 빈집에 들어오듯 만주를 석권하고, 그 선봉부대는 선전을 포고한 지 불과 2일 만에 함경북도 청진까지 들어오니, 그처럼 강경하던 일본의 군부도 전의를 잃게 되고 스즈키 내각은 포츠담선언을 수락하여 무조건 항복을 결심했던 것이다.

당시 제1항공군사령관에서 사임하고 군사참의관으로 있던 영친왕은 자기가 볼모로 일본에 끌려온 후 욱일승천의 기세로 뻗어나가던 일본이 하루아침에 패전의 구렁텅이로 전락하는 광경을 자못 감개무량한 심정으로 바라보고 있었다.

제 3부 · 자유 없는 자유인

일본의 패전

1945년 8월 15일, 일본은 무조건 항복을 했다. 이에 앞서 나스에 가 있던 방자 여사는 도쿄의 공습이 더욱더 심해지고 있으며, 히로시마에는 원자폭탄이 떨어져 이우 공이 폭사했다는 소식을 들었다. 이번에는 도쿄에 떨어뜨릴지도 모른다는 생각이 들어서 잠시도 더 나스에 있을 수가 없었다.

"구야, 어서 도쿄로 가자. 아버님 혼자 계실 것을 생각하니 걱정이 되어 못 견디겠다."

방자 여사는 아들 구 씨를 데리고 급히 도쿄로 돌아갔는데, 자동차가 도중에 고장을 일으켜서 초만원이 된 혼잡한 기차를 타고 가느라 여간 고생을 하지 않았다. 도쿄에 들어서니 그처럼 시끄럽던 공습 사이렌 소리도 들리지 않고 거리의 분위기도 의외로 고요하므로, 조금 이상하게 생각하면서 아카사카 왕저에 도착했다.

"전하!"

방으로 들어가니, 영친왕은 무엇인가 침울한 안색으로 라디오 앞에 앉아 있었다. 영친왕은 부인과 아들을 보자 말했다.

"조용히 하오. 지금 옥음방송(일왕의 육성 방송)이오."

일왕의 떨리는 음성이 흘러 나왔다.

"…참기 어려운 것을 참고 연합국 측에 항복한다…"

이것은 소위 '대일본제국'의 붕괴를 의미하는 것이다. 눈을 감고 가만히 방송을 듣고 있던 영친왕의 두 눈에서는 소리 없이 눈물이 흘렀다. 방자 여사의 눈에서도 눈물이 샘솟는 듯했다. 그리고 두 손으로 얼굴을 가리고는 그저 흐느껴 울었다.

'결국 일본은 패전했다.'

영친왕은 만감이 교차하여 한참 동안 멍하니 서 있을 뿐이었다. 이른바 옥음방송을 듣고 처음에는 오랫동안 전쟁에 시달릴 대로 시달린 일반 민중이 가엾게 생각되었고 패전의 구렁텅이에서 그들이 어떻게 다시 살아날까를 동정했다. 차차 흥분이 가라앉자 이번에는 또 다른 생각이 불현듯 일어났다.

'나는 대체 누구이며, 또 나는 어떻게 되는가?'

일본 사람도 한국 사람도 아닌 자기, 모든 권위와 배경이 없어진 자기. 생각하면 실로 전도가 암담했다. 영친왕은 마음을 진정시키려고 자리를 떠서 베란다로 갔다. 잿더미가 되고 황무지가 된 도쿄 시가를 내려다보았다. 바로 그때 눈물어린 그의 두 눈에 커다란 영국식 건물 하나가 들어왔다. 그것은 왕저에서 그리 멀지 않은 곳에 있는 아카사카 이궁이었다.

"아!"

영친왕은 문득 40년 전의 일을 회상했다. 이토 히로부미의 손에 이끌려 외종사촌 엄주명과 함께 처음으로 일본에 왔을 때 잠시 아카사카 이궁에서 묵었던 일이 생각난 때문이었다. 혼란한 영친왕의 머릿속에는 "조선독립 만세!"라는 민중의 부르짖음과 함께 "이왕전하!" 하고 자기를 환호하는 소리가 들리는 듯했다.

그러나 그 다음 순간에는 '아니야, 아니야. 내가 무엇을 했다고?' 하는 생각과 함께 회한의 눈물이 흘렀다. 누가 나를 이렇게 만들었는가? 어째서 이렇게 되었는가?

"역사다. 역사가 그렇게 만든 것이다."

영친왕은 혼자 이렇게 중얼거렸다. 그리고 영친왕은 생각했다.

'그렇다. 역사의 마지막 페이지에 다만 한 줄 기록되고 말 나의 생애. 그렇지만 조선으로 돌아가 조선을 위해 일할 자리가 어딘가 있지 않을까? 물론 왕으로서가 아니라, 한 사람의 국민으로서.'

"전하!"

바로 그때 방자 여사가 울어서 눈이 통통 부은 얼굴로 옆으로 왔다.

"…"

고개를 돌리는 영친왕을 보면서 엄숙한 표정으로 말한다.

"전하, 저 때문에 너무 번민하실 것은 없어요."

영친왕은 가슴이 막히는 듯했다. 방자 여사가 한없이 측은하게 생각되었다.

"방자! 그게 무슨 소리요? 나는 아무것도 번민하고 있지 않소. 그리고 번민을 한대도 방자를 위한 것도 아니고 또 방자 때문도 아니오."

"…"

영친왕을 쳐다보는 방자 여사의 두 눈에는 뜨거운 눈물이 넘쳐흘렀다. 영친왕은 가만히 방자 여사의 손을 잡고 달랬다.

"왜 울우? 뭐 울 것은 없지 않소?"

그보다 좀 나은 표현이 있으련만 도무지 말이 잘 되지를 않았다. 그때 아들 구가 들어왔다.

"전쟁은 이제 끝났지요?"

천진난만하게 묻는 아들 구를 보고 영친왕은 말했다.

"그래, 전쟁은 끝났다. 평화가 왔으니까 이제부터는 마음 놓고 공부를 할 수 있을 게다."

이렇게 대답을 하고 나니 '앞으로는 이 아이를 위해서 살아야 되겠다'는 생각이 불같이 일어났다.

"방자! 이젠 쓸데없는 일로 마음을 썩일 필요도 없게 되었구려."

"그렇지만 민족 문제는 어떻게 되는 겁니까?"

방자 여사는 아직도 마음이 석연치 않은 모양이었다.

"그것은 민족에 맡겨둡시다. 모든 것은 시간이 해결해줄 것이오. 평민이 된 나에게까지 그런 문제가 짓궂게 따라다니지는 않을 터이니…"

영친왕은 이렇게 힘차게 말하고 방자 여사와 구에게 손을 내밀며 말했다.

"자아! 이제는 우리 세 사람만의 세계가 된 것 같군. 왕위에서 해방되어 아주 마음이 시원스럽소. 방자! 아무 것도 걱정 말고 힘차게 살아갑시다."

이루 표현할 수 없는 감회를 가슴속에 품고 있으면서도 억지로라도 명랑한 표정을 지으려는 영친왕의 눈물겨운 노력을 헤아린 방자 여사는 의자에 몸을 던진 채 목을 놓고 울었다. 방자 여사는 이때의 심경을 다음과 같이 기록했다.

이우 공이 히로시마에서 원자탄으로 세상을 떠났을 때 그 부인과 두 아들이 서울에 있었다는 것은 그야말로 불행 중 다행이었습니다. 그리고 저 8월 15일을 맞이했습니다. 천황제 존폐의 위기에 직면하여 천황과 관계된 황족들이 다 각기 자기들의 앞날을 생각하는 그 불안이란 이만저만한 것이 아니었는데, 그중에서도 우리의 경우는 더 한층 절실한 것이 있었습니다.

'조선은 곧 해방될 것이다. 그런 날에는 바깥어른의 몸은 어떻게 될 것인가? 그리고 나와 열네 살 난 우리 구는?'

영친왕전하와 결혼한 지 25년. 서로 사랑해오면서, 또 조선왕비로서도 대과 없이 지내왔다고는 하지만, 처음에 두렵게 생각했던 정략결혼이 이제 와서 노도처럼 닥쳐오는 것 같아 나의 불안은 형언할 수 없을 만큼 컸습니다.

당시 연합군 최고사령부의 황실에 대한 처우는 추상같이 냉엄한 바가 있어 황실예산은 극도로 삭감되었고, 신적강하(臣籍降下-왕족의 지위를 박탈하고 평민이 됨)도 머지않은 날에 있을 것 같은 분위기였습니다. 나도 바깥어른도 타고난 황족 계급이라 경제적 고생이 뭔지도 몰랐습니다. 인심은 혼란으로 치닫고 경제는 파멸적인 양상을 이루고 있는 사회 속에서 살아갈 우리의 앞날을 생각해보면 진실로 암담한 바가 있었습니다. 갑자기 살아나갈 길을 찾는다 해도 아무런 좋은 방도가 서지 않아 우리는 마치 젖먹이 아이나 마찬가지였습니다.

연합군 최고사령부의 국내개혁은 착착 진척되어 얼마 안 가서 황족들도 재산을 바치게 되었습니다. 그것도 7할 정도를 납세하라는 것이어서 태평한 꿈만 꾸던 황족들에게 있어서는 큰 충격이 아닐 수 없었습니다. 우리도 타다 남은 본 저택(1929년 유럽 여행에서 돌아와서 세운 영국식 양관)을 참의원장에게 빌려주어 의장 공관으로 쓰게 되었고, 우리는 예전에 하녀들이 쓰던 집에 물러앉았습니다. 그리고 이토의 토지와 오오이소와 이마이자와 등지에 있던 별장도 모두 내놓았습니다. 오랜 추억이 담겨진 별장, 더구나 오오이소의 별장은 그 옛날에 이토 히로부미가 이곳에서 헌법을 기초했다는 유서 깊은 곳인 만큼 여간 애착이 가지 않았습니다. 짐을 정리하러 가서 마지막 이별의 2~3일 간을 묵고 막상 돌아오려니 감개무량한 눈물이 자꾸 뺨을 적셨습니다. 그러고도 부족해서 아끼던 골동품과 가재도구까지 정리를 했는데, 눈앞에서 트럭에 실려 가는 것을 보는 기분이란 참으로 말할 수 없는 것이었습니다.

1947년 10월 18일, 우리는 감개무량한 기분으로 이날을 맞이했습니다. 태평했던 구름 위로부터 사나운 노도 속으로 내려오는 날이었습니다. 지난번에는 각 황족의 장남을 제외한 모두가 후작이나 백작이 되고 많은 일시금을 하사받아 신적으로 강하되었는데, 이번에는 모두 평민으로 강하되었습니다. 그리고 연합군 최고사령부의 명령에 따라, 과거의 군인이었던 황족에게는 일시금도 주어서는 안 된다는 엄중한 포고가 있었습니다.

천황폐하는 이날 밤 6시에 황족 전원을 아카사카 이궁으로 초대하여 송별연을 베풀어주셨습니다. 폐하는 말씀하셨습니다.

"여러분도 아시다시피 오늘의 이 상태로는 여러분을 도울 수가 없어 정말 말하기는 어렵지만, 직궁3가(일왕의 3형제를 가리킴)만을 남기고 모두 신적으로 강하키로 하였다. 그러나 나로서는 전과 조금도 다름없으며 이전과 마찬가지로 생각하고 있으니 금후로도 변함없이 때때로 찾아와주기를 바라며, 또 평화스럽게 잘 살기를 기원하노라."
일동은 모두들 숨소리도 없이 그저 가만히 앉아 있을 뿐이었습니다. 송별연이 거의 끝날 무렵, 폐하는 자리에서 일어나 말씀하셨습니다.
"이제 술잔을 들어 여러분의 건강을 축원하노라."
이번에는 우리 아버님께서 일어나 말씀하셨습니다.
"연장자인 제가 일동을 대표해서 말씀드립니다. 이번 우리의 신적강하에 대해 두터우신 만찬회를 베풀어주시고, 또 고마우신 말씀까지 내려주셔서 황공합니다. 여기에 술잔을 들어 폐하와 황실의 번영을 축원합니다."
일동은 술잔을 높이 들고 건배를 했습니다. 우리도 오랜 세월의 황족 생활과 이별을 고했던 것입니다.

평민으로 산다는 것

전쟁에 패한 직후 히로히토 일왕이 "나는 신이 아니고 사람이다"라며 '인간선언'을 했다. 일본 왕족들의 신적강하로 왕공족 규범에서 벗어나 이은, 이방자라는 이름의 제 3국인이 된 영친왕 부부는 재일한국인으로서 구역소(구청)에 등록을 하게 되었다. 일왕이 인간선언을 한 것과 마찬가지로 영친왕도 일개 시민으로 새로운 생활을 하기 위함이었다. 등록을 마치고 난 영친왕은 몸과 마음이 다 같이 가벼워진 것 같았다. 이로써 일본과의 관계가 아주 단절된 것을 생각하면 다소 서운한 느낌도 없지 않았으나, 위장된 왕족이란 허울에서 해방되어 자유를 다시 찾은 것은 비할 데 없는 기쁨이었다. 비록 경제적 여유는 없었을망정 아내와 아들과 함께 어디고 마음대로 다닐 수가 있고, 때로는 별장이 있는 나스에서 세 식구가 골프를 즐길 수 있는 것을 다시없는 행복으로 알게 되었다. 영친왕은 병환이 나기 이전에도 도무지 말이 없는 분이었으므로, 당시의 심경을 방자 여사의 수기를 통해 엿보기로 하자.

일반 사람들 틈에 끼어 살게 된 처음에는 아직도 황족 생활의 타성도 남았고, 또 정직하게 말해서 경제상, 생활상의 불안도 커서 좀체 안정이 되지 않았습니다만, 한편 생각해보면 미지의 문을 열고 들어간 다는 새로운 기대도 있었습니다. 이제부터 부모자식 세 식구가 자유로운 공기를 호흡하며 인간적인 생활을 할 수 있다는 기쁨은 그때까지 너무나도 속박된 속에서만 살아온 만큼 더더욱 컸습니다. 바깥어른과 곧잘 이런 얘기도 했습니다.

"황족이란 모두가 규격품 같은 것이군요. 똑같은 틀에 넣어 동일한 규격으로 만들어냈으니 말이에요."

정말 일반 사회에 내려와서는 초점이 잘 맞지 않는 것뿐입니다.

"하루 빨리 규격품에서 벗어난 사람만이 승리자가 될 터인데, 뭐니 뭐니 해도 이미 우리는 늙었어. 이제부터는 젊은 사람에게만 실력의 세계가 열리는 것이니까. 구야, 용기를 내다오."

육군중장, 군사참의관으로 종전을 맞이한 바깥어른에게 있어서는 새 출발을 해야만 될 이 판국에 젊은 사람만큼 용기를 갖지 못하는 것도 무리는 아닙니다. 그 대신에 오직 하나밖에 없는 아들 구에게 큰 기대를 걸어보는 것이었습니다. 물론 우리도 심기일전, 하루라도 속히 황족의 껍질에서 벗어나 새로운 사회에 익숙해지려고 노력했습니다. 돌이켜보건대 지금까지 너무나도 속세를 떠난 생활 속에만 들어박혀 있던 우리였습니다. 폐하는 지금까지도 도쿄의 긴자를 거닐어보신 일이 없습니다. 그런 정도는 아니었지만 우리도 정말 긴자를 산보하는 맛도 모르고서 50년 가까이 살아온 것입니다. 출생지는 궁성에서 가까운 한쵸몽 근처이며, 오랫동안 바깥어른과 살아온 기오이쵸도 그 근처고 해서 자동차로 가면 불과 3분밖에 걸리지 않는 곳인데도 긴자라고 하면 데파아트(백화점) 정도밖에 몰랐습니다. 그것도 경관 호위 아래 자동차로 쭉 돌아오는 것이 보통이어서, 가끔 긴자를 거닐어보고 싶은 생각이 들어도 경비원들의 수고와 일반 사람들의 폐가 염려되어 그만 단념하기 일쑤였습니다.

물건을 사러 나가더라도 자기가 돈지갑을 가지고 나가는 일은 없고, 다만 어린애처럼 이것저것 손가락질을 하면 대금을 시종이 지불하거나 월말에 궁가로 받으러 옵니다. 바깥어른이 군에서 월급을 받는 것도 부관이 받아다 사무소에 납부할 뿐입니다. 아무리 자기 재산이라도 조금도 자유로이 쓸 수가 없었던 것입니다.

돈에 관해서는 이런 이야기도 있었습니다. 어떤 황족의 따님이 결혼함으로써 신적으로 강하되어 시녀로부터 처음으로 지폐 뭉치를 받았을 때의 기분을 이렇게 말한 일이 있습니다.

"기쁘다기보다 뭔지 두려운 생각이 들었어요."

이것은 극단적인 예인지 모릅니다만, 헤이안시대의 궁중인들과 같은 우리가 생존경쟁이 격심한 속에서 자라난 사람들과 템포가 잘 맞지 않을 것은 오히려 당연한 일이라고 할 것입니다. 사람들과의 접촉도 마찬가지였습니다. 예를 하나 들어 말하면, 우리는 지금까지 전차에서도 자동차에서도 정차하여 시종이 문을 열어 주어야만 일어나는 습관이 있었습니다. 신적강하 이후 혼자 전차에 타더라도 역에 닿아야만 자리를 뜨는 버릇이 있어서, 출입구로 나갔을 때에는 이미 때가 늦어서 승차하는 사람들이 우우 몰려드는 바람에 나가지를 못했습니다. 한 번 경험을 하면 다음부터는 실수가 없어야만 할 텐데, 습관이 좀체 고쳐지지 않았습니다. 남을 의심할 줄도 몰라 하마터면 스리(소매치기)에게 걸려들 뻔도 했습니다. 어느 날 커다란 장바구니에다 핸드백을 넣고 혼잡한 전차에 타고 있자니까 옆에서 무엇인지 부스럭거리는 소리가 들렸습니다. 그것이 스리인 줄은 꿈에도 생각지 못하고 다음 역에서 내려 보니 예리한 칼로 보기 좋게 보자기가 찢어져 있었습니다. 조금만 더 있었더라면 보따리 속의 핸드백까지 잃어버릴 뻔했습니다. 다시 한 번 이 사회의 무서움을 통감했습니다. 이러한 체험과 견문을 되풀이하는 동안 오카치마치나 요코야마쵸의 도매시장이 다른 데보다 값이 싸다는 것을 알았고, 가끔 그곳을 찾아가선 이것저것 물건을 골라보고 값을 깎는 맛도 알게 되었습니다.

우리와는 달리 아들 구는 나이가 어린 만큼 적응력도 풍부한 것 같아, 신적강하 이후에는 마치 물을 얻은 생선처럼 발랄하게 자라갔습니다. 구는 쇼와 15년 오사카사단장 시절에 바깥어른을 따라 학습원으로부터 오사카에 있는 가이코샤 학원으로 전학하여 거기서 1년쯤 일반 자제들과 함께 지낸 일이 있었는데, 그때의 경험이 이와 같이 시대에 순응하는 데 대단히 좋았던 것 같습니다. 황족 시절에는 어딘지 온실 안의 꽃과 같은 느낌이 많았는데, 나날이 어떤 풍상도 이겨갈 만큼 늠름하게 성장해가는 것을 보고 있으면, 새삼스레 인간성에 역행해온 듯한 과거의 생활이 반성되는 것이었습니다.

1948년 구가 중등과 3학년 때 학습원의 제21대 보이스카우트 대장을 맡았는데 그 관계로 연합군 최고사령부의 관계관인 피셔 씨와도 알게 되었습니다. 우리 집으로 초대도 하고 기회가 있을 때마다 접촉을 하는 동안, 구의 관심은 자연 미국으로 쏠리게 되었습니다. 당시 일본에서는 미국풍이 일종의 열병처럼 유행되던 시절이라, 구는 원래부터 좋아하던 영어공부에 더 한층 힘을 쓰게 되어 새로운 지식을 제 마음껏 흡수해들이고 있었습니다. 황족 시절이라면 커다란 포부나 희망에 불타는 일은 별로 없었을 것입니다. 직업의 자유도 선택도 없고 군인의 길로 들어서서 몇 해 후에는 대장. 이렇게 자기의 일생을 정해진 코스를 달리는 기관차나 마찬가지로 가게 될 것이니 무리도 아닐 것입니다. 자기의 노력 여하에 어떠한 미지의 세계가 열릴 것인가? 이러한 스릴과 꿈을 가질 수 있다는 것이 진정한 인간 생활의 좋은 점이며, 구가 원기왕성하게 된 원동력이었던 것입니다. 우리 두 사람에게 있어서 그와 같은 구의 모습을 보는 것이 제일 즐거웠고, 그것은 또 우리에게 무엇보다도 사는 보람을 느끼게 해 주었습니다.

그러나 기대와 불안과 함께 또 감개도 새로운 바가 있습니다. 구는 앞으로 어떠한 길을 택하여 걸어가게 될 것인지? 장남인 진이 뜻하지 않은 죽음을 하고나서 10년 후에 간신히 낳게 된 이 아이. 더더구나 나면서부터 한일 양국의 피가 체내에 흘러, 일종의 숙명을 짊어진 채 새로운 사회에 나가게 되었으니, 거기에 어떤 제약이 전혀 없다고는 말할 수 없습니다.

그러나 어쨌든 우리로서는 이 아이가 좋아하는 길을 걷게 해주고 싶다고 생각했습니다. 다만 정치적인 일에만 휩쓸려 들어가지 못하도록 늘 경계를 했습니다. 과거 우리가 보아온 비극이나 괴로움을 돌이켜보면 이 아이만은 그런 굴레에서 벗어나기를 바라지 않을 수 없었던 것입니다. 그리하여 마침내 구는 가까운 데 있는 조국도 가보지 못한 채 미국 유학을 떠났습니다. 1950년 8월 3일의 일이었습니다.

아들의 미국 유학

아들 구는 피셔 씨의 주선으로 미국 유학을 가게 되었습니다. 당시는 아직 일본과 미국의 국교가 회복되지 않았을 뿐더러, 자기가 외아들이라는 생각에서 구는 막다른 벽에 부닥친 듯 매우 고민하는 눈치였습니다. 구의 친구인 후시미 히로아키 또한 같은 희망을 갖게 되어 두 사람의 화제는 항상 그 꿈을 둘러싸고 서로 격려하고 위로했습니다. 그런데 이것을 안 피셔 씨는 타고난 의협심으로 열렬한 협력자가 되어 그 꿈의 실현에 전적으로 힘을 빌려주었습니다. 이에 용기를 얻은 구는 졸업 직전부터 도쿄 신바시에 있던 미국인 회사 '로저즈 상회'에 근무하면서 영어회화 공부에 힘썼는데, 얼마 지나지 않아 피셔 씨가 자기 고향인 켄터키 던빌 시에 있는 센터 칼리지로 유학의 길을 터주었던 것입니다.

구가 미국으로 떠나던 날은 우리 부부에다 나시모도의 친정 어머님과 누이동생, 그리고 후시미 집안에서도 어머님인 도키코님과 누이들이 요코하마까지 전송을 나왔습니다. 그날은 심한 폭풍우가 불었는데 무서운 빗줄기가 사정없이 부둣가를 때리고 있었습니다. 옛말에 청명한 날 출발하면 앞날에 행복이 깃들인다고 했습니다만, 운수 사납게 이 같은 폭우를 만났으니 나시모도의 어머님께서는 귀여운 외손자의 장래를 걱정하여 "앞날에 고생이나 없었으면 좋으련만…"

하시며 무정한 하늘을 우러러보셨습니다. 나도 어쩐지 마음이 어두워지며 슬픈 생각에 잠겼습니다. 그러지 않아도 오직 하나밖에 없는 아들을 만리타향으로 보내는 때인지라, 부모로서의 복잡한 생각이 얽히고설켜서 더욱 감상적인 기분에 빠져들었습니다. 그리고 주마등처럼 구의 어렸을 때 일이 자꾸 머릿속에 떠올랐습니다.

첫 아들 진이 서울에서 뜻밖의 죽음을 당하고 나서 꼭 10년 만에 낳은 오직 하나밖에 없는 아들 구, 어른이 될 때까지는 조선 땅을 밟지 않게 하려는 결심 아래 키워온 구. 무엇과도 바꿀 수 없는 귀여운 외아들인 만큼 소중하게 키우긴 했지만, 가르치는 면에 있어서는 엄격하게 하려고 노력했습니다. 자기 방 청소는 자기가 하도록 하고, 겨울에도 짧은 양말에 무릎이 나온 채로 놔두었습니다. 소위 '전하'의 몸으로서는 비교적 엄하게 가르쳤습니다. 그런 구가 벌써 이렇게 커서 멀리 태평양을 건너 미국으로 가게 되리라고는 꿈에도 상상하지 못했던 일입니다. 예측하기 어려운 인간의 운명을 생각하고는 나는 깊은 감개에 잠겼습니다. 그러나 당사자인 구는 그런 것은 아랑곳없다는 듯 희망으로 가슴이 부풀고 의기가 충천해 있었습니다. 구로서는 이별의 슬픔보다 오랫동안의 꿈을 실현하는 기쁨이 더 컸으므로, 부모의 심정을 생각할 여유조차 없는 것이 결코 무리는 아니었을 것입니다. 내가 이것저것 미국에 가서 주의할 일을 일러주어도 딴청만 부리고 호화로운 선실의 안팎을 둘러보며 그저 감탄만 하고 있었습니다.

곧 출항할 시각이 되었습니다. 전송 나온 사람들은 헤어지기 어려운 발걸음으로 제너럴 골든 호에서 내렸습니다. 부두에서 갑판 쪽을 쳐다보니 후시미와 구의 노랗고 조그마한 얼굴들이 수많은 백인들 속에 섞여 있었습니다. 그것을 보자 나는 갑자기 가엾은 생각이 들어 나도 모르게 눈물이 뺨을 적셨습니다. 바깥어른도 흐린 눈에 자꾸만 손수건만 갖다 대고 있는 듯했습니다. 비바람 때문에 목소리도 이제는 거기까지 닿지를 않고, 다만 터질 듯 벅찬 가슴으로 구를 바라볼 뿐이었습니다.

'아무쪼록 무사히 미국 생활을 보내게 해주시기를…'
바깥어른과 나는 마음속으로 이렇게 기도드리며 배의 그림자가 보이지 않을 때까지 언제까지나, 언제까지나 요코하마 부두에 서 있었습니다.
"잘 가거라, 구야!"
"훌륭한 사람이 되어 다오."

단 하나밖에 없는 외아들, 그렇게도 사랑하는 구를 멀리 미국으로 유학을 보내기까지에는 여러 가지 번민이 많았습니다. 떠나가는 본인의 슬픔은 물론이요, 우리 부부도 구가 없는 생활은 생각만 하여도 적막하기 짝이 없는 것이었습니다. 그러나 또 다른 한편으로는 지금 목전의 감정에만 사로잡혀서 아들의 장래를 가로막아서는 안 되겠다는 반성도 컸으니, 그 점은 나보다도 바깥어른이 더 강했습니다. 종전 이래 장차 어떻게 해야 할지를 몰라 무기력하게 세상을 등지고 살아온 바깥어른이 적극적으로 구의 유학을 찬성하고, 또 그것을 밀어주신 것은 참으로 의외의 일이었습니다. 열한 살 때 일본으로 끌려온 후로부터 자기의 뜻은 모두 봉쇄당한 채 일생을 외부의 압력과 지시에 지배당했던 바깥어른은, 아들 구만큼은 절대로 생활을 속박해서는 안 되겠다고 생각한 것이겠지요.

"후회함이 없이 자기가 발견한 길을 자신의 책임과 의지로 마음껏 가보아라. 만약 그 길이 적당하지 못하다고 하더라도 또 자기 생각으로 다시 하면 된다. 지금에 와서 나더러 마음대로 해보라고 한대도 나는 어떻게 할 수가 없다. 슬픈 일이지만 그것이 사실이다. 장구한 세월을 두고 틀 속에 갇혀 어떻게 하면 자기를 속이고 살아가느냐를 교육받아 왔기 때문에, 이제 그만 밖으로 나오려고 해도 여간해서는 나올 수가 없다. 나의 마음과 뜻이 벌써 굳어져 버린 것이다. 그러니까 너는 이 아비를 뛰어넘어서 자유롭게 너 자신을 시험해보거라."

그 말투나 그 말 자체에는 조금도 과격한 것이 없었지만, 나는 그것이 바깥어른이 어렸을 때부터 쌓이고 쌓인 분노의 폭발인 것을 알았습니다.

'얼마나 슬픈 분노인가?'

그것을 생각하니 고요히 눈물이 흐르고, 뱃속으로부터 울음보가 치밀어 오릅니다. 약혼 이후 50년 동안 나의 마음은 항상 바깥어른의 옆에 두었습니다. 어려운 일을 당했을 때마다 함께 참고 견뎌왔고 마음과 마음이 굳게 결합되어 있기 때문에 바깥어른의 마음속은 누구보다 잘 아는 아내라고 자부해왔습니다. 그렇건만 바깥어른의 마음속 깊은 데에는 사랑하는 아들과 장구한 세월을 멀리 떨어져서 사는 한이 있더라도 아들의 장래를 위해서는 상관이 없다는 분노가 축적되어 있는 것입니다.

그때까지 나는 무기력한 바깥어른을 매우 안타깝게 생각했던 것을 뉘우치고 또 반성했습니다. 그리고 결심했습니다.

'이제부터는 내가 강하게 되어서 전하는 그저 고요하게 하고 싶은 대로 사시게 하자. 만약 힘이 약한 우리를 침범하는 자가 있다면 싸

우는 것은 나다. 지키는 것도 나인 것이다.'

그렇게 생각하니 새로운 용기와 힘이 솟아오르는 듯했습니다.

방자 여사가 전하는 것처럼, 사실 해방 후 영친왕의 오뇌와 번민이란 이만저만한 것이 아니었다. 일본의 패전으로 조국은 해방되었다고 하지만 38도선으로 국토는 양단되었고, 자기 자신은 일본도 아니고 한국도 아닌 국제적 고아가 되었으니, 장차 어찌해야 좋을지를 몰랐던 것이다. 게다가, 단 하나밖에 없는 누이동생 덕혜옹주는 정신병에 걸려 고독한 몸으로 입원한 지 이미 오래고, 작은 조카 이우는 해방 직전에 원자폭탄에 맞아죽었으며, 큰 조카 이건은 갖은 추문을 남긴 채 일본에 귀화해버렸다. 장인 나시모도노미야까지 전쟁범죄자로 몰려 스가모 감옥에 들어가게 되었으니 답답할 따름이었다. 아니, 답답한 정도가 아니라 그 어느 것이든 자기 힘으로는 어찌할 수가 없는 불행한 일이자 걱정거리였다.

자연 영친왕의 마음은 서울에 홀로 계신 윤대비와, 이미 세상을 떠난 지 오래된 아버님 고종황제와 생모 엄비에게로 쏠렸다. 8·15해방이 되었을 때 영친왕은 누구보다도 아버님 고종황제를 생각했다. 큰어머님 명성황후가 참혹한 죽음을 당한 이후, 평생을 두고 일본을 원망하고 저주하던 고종황제. 소위 보호조약을 없애려고 헤이그 평화회의에 밀사를 보냈다가 도리어 임금의 자리에서 쫓겨나게 된 고종황제. 만일 황제가 지금까지 살아계신다면 얼마나 기뻐하실까?

그러나 천만 뜻밖에도 38도선이 생겨서 국토가 양단된 것을 알게 된 영친왕은 군사전문가인 만큼 불길한 예감이 들어서 해방을 덮어놓고 즐거워할 수만은 없었다. 영친왕은 아버님이 아직 살아계셨더라도 다만 일본의 패전을 기뻐하실 뿐, 마음은 역시 편안하지 못하시리라 생각했다. 일본에 앉아서 멀리 조국을 바라보는 영친왕은 여러 가지 곤란한 일이 생길 때마다 '만일 이때 아버님이 살아계셨다면 어떻게 하셨을까' 하는 생각을 하지 않을 수 없었다.

영친왕이 아버님을 회상할 때 잊히지 않는 여러 가지 장면이 있었지만 그중에도 열한 살 나이에 이토 히로부미에게 끌려 처음으로 일본에 갈 때, 그리고 그 후 5년 만에 어머님 엄비가 돌아가셔서 귀국했을 때의 일은 마치 어제 일과 같이 머릿속에 생생하게 살아있었다. 어느 날 고종이 자기를 불러놓고 일러주시던 말이 아직도 귓가에 쟁쟁했다.

"너는 우리 음식으로 무엇을 가장 좋아하느냐?"

"국수장국에 편육을 얹어 겨울 배추김치로 먹는 것이옵니다."

"어허, 그것이 바로 조선의 맛이란다."

환국은 통일 후에

해방의 환희도 잠깐이었다. 곧이어 강토의 허리를 두 동강으로 끊어놓은 38도선을 따라 민족도 양분되었다. 민족주의자와 공산주의자 사이의 대립과 항쟁은 날이 갈수록 격심해졌다. 해방 직후에 거족적으로 결성된 건국준비위원회도 분열되었고 좌우 양진영은 결국 정면충돌을 하기에 이르렀다. 그 싸움은 신탁통치 문제로 인해 절정으로 치달았다. 당시 서울의 거리에는 가지각색의 플래카드를 앞세운 가두행진이 매일같이 벌어졌다. 양 진영 사이의 충돌로 종로나 충무로의 아스팔트가 선혈로 물드는 일이 비일비재했다.

일본은 일본대로 혼란스러운 정국이 계속되었다. 도쿄 한복판에서는 수십만 명의 시위대가 일왕에게 상주문(上奏文)을 전달한다며 궁성으로 행진해 들어가는 사태까지 벌어졌다. 그중 일부는 궁중의 냉장고에서 고깃덩어리를 꺼내가지고 와서 "우리는 배가 고파 죽겠는데 천황은 아직도 이런 것을 먹고 있다"며 군중을 선동하는 등, 분위기가 무척이나 험악했다.

본국에서의 분열과 대립은 일본에 있는 교포사회로까지 이어졌다. 재일교포들이 거족적으로 조직한 조선인 총연합회(조총련)가 어느 틈엔가 공산주의자의 단체로 변모하는 바람에, 나중에 결성된 대한민국 거류민단(민단)과 격렬한 대립을 하게 된 것이다. 주도권 장악을 놓고 두 단체 사이에는 납치와 폭행 등 테러사건이 속출하여 연합군 최고사령부에서도 골머리를 앓고 있었다.

6·25전쟁이 일어나기 직전까지 도쿄 영친왕저에는 방문객이 빈번했다. 그중에는 조총련의 김천해와 민단의 박열도 있었다. 해방 전 조선인으로서는 유일한 일본 공산당원이었던 김천해는 오랫동안 감옥생활을 하다가 해방과 더불어 석방된 사람이었다. 박열은 1923년 관동대지진 때 일왕을 암살하려 했다는 죄목으로 무기징역을 받았다가, 역시 해방 후 석방된 무정부주의자였다. 두 사람 모두 영친왕을 자기 쪽으로 끌어들이기 위해 무진 애를 썼다. 그들은 사전에 의논이나 한 듯 한결같이 영친왕을 최고 고문으로 추대하려고 했지만 영친왕은 굳이 그것을 사양했다. 본국이 38도선으로 양단된 것만도 분하거늘 일본에 와 있는 동포들까지 남북으로 갈려서 싸울 필요가 있느냐는 것이 당시 영친왕의 생각이었다. 하지만 그들은 남의 속도 모르면서 덮어놓고 함께 일을 하자고 졸라댔다.

본국에서는 미군정이 끝나고 대한민국 정부가 수립됨으로써 38도선은 더 한층 굳어지고, 그 사이 송진우, 장덕수, 여운형, 김구 등 여러 지도자가 연이어 암살되었다. 한때는 곧 환국을 할까 하던 영친왕도 이런 일련의 사태를 지켜보면서, 남북이 통일될 때까지는 절대로 귀국하지 않을 것이며 좌든 우든 정치적 운동에는 일체 관계하지 않겠다는 결심을 더욱 공고히 하게 되었던 것이다.

이와 더불어 영친왕이 귀국을 주저하게 된 또 하나의 이유가 있었으니, 그것은 소위 왕위계승 문제였다. 1910년 한일합병과 더불어 구황실은 한낱 실권이 없는 허수아비 왕실에 지나지 않게 되었으므로, 이제 와서 왕위계승을 운운한다는 것은 좀 우스운 이야기였다. 하지만 8·15해방으로 과거의 권위가 무너지고 시국이 극도로 혼란스러워지자 새삼스레 그 문제를 들고 나오는 사람들이 일부 있었다. 그들의 주장은 고종황제가 순종에게 양위를 할 때 영친왕을 황태자로 삼은 것은 잘못이요, 그 서열로 보아 마땅히 영친왕의 중형(仲兄)인 의친왕이 황태자가 되었어야 마땅하다는 것이다.

당시 고종은 순종과 의친왕 사이에 나이차가 너무 없으며, 이미 성인이 된 사람보다는 아직 나이어린 사람을 황태자로 삼는 것이 자연스럽고 장래성도 있으리라는 이유로 영친왕을 황태자로 책봉했다. 한편으로는 고종이 막내아들 영친왕을 가장 귀여워했을 뿐더러 영친왕의 생모인 엄비가 열렬하게 영친왕의 책봉을 희망했던 요인도 있었다. 그로 말미암아, 뛰어난 재질과 영특한 기개를 타고난 의친왕이 일생을 오직 풍류와 도락으로 보내게 되었으므로 영친왕은 항상 그 점을 마음 괴롭게 생각해왔던 것이다.

그런데 일부 몰지각한 무리들은 마치 영친왕이 희망해서 황태자가 된 것처럼 말하며, 구황실의 황태자는 마땅히 의친왕이 됐어야 했다고 떠들어댔다. 그리하여 당시의 미군정장관 딘 소장 앞으로 한 장의 진정서가 들어갔다.

영친왕은 열한 살 때 일본으로 끌려가서 평생을 일본에서 지냈고, 일본에서 군사교육을 받아 육군중장까지 되었으며, 일본 황족의 딸과 결혼한 친일파이므로 구황실의 계승권은 마땅히 의친왕이 물려받아야 할 것이다.

해방 전의 이왕직은 구황실의 재산을 관리하고 살림살이를 도맡아 보던 곳으로, 일본 궁내성의 하급 관청이기도 했다. 그러나 8·15해방으로 일제가 패망하자 당시 이왕직장관으로 있던 고지마 등 일본 관리들은 물러나고 이달용, 윤홍섭, 김익동 씨 등의 종친들이 구황실 관리위원회를 조직하여 창덕궁에서 이왕직이 하던 일을 대신하게 되었다. 그러나 무엇보다 급한 일은 일본 도쿄에 있는 영친왕과 연락을 취하는 것인데 도무지 어떻게 할 방도가 없어 발을 구르던 차에, 뜻밖에도 왕위계승 문제로 미군정청에 진정서가 들어갔음을 알게 된 구황실 관리위원들은 깜짝 놀라지 않을 수 없었다.

그 정보는 즉시 창덕궁 낙선재에 계신 윤대비와 운현궁의 홍친왕비(興親王妃)에게도 전달되었다. 홍친왕 이희(李熹)공이 대원군의 큰 아드님으로 고종황제의 맏형님이었던 만큼, 홍친왕비는 살아 있는 구황실의 최고 권위자로서 과거의 역사를 가장 잘 알고 있는 분이었다. 홍친왕비는 얼굴빛이 변할 만큼 분개하면서 말했다.

"왕전하께서는 아무 것도 모르시는 나이에 태황제의 뜻으로 황태자에 책봉된 것이다. 더구나 열한 살 때 볼모로 일본으로 끌려가신 것인데, 이제 와서 친일파이니까 왕전하가 아니라니 말이 되느냐?"

 구황실 관리위원회 위원장이 된 윤대비의 오라버니 윤홍섭 씨가 도쿄에 갔을 때 영친왕도 비로소 그 소식을 알게 되었다. 그 말을 들은 영친왕은 그저 마음이 서글프기만 했다.

 "왕실의 실권이 없어진 지 이미 40여 년인데, 이제 와서 왜 새삼스레 왕위계승이 문제가 된단 말인가? 이것은 필시 미군정의 틈을 타서 아무것도 모르는 형님을 이용해 왕실의 재산을 먹어 보려는 협잡배들의 책동일 것이다."

 만일 이러한 때에 귀국을 한다면 자기도 그런 아수라장에 휘말려들 것이므로, 귀국 문제는 신중히 결정하겠다는 마음을 한층 굳게 먹는 영친왕이었다.

 당시 입법의원에서는 반민법안(反民法案)을 상정하여 누가 민족반역자이고 아닌가를 가려내느라고 연일 진지한 토의가 계속되었다. 박건웅이라는 의원이 "도쿄의 이왕은 왜 자살을 하지 않았는가? 그와 같은 민족반역자는 마땅히 죽었어야 할 것이다"라는 얼토당토않은 망발을 하여 문제를 더욱 시끄럽게 만들었다.

 하루는 구황실 관리위원회의 부위원장인 이규용 씨가 나를 찾아왔다. 이규용씨는 위원장인 이달용 후작의 아우로, 영친왕을 존경하고 또 걱정하는 사람의 하나였다. 그는 나를 보자마자 침통한 표정을 지으며 개탄했다.

 "여보게, 박건웅이라는 자는 대체 어떤 생각으로 그런 말을 한단 말인가? 왕위계승 문제로 주책없는 일을 벌인 사람들이 있는 이때에 입법의원에서까지 문제가 되었으니, 만일 왕전하가 전쟁범죄자로 지목되기라도 한다면 어떻게 한단 말인가?"

"전쟁범죄자라니요? 말이 육군중장이요 항공군사령관이지, 실제로 그분이 한 일이 무엇이 있습니까? 그저 간판으로 앉혀놓은 것뿐이므로 전쟁을 일으킨 책임은 있을 리가 없습니다. 더구나 영친왕이 어렸을 때 일본으로 간 것은 일제의 요구로 억지로 볼모로 끌려간 것이니, 그것 때문에 영친왕이 친일파라고 말할 수는 없지 않습니까?"

내 대답을 들은 이규용 씨는 나더러 군정청에 함께 가자고 했다. 당시 한국에는 하지 중장이 인솔하는 제24군단이 진주해 있었고, 그 아래 군정청이 있어서 실제 행정은 군정청에서 담당했다. 하지 군사령관에게는 이앙묵 박사가, 군정장관 딘 소장에게는 김길준 씨가 각각 통역관 겸 보좌관으로 있어서 많은 활약을 했는데, 나는 우선 김길준 씨를 만나보기로 했다.

당시 미군정은 통역정치라는 말을 들을 만큼 통역들의 과오와 횡포가 많았는데, 이 두 사람은 최고 권력자의 옆에 있으면서도 양심적으로 일을 처리함으로써 수많은 통역관 중에서도 특히 인격자로 알려져 있었다.

그중에도 군정장관의 비서관으로 있던 김길준 씨(미국명으로는 지미 김)는 젊은 나이에도 인물이 출중했다. 그는 평안남도 순안 출신으로 그의 부친은 명망 있는 교육가이자 기독교 장로였다. 그가 도쿄의 릿쿄(立敎)대학을 마치고 필리핀으로 가서 마닐라대학을 졸업한 뒤 그 대학의 강사로 있을 때 태평양전쟁이 터졌다. 그 후 맥아더 원수가 일본을 점령하게 되자 지미 김도 연합군 최고사령부의 일원으로 미군과 함께 일본에 진주했다가 제24군단장하지 중장을 따라 해방된 조국에 돌아왔던 것이다.

그는 귀국하면서부터 나와 친교를 맺었다. 내가 이규용 씨와 함께 가서 구황실과 도쿄에 있는 영친왕의 딱한 사정을 진정했더니, 그도 깊은 동정의 뜻을 표하면서 말했다.

"이제 와서 무슨 왕위계승을 운운한단 말입니까? 영친왕이 친일파이고 전쟁범죄자라니 말이 됩니까? 아무 염려 마십시오. 내가 이 자리에 있는 한, 어떤 책동도 상대하지 않겠습니다."

이규용 씨는 돌아오는 자동차 안에서 감격의 눈물까지 흘렸다. 그 이후 구황실 문제에 대해서는 미군정청에서 일체 간여하지 않았으며, 모든 문제는 새로 탄생될 대한민국 정부로 이관하게 되었다.

대한민국이 탄생하자 구황실의 재산은 동산과 부동산을 막론하고 전부 국가재산으로 귀속되었으며 구왕족의 생계는 국가에서 보장하기로 되었다. 그러나 운현궁만은 사정이 달랐다. 해방 전부터 이왕직과는 상관없이 운현궁의 재산만으로 독립생계를 운영해왔기 때문이다. 해방이 되자마자 운현궁에서는 군정 당국의 허가를 얻어 궁의 일부를 팔아서 생계에 충당했다. 이것도 역시 이앙묵 박사와 지미 김 두 사람이 히로시마에서 원자폭탄에 죽은 이우 공을 동정하여, 그의 유족만이라도 편안하게 살 수 있도록 하지 중장이나 딘 소장에게 잘 말해준 덕택이었다.

이렇듯 미군정 시대에 구황실을 위해서 각별한 호의를 베풀었던 지미 김은 미군 ORO(작전 연구부대)에 배속되어 도쿄로 자리를 옮겼다. 그는 물자가 결핍하던 그 시절에 담배며 술 같은 것을 PX에서 사서 영친왕을 자주 위문했다. 한걸음 더 나아가 휘트니, 마카트 대령 등 연합군 최고사령부의 고급 참모들을 통해 맥아더 원수와 영친왕과의 연락을 도모하는 등 눈에 보이지 않는 공헌이 많았다.

이후 미국 국방성의 요청을 받고 미국으로 떠나기 직전, 지미 김은 불행히도 자동차사고로 전 가족이 함께 사망하는 참혹한 화를 당했다. 지미 김 일가의 죽음은 영친왕에게도 크나큰 타격을 주었다. 영친왕은 "나는 장례식에는 가지 못하나 제발 나의 몫까지 분향해달라"고 몇 번이나 간곡히 내게 부탁을 하는 것이었다. 교통사고로 죽은 지미 김과 그의 부인, 그리고 어린 아들의 유해는 도쿄에 있는 미국인 교회에서 영결식을 거행한 후 요코하마 화장장에서 불살랐다. 지미 김 일가의 유골은 그해 8월 초순에 본국으로 옮겨져 부산 공동묘지에 매장되었다.

홍사익 중장의 비극

지미 김의 죽음과 더불어 영친왕의 마음을 슬프게 한 또 하나의 비극이 있었으니, 그것은 홍사익(洪思翊) 중장의 사형이었다. 일제의 패전으로 말미암아 학도병으로, 혹은 징용으로 전선에 끌려갔다가 억울하게 희생된 조선 사람은 그 수를 헤아릴 수 없을 만큼 많지만, 홍사익 중장은 그중에서도 가장 유명한 인물이었다.

그는 경기도 안성 사람으로 충군애국(忠君愛國)을 가훈으로 하는 집안에 태어났다. 장차 국가의 간성이 되고자 대한제국 군대의 유년학교 생도가 되었으나, 오래지 않아 한일합병이 되었기 때문에 동기생 34명과 함께 일본 육군사관학교로 전학하게 되었다. 대한제국의 군인이 되려던 것이 뜻밖에도 일본제국의 간성이 되는 결과를 초래하고 말았던 것이다.

1915년에 육군사관학교를 졸업하여 소위에 임관하고, 1920년에는 육군대학에 들어갔다. 당시 육군대학은 들어가기가 상당히 힘든 학교였다. 당시 조선 사람으로 육군대학을 나온 사람은 영친왕, 이건 공, 이우 공 그리고 홍사익 중장 넷밖에 없었다. 육군대학을 나오면 출세도 빨랐다. 사관학교를 나온 장교는 잘 해야 대좌(지금의 대령)밖에 되지 못하지만, 육군대학을 나오면 중장까지는 미리 약속된 것이나 마찬가지였고 운수가 좋으면 대장이나 원수도 될 수 있는 특권이 있었다.

그러므로 일제 강점기에 조선 사람으로, 더구나 순수한 민간 출신인 홍사익 씨가 육군대학을 나와서 중장까지 되었다는 것은 하나의 경이라고 할 수 있다. 조선 사람에게는 절대 연대장 보직도 주지 않던 그 시대에 여단장을 지내고, 참모본부 경제부장과 종합전술학교 부교장 등의 요직을 역임한 것을 보면 그의 실력이 얼마나 출중했던가를 잘 알 수 있다.

홍 중장이 필리핀 포로수용소장으로 임명된 것은 태평양전쟁의 막바지인 1944년 3월의 일이다. 만주의 전술학교 부교장으로 근무하고 있을 때인데, 발령을 받은 그는 어찌하면 좋을지 몰라 번민했다. 육군대학 출신의 중장을 포로수용소장으로 임명하는 것은 전례가 없는 일이었다. 뿐만 아니라, 패전이 확실시되는 그 시기에 포로수용소장으로 부임한다는 것은 후일 반드시 보복을 받을 것이 예견되었다. 더구나 자기는 조선 출신이라는 점에서 더욱 주저했던 것이다.

그때 일본 군부에서는 연합군의 총반격으로 전세가 날로 악화되면서 본토 방위에만 급급했는데, 그들이 제일 걱정했던 것은 내란이었다. 그중에서도 조선에서 반란이 일어나지 않을까 가장 우려했다. 조선인 지원병이나 학도병이 잇달아 탈주하는 사건이 발생했고 조선의 민심은 이미 이반되었으며 언제 반기를 들지 모른다고 추측했기 때문이었다. 따라서 반란이 일어난다면 지도자가 필요할 터인데, 만일 홍 중장과 같은 최고의 군사지식을 가진 인물을 수령으로 삼는다면 큰일이라고 해서, 일본 군벌은 홍 중장을 전례가 없는 포로수용소장으로 임명했던 것이다. 말하자면 허울 좋은 추방이었다.

필리핀으로 부임하기 전에 홍 중장은 서울 본가에 와서 약 한 달 동안 머물렀다. 조상의 성묘도 하고 가족들과 최후의 작별도 하기 위함이었다. 그가 필리핀으로 떠나기 며칠 남지 않은 어느 날 저녁에, 나는 도쿄의 데이고쿠 호텔에서 그를 만났다. 평소부터 존경하는 선배였고 또 그의 속마음을 잘 알고 있었기 때문에 나는 그에게 농담 비슷하게 말했다.

"필리핀으로 가지 말고 광복군이 있는 중경으로 가는 것이 어떠십니까?"

그는 엄숙한 표정으로 대답했다.

"이번에 가는 길이 설사 죽는 길이라고 하더라도 그렇게 해서는 안 됩니다. 지금 조선 사람이 수백만 명이나 전쟁에 동원되었는데, 만일 최고의 지위에 있다는 내가 그런 일을 한다면 병사들은 물론이고 징용된 노무자들까지 보복을 받을 것입니다. 단지 나 혼자만을 생각해서 그런 경솔한 짓을 할 수는 없습니다."

홍 중장은 이같이 생각이 치밀하고 책임감이 강한 사람이었다. 홍사익 중장은 해방되기 1년 전인 1944년 3월 9일에 필리핀에 가서 그 다음해 8월 15일까지 포로수용소장으로 있었다. 그의 불길한 예감은 그대로 들어맞아서 전쟁이 끝나자마자 그는 전범으로 체포되어 부하들이 포로를 학대한 죄과를 책임지고 사형선고를 받기에 이르렀다.

해방 후 그 소식이 국내에 전해지자 정계의 요인들과 사회의

홍사익 장군.

유지들이 연명으로 연합군 최고사령부에 구명운동을 벌였다. 이승만 박사까지도 그 진정서에 서명을 했으니, 홍사익 중장이 비록 일본군의 장성이기는 하나 민족적으로 얼마나 많은 기대와 촉망을 받고 있었던가를 말해주는 것이다. 그러나 진정서는 각하되고 홍 중장은 마침내 마닐라에서 교수형을 당했다. 1946년 9월 26일의 일이었고 그의 나이는 56세였다. 만일 그가 살아 있었더라면 우리나라 국군을 창설하는 데 큰 도움이 되었을 것은 다시 말할 것도 없다.

영친왕과 홍사익 중장과의 관계에 대해 이기동 씨는 『비극의 장군 홍사익』이라는 책에서 다음과 같이 기술하고 있다.

홍사익은 도쿄에서의 중대장 시절부터 당시 이왕으로 불리던 영친왕 이은 씨와 사귀기 시작했다. 영친왕은 그보다 7세 아래였으나 육사에서는 3년 후배였고, 육대는 오히려 3년 선배였다. 영친왕은 1923년 11월 육대를 졸업하고 난 후 도쿄에 있는 근위사단의 근위보병연대에서 중대장으로 있었다.
망국의 왕자로서 남달리 조국애에 불타 있던 그가 같은 도쿄 시내에서 중대장을 하고 있는 동포 홍 대위에 대하여 관심을 갖게 된 것은 당연한 일이었을 것이다. 홍 대위가 육군대학에 입학하게 되자 그는 더욱 관심을 가지고 사귀게 되었다. 영친왕은 그를 남달리 유능한 군인으로 보았고, 조국에 대한 애국심도 투철한 것을 알았던 것이다.
당시 영친왕은 내면적으로 고독한 때였다. 오랫동안 그를 돌보아주던 조동윤이 1923년에 죽었던 것이다. 조동윤은 구한말의 젊은 장군

시절부터 동궁무관장의 자격으로 영친왕을 보좌해왔었다. 그 공로로 한일합병이 될 때에 남작을 받기도 했지만, 그는 20여 년을 성실하게 영친왕을 위해서 일해왔던 것이다.

홍사익으로서는 이 망국의 고독한 왕자에게서 자신의 처지와 비슷한 것을 느꼈을 것이다. 자신도 망국의 유복자가 아니었던가. 그들은 곧 지기처럼 사귀게 되었다. 영친왕은 당시 황족에 준하는 대우를 받고 있었기 때문에 진급도 빨랐고, 참모본부 근무와 같은 최고의 보직을 받고 있었다. 그는 1927년 홍사익보다도 먼저 소좌로 진급했고, 자기의 상급자인 두 사람의 대좌를 수행원으로 동반하고 구라파를 여행한 후 다음해 봄에 돌아왔다. 홍사익은 1930년 8월에 소좌로 진급했으나, 식민지 출신이라는 핸디캡은 이때부터 따라다니기 시작하여 좋은 보직을 받을 수 없었다.

어느 정도의 배경을 가진 육대 출신의 장교라면 육군성의 군무국이나 참모본부의 제1부(일본에서는 작전참모부를 가리킨다)에서 근무할 수 있었을 것이나, 이것은 그로서 바랄 수 없는 것이라고 하더라도 그에게는 적어도 대대장의 자리는 주어져야 했을 것이다. 그러나 그에게는 이 자리도 주어지지 않았고, 연대부라는 한직으로 이리저리 옮겨졌다. 영친왕 자신은 대대장으로, 사단장과도 개인적으로는 술을 마실 수가 있는 형편이었으나, 그를 후원하기에는 아직 계급과 관록이 모자랐다. 이러는 동안 1933년 봄에 홍사익은 뜻밖에 만주로 전출되었다. 일본의 대륙침략 음모가 태동되었던 이 시기에 그에게 내려진 전출 명령은 장춘(長春-나중의 신경)에 자리 잡고 있는 관동군사령부라는 것이었다. 1931년 가을에 만주사변을 일으킨 관동군이 만주국을 만든 지 1주년이 되던 해였다!

홍사익 중장이 야마시타 대장 등 일본의 전범들과 함께 마닐라 군사법정에서 사형선고를 받은 것은 1946년 1월이었는데, 교수형이 집행된 것은 8개월 후였다. 그의 구명을 요청하는 진정서를 검토하느라고 시일이 걸린 모양이었다. 사형이 집행되던 날, 홍사익 중장은 '진인사 대천명(盡人事 待天命)'이라는 여섯 글자를 써놓고는 조용히 교수대로 올라갔다고 한다. 영친왕은 홍 중장의 죽음을 마치 골육이 사형을 당한 듯 몹시 슬퍼했다. 그러나 1967년 9월 26일, 과거 일본 육군의 장성들이 도쿄에 모여서 '홍사익 장군 추도회'를 개최했을 때, 불치의 병을 지닌 채 고국에 돌아와 있던 영친왕은 명동 성모병원에서 아무 것도 모른 채 누워만 있었다.

헐버트 박사의 귀국

해방 후 영친왕을 만나 헤이그에 갔던 일에 대해 대화를 나누던 중 영친왕이 내게 물었다.

"그러면 헤이그 밀사의 고문으로 따라갔던 헐버트 박사는 그 후 어떻게 되었는가?"

이준 열사는 헤이그에서 분사했고 이상설 씨는 블라디보스토크로, 이위종 씨는 모스크바로 각각 떠나갔지만 헐버트 박사에 대해서는 아무 소식이 없었다.

구한말 을사늑약을 즈음하여 조선을 위해 반일운동에 진력한 두 사람의 외국인이 있었다. 한 사람은 영국인 베델이요, 또 한 사람은 미국인 헐버트였다. 베델 씨는 《대한매일신보》를, 헐버트 박사는 《코리언 리뷰》를 각기 발행하여 일제의 조선 침략을 통렬히 비난하고 공박했다. 그중에도 헐버트 박사는 조선 청년들에게 영어를 가르치는 한편, 고종황제의 외교고문이 되었다. 을사늑약을 분쇄하기 위해 헤이그로 밀사를 파견할 때에는 고종황제의 친서를 가지고 밀사들보다 한 걸음 먼저 미국으로 가서 루스벨트 대통령을 만났다. 헤이그에 도착한 밀사들이 발언할 기회조차 얻지 못하게 되자, 회의장 밖에서 신문사를 방문하거나 연설회를 열어 조선의 억울한 사정과 일본의 배신을 맹렬히 비난했다. 헤이그 밀사사건은 애초에 고종황제가 기대한 바와 같은 큰 성과는 없었으나, 일제의 잔등에 냉수를 끼얹고 조선의 독립정신을 전 세계에 표시하는 데는 적지 않은 효과가 있었다. 일이 그만큼이나 된 것도 국내에서는 베델 씨가, 국외에서는 헐버트 박사가 헌신적으로 노력해준 덕분이라고 할 것이다.

이토 통감 밑에서 외무부장의 일을 맡아보던 고마쓰라는 자가 해방 전에 저술한 『일한합방비사』를 보면 다음과 같은 구절이 있다.

이토 통감이 한성에 주재하고 있던 중에 소위 헤이그 밀사사건이라는 중대사건이 돌발했는데, 그것은 고종황제와 미국인 고문 하루바토(헐버트)의 합작으로 이상설, 이준, 이위종 세 사람이 가담한 음모사건이었다. 이 때문에 고종황제는 필경 양위를 하게 되고 일한합방은 급전직하로 실현되었다. 하루바토는 교활무쌍한 자여서 합병이 되자 즉시 퇴거명령을 내렸다.

이것만 보아도, 당시 일본의 위정자들이 얼마나 헐버트 박사를 미워하고 또 위험시했던가를 잘 알 수 있다. 조선을 떠날 때 그는 헤이그 밀사사건의 진상을 묻는 고마쓰 외무부장에게 말했다.

"내가 헤이그 사건에 관계하고 고종황제의 친서를 미국 대통령에게 전달한 것은 사실이다. 그런데 내가 이 일을 하게 된 데에는 공명정대한 이유가 있다. 즉, 조미통상조약 제 1조에 만약 어느 일방의 정부가 제삼국으로부터 압박을 받을 경우에는 다른 일방의 정부는 이를 원조하여 그 우정을 표하여야 한다고 되어 있으므로, 나는 다만 이 조약상의 규정을 충실히 이행한 중개자일 뿐이다."

그는 "조선은 결국 독립을 회복하고야 말 것"이라는 한 마디 말을 남기고 가기 싫은 길을 억지로 떠나고 말았다. 미국에 돌아간 헐버트 박사는 8·15해방이 될 때까지 꾸준히 조선의 해방을 위해서 음으로 양으로 많은 공헌을 했다. 그는 일대의 명저『The Passing of Korea(대한제국 멸망사)』의 첫머리에 이렇게 쓰면서 고종황제와 조선 민족에 대한 변함없는 충정을 표시했다.

이 책을 조선의 황제폐하와 조선 민족에게 바친다. 온갖 귀신들이 횡행하고 정의가 소멸된 이 시대에 최대의 존경과 변하지 않는 충성의 표시로서 이 책을 삼가 조선의 황제폐하께 바친다. 뜨거운 불과 같은 시련을 통해, 잠이 죽음의 상징이기는 하지만 죽음 자체는 아니라는 것이 증명되는 것처럼, 낡은 조선이 새로운 조선에게 자리를 내주고 사라지는 것을 몸소 체험하고 있는 조선 민족에게 삼가 이 책을 바친다.

8·15해방이 되어 독립만세의 우렁찬 소리가 삼천리 방방곡곡에 소용돌이칠 때 무엇보다도 먼저 나의 머리에 떠오른 것은 해외에 있는 망명지도자들의 모습이었다. 미국의 이승만 박사와 중국의 김구 선생은 말할 것도 없거니와, 그 다음으로는 잊으려야 잊을 수가 없는 헐버트 박사의 존재였다.

헤이그 밀사사건 당시 그의 나이가 40여세였으니 그가 아직도 생존해 있다면 80세가 훨씬 넘은 노인일 터여서, 그때까지 살아 있을지는 의문이었다. 해방되던 해 9월에 미군이 진주해오고 남한에 미군정이 실시된 관계로 나는 자연스럽게 공적으로 사적으로 미군들과 접촉할 기회를 많이 갖게 되었다. 그럴 때마다 나는 헐버트 박사의 소식을 물어보곤 했다. 그러나 젊은 세대인 그들은 이 나라의 젊은이들과 마찬가지로 역시 옛날 일에 대해서는 아주 깜깜이었다. "헐버트 박사? 나는 모르오." 그들의 대답은 천편일률로 똑같은 것이었다. 그러나 그것이 조금도 이상할 것은 없었다. 헐버트 박사가 평생에 뭐라도 한 일이 있다고 하면 그것은 대부분 조선과 조선인을 위해서 한 일이고, 정작 자기 나라인 미국을 위해서는 이렇다고 내세울 만한 큰 업적이 없었기 때문에 현세대의 미국인들이 링컨이나 루스벨트는 잘 알아도, 호머 B. 헐버트 박사를 잘 모르는 것은 오히려 당연한 일이라고 할 것이다. 그래서 그의 생사조차도 모르고 있던 중에 천우신조라 할까, 뜻밖에도 그의 소식을 접하게 되었다.

당시 합동통신 사장으로 있던 김동성 선생이 해방 후 처음으로 미국을 시찰하고 와서, 헐버트 박사는 아직도 건재하며 그의 아들이 뉴욕의 제너럴모터스 회사에 근무하고 있다는 사실을 알려주었다. 나는 즉시 헐버트 박사에게 감사의 편지를 써서 그 아들에게 전달해줄 것을 부탁했다. 그랬더니 채 한 달도 못 되어 미국 스프링필드에 은거 중인 노박사로부터 친히 회답이 왔다.

"한국의 해방은 나의 조국이 해방된 것이나 마찬가지로 기쁩니다. 나는 40여 년 전부터 한국이 재생할 것을 확신했으며, 오늘에 와서 한국이 해방된 것은 정의와 인도주의의 승리인 것입니다. 따라서 이 사람이 무엇을 했다고 해서 특별히 치하 받을 일은 없다고 생각합니다."

나는 생각했다. 우리나라의 은인이라고 해서 그가 죽은 뒤에 동상을 만들어 세우고 열 번 백 번 추도회를 열어주는 것보다도 그의 생전에 민족의 이름으로 감사장이라도 한 장 주는 것이 옳지 않을까? 해방 직후에는 군정기라고 해서, 대한민국이 수립된 후에는 남북이 통일되지 못했다고 해서 당연히 할 일을 하지 않고 있다가 이미 87세인 그가 만일 세상을 떠나고 만다면 천추의 한이 될 것이 아닌가? 그리하여 나는 몇몇 동지들과 함께 '헐버트 박사 기념회'를 결성하고 이 대통령의 이름으로 초청장을 보냈다. 그에게서 다음과 같은 회신이 왔다.

이 대통령을 위시해서 한국의 뜻있는 분들이 본인을 불러주시니 오직 감격할 뿐이며, 아무것도 한 일이 없는데 오히려 부끄럽습니다. 소위 헤이그 밀사사건 당시에 고종황제께서 막대한 내탕금을 해외의 독립운동 자금으로 본인에게 위탁하신 것이 있어서 상해 노중은행(露中銀行)에 예금을 한 바 있습니다. 그 후 한일합병에 성공한 일제가 그것을 알고 전부 몰수하고 말았습니다. 이로 말미암아 고종황제의 거룩한 뜻도 수포로 돌아가고 한국은 필경 36년 동안이나 일제의 발밑에 유린되고 만 것인데, 이 사실은 고종황제와 본인만이 아는 비밀로서 내가 세상을 떠나기 전에 기어이 이 일을 결말지어야 하겠습니다. 그 당시 은행에 맡긴 증서와 모든 관계 서류는 지금까지 내가 잘 보관하고 있으므로, 이번에 한국으로 가면 즉시 일본 정부와 담판해서 그 돈을 배상으로 받아내야 되겠습니다. 그리고 고종황제가 그토록 사랑하시던 영친왕을 만나 뵙는 것도 하나의 크나큰 기쁨입니다. 이것이 내가 독립된 한국을 방문하겠다는 또 한 가지 이유이기도 합니다.

이윽고 워싱턴 발 AP통신 보도는 헐버트 박사가 이 대통령의 초청으로 한국의 서울로 떠났다는 것과, 출발을 앞두고 헐버트 박사가 "나는 웨스트민스터 사원보다 한국 땅에 묻히기를 원한다"고 말했으며 일단 한국으로 가면 여생을 한국에서 보낼 예정이라는 소식도 전했다.

1949년 7월 29일, 이날은 헐버트 박사가 선편으로 한국에 오는 날이었다. 인천으로 달려가보니 헐버트 박사가 탄 프레지던트 헤스 호는 멀리 외항에 정박해 있는 것이 보이건만, 웬일인지 선객을 운반하는 조그마한 배가 도무지 나타나지 않아서 몹시 안타까웠다. 그날 인천 부두에는 미국으로 유학 갔던 국군장교가 여러 사람 귀국할 뿐더러 미군 군사고문단장의 부인이 온다고 해서 군악대가 마중 나가 있었고, 수십 명의 미국인 남녀들이 자기 가족을 마중 나온 듯 제각기 자동차를 몰고 와서 기다리고 있었다.

거의 저녁때가 되어서 선객을 가득 태운 조그마한 배가 부두에 와 닿았다. 군악대의 행진곡이 울려 퍼지는 가운데 군사고문단장의 부인이 먼저 상륙하고 국군 장교와 미국인 남녀 선객들이 모조리 내렸는데 헐버트 박사만은 도무지 보이지 않았다. 박사를 마중 나간 사람들은 기다리다 못해 성큼 배 위로 뛰어올랐다. 갑판을 지나 선실로 들어서니 그곳에는 과연 백발이 성성한 키 작은 노인 한 분이 물끄러미 창밖을 내다보고 있지 않은가. 묻지 않아도 그이가 곧 헐버트 박사임을 알 수 있었다. 다른 사람들은 다 상륙했건만, 마치 버림받은 짐짝과도 같이 유독 혼자만 외로이 남아 있는 노신사를 보니 그 모양이 몹시 처량했다. 그 머나먼 길에 어쩌면 수행하는 사람 하나 없이 90세 노인을 혼자 오게 했단 말인가? 마중 나갔던 사람들은 노신사를 껴안다시피 해서 부두로 올라왔다. 그곳에는 수많은 사람들이 있었으나 한국의 근대사를 잘 모르는 그 사람들의 눈에는 다만 한 사람의 평범한 노인으로만 보였을 뿐, 누구하나 헐버트 박사를 알아보는 사람이 없었다. 국빈의 상륙에 어울리지 않는 너무나 적막한 환영이었다.

바로 그때 미군 고문단장 부인을 환영하는 의장대의 군악 연주가 끝났다. 나는 의장대를 지휘하던 원용덕 중령에게 사정 이야기를 하고 덤으로 다시 한 번 연주해줄 것을 부탁했다. 그는 군인답게 선뜻 쾌락하면서 "국빈을 위해서 또 한 번 받들어 총!" 하고 호령했다. 수 십 자루의 총이 수풀처럼 일제히 높이 들렸다. 군악 소리도 요란히 울렸다. 좌우로 박사를 부축해 안은 우리는 형언할 수 없는 감회를 품고 지휘관의 선도를 따라 의장대를 사열했다. 헐버트 박사의 노안에도 눈물이 어렸다. 그는 아마 자기를 위해서 의장대까지 나온 줄로 알았으리라.

경인가도를 달리는 자동차 한 대. 그 안에는 기나긴 여행에 시달릴 대로 시달린 헐버트 박사가 피로한 몸을 내던지듯 반쯤 누워서 주마등과 같이 지나가는 창밖의 풍경을 주의 깊게 내다보고 있었다. 박사의 표정은 마치 어느 한국인이 소년시대에 해외로 나갔다가 노인이 되어 다시 조국을 찾아온 것같이 자못 감개가 무량한 듯했다.

"제물포(그는 인천을 꼭 제물포라고 했다)도 많이 변했군!"

이렇게 말하는 노박사는 무엇인가 깊은 생각에 잠겼다가 까마득한 옛날의 기억이 문득 다시 머리에 떠오르는 듯했다. 그리고 그는 약간 더듬기는 하면서도 명료한 한국말로 "고슴도치도 제 자식 귀여워 할 줄 안다. 자라 보고 놀란 가슴, 솥뚜껑 보고 놀란다. 이런 말도 있지요?" 하고는 깔깔대고 웃는 것이었다. 사람이 늙으면 다시 어린애가 된다는 말처럼 그 웃음은 천진난만 그것이었다. 자동차가 서울역 부근을 지날 때 정면에 남대문이 나타나자 "오, 저기 숭례문이 보인다!"라고 미칠 듯이 소리치며, 그 옆으로 멀리 보이는 인왕산과 북악산을 눈물어린 눈으로 바라보면서 삼라만상이 다 변했어도 오직 숭례문과 인왕산과 북악산만은 여전하다고 했다.

헐버트 박사는 이 대통령을 위시하여 이화대학의 미스 아펜젤러와 연희대학의 언더우드 씨, YMCA의 피치 박사를 어서 만나보고 싶다고 몇 번이나 되풀이해 말했다. 나는 '근대 한국의 산 역사가 여기 있구나!' 하는 생각과 함께 노박사를 부측해서 미리 예약해놓은 빅토리 호텔로 들어갔다. 호텔에 도착한 박사는 오랜 긴장이 일시에 풀렸음인지 피로가 심해서 저녁밥도 들지 않고 자리에 누웠다.

하룻밤을 지낸 30일 아침에도 박사의 원기는 조금도 회복되지 않고 도리어 담이 끓기 시작했다. 아무래도 용태가 수상하고 잘못했다가는 노인의 몸에 무슨 일이 생길지도 모르므로, 우리는 잠시 정양할 것을 강권하여 간신히 박사를 청량리에 있는 위생 병원에 입원시켰다. 그러나 헐버트 박사는 조금이라도 나아지기는커녕 오히려 나날이 원기가 쇠약해졌다. 병원장 루 박사의 말에 따르면 원체 고령이므로 회복하기는 매우 어렵다고 했다.

  8월 5일 1시쯤, 그날도 헐버트 박사를 문병하려던 중에 전화가 왔다. "여기는 위생병원"이라는 말에 내 가슴은 벌써 섬뜩했다. 아니나 다를까, 헐버트 박사가 그날 정오에 결국 세상을 떠나고 말았다는 것이다. 즉시 병원으로 달려가 보니, 하얀 병상 위에는 박사의 유해가 가로놓여 있고 그의 인자한 두 눈은 허공을 노려보고 있었다. 박사는 간호부가 주사를 놓는 도중에 갑자기 운명했다고 하며, 임종할 때 병실에 있던 사람이라고는 그 간호부와 보호 순경 단 두 사람뿐이었다고 했다. 만리타향에서 외롭고 쓸쓸하게 세상을 떠난 것이 몹시도 가엾게 생각되었다. 마치 일부러 한국 땅에 묻히기 위해서 온 것이나 다름없는 것이었다. 그렇지 않고서야 오자마자 1주일도 못 되어서 세상을 떠날 수가 있단 말인가?

  헐버트 박사의 장의는 이 대통령의 특별지시로 국고에서 4백만 환을 지출하여 사회장으로 거행하고 그의 소원대로 양화진 외국인묘지에 안장했다. 한 가지 공교로운 일은 그때로부터 52년 전인 1897년에 박사의 장남 샐던 군이 불행히 생후 13개월 만에 요절하여 양화진에 매장된 일이 있었는데, 약 반세기 후인 지금에 와서 박사의 유해가 바로 죽은 아들의 무덤 옆에 묻히게 되었다는 사실이다. 이 얼마나 신비로운 운명의 소치인가?

이처럼 헐버트 박사는 40여년 만에 다시 한국을 찾아 왔으나, 너무나 빨리 세상을 떠난 때문에 묻고 싶은 일과 듣고 싶은 이야기도 전혀 나눠볼 기회를 얻지 못했다. 박사가 단 한 달이라도 더 생존해 있었더라면 고종황제의 고심과 헤이그 밀사사건의 진상 같은 것도 좀 더 자세히 알게 되었을 것을. 참으로 애석한 일이다.

그중에서도 박사 자신이 얘기했던 고종황제의 독립운동 자금은 어찌될 것인가? 박사가 세상을 떠났어도 과연 일본 정부에 배상으로 받아낼 수 있을 것인가? 박사가 가지고 온 세 개의 가방 속에는 반드시 그에 관한 증빙서류가 들어 있으련만, 서울에 있는 미국대사관에서는 즉시 서기관을 병원으로 보내서 자기 나라 시민의 재산을 보호한다며 가방에 봉인을 하고 대사관으로 가져갔으므로 그 문제는 영원한 수수께끼가 되고 말았다. 양화진에 있는 헐버트 박사의 무덤 앞에는 그가 생전에 말한 대로 "나는 웨스트민스터 사원보다도 한국 땅에 묻히기를 원하노라(I would rather be buried in Korea than in Westminster Abbey)"라고 쓰인 묘비가 서 있다.

헐버트 박사가 별세한 지 꼭 15년만인 1963년 9월 30일, 헤이그에 있는 '뉴 에크 뒤넨 묘지'에서 55년 만에 이준 열사의 유해가 발굴되어 그리운 조국으로 봉환되었다. 이로써 때의 선후는 있을망정 한국 근대사에 크나큰 영향을 준 헤이그 밀사사건의 관련자 두 분은 함께 한국 땅에 묻히게 된 셈이다. 지하의 고종황제도 그 점만은 매우 만족하게 여기실 것이다.

영친왕은 이준 열사의 무덤이 해방 후에도 여전히 헤이그에 있는 것을 항상 마음 아프게 생각하여 왜 우리 정부에서는 이준 열사의 무덤을 속히 이장하지 않느냐고 내게 물어본 적이 있다. 6·25전쟁이 일어나던 다음해의 일인데, 그 후 십여 년 만에 정작 이준 열사의 유해가 본국으로 개선할 때에는 영친왕은 불치의 병으로 의식을 잃은 채 입원 중이어서 그러한 사실조차 모르고 있었으니 유감스러운 일이라고 하지 않을 수 없다.

영친왕이 유럽을 여행할 무렵에는 장차 해방이 되어 이준 열사의 유해를 본국으로 모셔간다는 것은 상상도 할 수 없는 일이었다. 다만 영친왕은 이준 열사의 무덤이 헤이그에 있다는 사실만은 잘 알고 있었으나 시노다 차관이나 시종무관들의 눈 때문에 감히 그 무덤을 찾겠다는 말은 입 밖에 꺼내지도 못했던 것이다. 그러나 헐버트 박사가 추방된 지 40여년 만에 다시 한국을 찾아와서 외국 사람이면서도 그 뼈를 한국에 묻게 된 데 대해서는 깊은 감명을 받은 듯, "나는 웨스트민스터 사원보다도 한국 땅에 묻히기를 원하노라"는 박사의 말은 참으로 명문구라는 것을 되풀이해 말하는 것이었다. 따라서 영친왕이 이후에 귀국할 결심을 확고하게 하고 그리운 조국에 그 뼈를 묻게 된 데에는 헐버트 박사의 최후가 크나큰 영향을 주었다고 할 수 있겠다.

양화대교 북단 양화진 외국인묘지에 있는 헐버트 박사의 무덤.
박사의 묘비에는 다음과 같은 묘비명이 새겨져 있다.
"나는 웨스트민스터 사원보다도 한국 땅에 묻히기를 원하노라."

6·25전쟁

1950년 6월 26일 아침, 도쿄의 각 신문에는 '북선(北鮮), 한국에 선전포고'라는 제목으로 한국전쟁의 발발을 알리는 기사가 크게 보도되었다. 《아사히신문》은 1면 톱기사로 다음과 같이 전했다.

-경성에 위기절박

-38도선 총공격

-침입군 임진강 돌파

〔경성특전 25일발=로이터 특약〕 25일 오전 4시경 남북한 경계선인 38도선에 인접한 춘천, 옹진, 개성 부근과 동부 해안지구 등에서 북선군과 한국군 사이에 전투가 개시되었다. 이에 관해서 한국 정부는 이날 북선과 전면적 내전이 발생했다고 공표했는데, 이날 아침의 북선 측 평양방송은 한국 측에 대해서 정식으로 선전포고를 했다고 전한다.

〔경성 25일발 지급전=共同〕 각지의 보도를 종합하면 25일 밤에 이르러 북선군은 제 1일의 공격을 거의 완료하고 그 선두부대는 이미 경성 40km 이내의 지점까지 진출한 모양이다. 한국 육군의 정보에 의하면 북선의 전차 10대는 경성 동북 약 40km 지점인 포천에 진출했고, 오후 7시 30분 현재 같은 곳 경찰서, 창고, 기타의 건축물 등이

불타고 있는 중이라고 전한다.

〔로이터 특약〕도쿄의 한국대표부에 들어온 전화정보에 의하면 북선군은 경성의 최후방위선인 임진강 대안에 거점을 확보하고 1천 명이 이 강을 도하, 격렬한 전투가 계속 중이라고 한다. 한국 측에서는 북선이 90대의 전차를 투입한 것으로 관측하고 그중 30대를 파괴했다.

이와 같은 기사는 아사히뿐만 아니라 마이니치와 요미우리 등 여러 신문에도 일제히 보도되었으며, 라디오에서는 1시간 간격으로 계속해서 특별 뉴스를 통해 사태의 진전을 알렸다. 영친왕은 그날 새벽에 라디오로 제 1보를 들었다. 다음날 아침에 신문을 보고는 한국에서 전면전쟁이 일어난 것을 상세히 알게 되었다. "결국 올 것이 왔구나!" 하는 생각과 함께 무엇보다도 창덕궁 낙선재에 계신 대비마마가 몹시 염려되었다. 만일 서울이 함락된다면 창덕궁도 무사하지는 못할 것이고, 창덕궁에 공산군이 들어온다면 대비마마는 어떻게 될 것인가? 그런 일을 생각하면 정신이 아찔하여 앞이 캄캄했다. 영친왕은 해방 후 조국의 어지러운 정국을 지켜보며 들었던 불길한 예감이 너무나 빨리 들어맞은 것이 한편으로는 놀랍기도 하고, 또 한편으로는 슬프기도 했다. 당시의 사정을 방자 여사는 이렇게 기록했다.

아들 구가 미국으로 건너가기 40일쯤 전에 저 비극적인 한국전쟁이 발생했습니다. 바깥어른의(그리고 나의) 조국을 엄습해온 이 폭풍은 제2차 세계대전이 끝나 평화의 고마움이 차츰 몸에 배기 시작할 즈음인 만큼 실로 통탄함을 마지못했습니다. 더군다나 사흘 후에는 수도 서울이 함락되었다는 소식을 접하여 그곳에 계신 구황실 여러 분들의 안부가 몹시 근심되어 바깥어른도 매우 마음 아파했습니다. 서울에는 윤대비마마를 비롯하여 의친왕전하, 히로시마에서 원자폭탄으로 순직한 이우 공의 부인 박찬주 여사와 그의 두 아들 형제가 있었습니다. 이분들은 한국의 독립으로 왕공족의 대우를 상실하여 대비마마까지도 민간인의 집을 빌려 살고 계셨습니다. 왕궁들이 정부에 접수되어 일반의 관람에 제공되고 있다는 소식을 종전 후 일본에 왔던 대비마마의 오라버니 윤홍섭 위원장으로부터 듣고 가슴 아프게 생각하던 참에 이번에는 또 서울이 함락되었다는 소식입니다.

조선의 왕실에는 예부터 왕은 십리 밖을 나가지 않는다는 관례가 있어, 왕과 왕비가 왕궁 밖을 나간다는 일은 극히 드문 일이었습니다. 근년에 와서는 시대의 변화로 다소 사정이 달라졌다 하더라도 여자만은 여전히 성묘조차 마음대로 할 수 없는 처지여서, 당시 대비마마의 얼굴을 본 사람은 아마 서울 시민 중에서도 몇 사람 안 되는 줄 압니다. 그런 분께서 전화에 휩싸인 서울을 벗어나 피난민 틈에 끼어서 남쪽으로 가셨으니, 그 모습을 상상만 해도 마음 아픈 일이었습니다. 당시 서울에 침입한 공산군이 창덕궁에 들어가서 약탈하고 윤대비마마를 몰아내자, 운현궁의 홍친왕비는 그것이 될 말이냐며 운현궁의 자기 방까지 내어놓았습니다. 1·4후퇴 때에는 미군부대의 원조를 얻어 대비마마를 무사히 구포로 피난을 하시게 했습니다. 나중에 그 소식을 듣고 바깥어른과 나는 비로소 마음을 놓았던 것입니다. 홍친왕비는 고종황제의 형수로 바깥어른에게는 큰 어머님이 되는 분인데, 자기 한 몸도 가누기가 어려운 그때에 고령의 노부인이 앞장서서 대비마마를 잘 보호해드렸다는 것은 좀처럼 하기 어려운 일로서,

바깥어른도 항상 그 점을 고맙게 생각하셨습니다.

그때 본국에서는 전쟁이 더욱 확대되어 정부가 임시수도 부산으로 내려가게 되고 전재민은 날이 갈수록 늘어만 갔다. 당시의 주일공사는 김용주 씨였다. 김 공사는 연합군 최고사령부와 일본 정부에 교섭하여 구호물자를 수집하는 한편, 재일교포 청년으로 의용군을 모집할 계획을 세운 뒤 영친왕에게도 협력을 요청했다. 영친왕은 "우리 국민을 위해서라면 무엇이든지 해야지요"라고 흔쾌히 말하여 김 공사를 탄복하게 했다.

당시 국군은 북한군의 기습공격으로 병력이 많이 소모되었고 유엔군도 아직 전부 도착하지 않아 단 한 사람의 병력이라도 더 필요한 때였으므로, 재일교포 청년 중에서 의용군을 모집한다는 계획은 한국 정부는 물론이고 유엔군사령부에서도 대찬성이었다. 김용주 공사가 민단을 독려하고 교포 사회에 널리 선전한 결과 약 8백 명의 교포 청년이 의용군에 지원했다.

그들은 조국의 환난을 구하고자 용감하게 최전선으로 달려갔는데 그 결과는 참담한 것이었다. 휴전 후에 밝혀진 바에 의하면 지원병 중 전사자는 59명이고 행방불명자는 48명이었다. 귀환자는 337명이었는데, 일본 정부가 재입국을 허가하지 않아 본국에 그대로 남아 있는 사람이 216명이나 되었다. 그들이 지원병으로 일본을 출국할 때 절차를 밟지 않고 임의출국을 했기 때문이다. 문제는 그뿐만이 아니었다. 지원병들을 한시라도 빨리 전선으로 데려가는 데만 급급해서 그들의 처우 문제에 대해서는 깊이 생각하지 않았던 것이다. 따라서 그들 재일교포 지원병들은 국군이나 유엔군과 어깨를 나란히 하여 싸웠음에도 불구하고 군인으로서 동등한 대우를 받지 못했다. 불행히 전사를 했거나 행방불명이 된 사람에 대해서도 아무런 보상이 없었다. 다행히 생명은 건졌으나 일본 정부의 거부로 가족이 있는 일본에 재입국을 하지 못하고 본국에서 오도 가도 못하게 된 사람들의 형편은 더욱 딱했다. 그래서 도쿄에 있는 주일대표부에는 그들 지원병의 가족들로 한동안 몹시 붐볐다. 김용주 씨는 공사를 사임할 때까지 전사자의 보상 문제와 미귀환자의 재입국 문제로 비지땀을 흘려야 했다.

당시 한국에서는 유엔군의 인천상륙으로 9월 28일 서울을 수복했다가 중공군의 개입으로 다시 부산으로 피난을 하게 되었다. 부산과 대구 등지에 모여 있던 수백만 피난민은 물론이고 바다 건너에서 멀리 본국을 바라보는 재일교포들의 심정도 여간 암담한 것이 아니었다. 일부 유력한 재일교포들은 부산이 함락되는 경우 제주도나 일본으로 한 사람이라도 더 많이 피난을 시키려고 은밀한 계획을 세웠다. 그렇게 하자면 무엇보다 먼저 배를 확보해놓아야 했으므로 여러 군데 선박회사를 찾아다니며 배를 예약하는 교섭을 했다.

하루는 그런 일을 추진하는 사람들이 영친왕을 방문하고 협력을 요청했다. 영친왕은 직업 군인답게 다음과 같이 말했다.

"지금 중부전선에서는 워커 장군의 후임으로 온 벤플리트 중장이 치열한 반격작전을 하는 모양이니, 모르면 몰라도 아마 바다 속으로는 들어가지 않게 될 것이오. 그리고 한두 사람도 아니고 그 많은 사람들을 배로 피난시킨다는 것은 말이 쉽지 여간 어려운 일이 아닐 뿐더러, 일본이 아무리 연합군의 점령 하에 있다고 하더라도 피난민을 일본으로 데려온다는 것은 매우 어려운 일입니다. 그러니 지금 너무 성급하게 서두를 것이 아니라 좀 더 전쟁의 추이를 관망한 뒤에 결정하는 것이 좋을 줄로 아오."

과연 영친왕의 말처럼, 한때는 제주도로 천도한다는 말이 나올 정도로 악화되었던 전황은 벤플리트 장군의 반격작전이 주효하여 겨우 위기를 모면하게 되었다. 그에 따라 일부 재일교포들이 추진한 피난 선박 교섭도 자연 중단되었다.

밀항 학생들을 구하다

영친왕은 민족의 백년대계를 위해서는 목전의 피난보다 더 급한 문제가 있다고 했다. 전화(戰火)를 피해 공부를 하려고 일본에 밀항해 왔다가 체포된 수많은 한국 학생들을 석방시켜 하루바삐 학교에 입학시키는 일이 바로 그것이었다.

과거 헤이그 밀사사건 당시에는 그래도 이상설, 이준, 이위종 씨와 같은 인물들이 있었다. 그러나 파리강화회의 때에는 밀사를 보내는 데 필요한 비용도 문제였지만, 그보다 더 큰 문제는 밀사로 보낼 만한 인물이 없다는 것이었다. 그래서 고종은 시종 김황진을 볼 때마다 "얘, 누구 사람이 없느냐?"고 물었고, 지금부터라도 인재양성을 할 필요가 있으니 장래가 유망한 청년이 있거든 해외에 유학이라도 시키라고 항상 입버릇처럼 말했다고 한다. 그 아버님의 피가 흘러서 그랬던지 영친왕도 2세교육과 인재양성에 대해서는 특별한 관심이 있었다. 태평양전쟁이 일어나기 전에 이미 장학회를 만들어 영재교육에 힘쓴 것은 앞에서 기술한 바와 같다.

6·25전쟁 당시 정부가 부산에 있을 때, 일본에는 한국으로부터 밀항한 사람이 상당히 많았다. 그중에는 전란을 피해 일본으로 가서 한몫 잡아보겠다는 장사꾼들도 많았지만, 일본에 있는

학교에 진학하여 학업을 계속해보겠다는 학생들이 더 많았다. 그래서 3톤이나 5톤짜리 조그만 배를 타고 현해탄을 건너다 비명횡사한 학생들도 적지 않았다. 구사일생으로 일본에 상륙은 했으나 말도 모르고 길도 몰라서 곧 일본 경찰에 체포되는 이들도 많았다. 당시 일본의 오무라 수용소에는 밀항으로 일본에 잠입했다가 수용된 남녀 한국인이 1천여 명에 달했고, 그중에는 공부하러 온 학생이 500~600명이나 되었다.

영친왕은 만일 부산마저 함락될 경우에 요인들과 군대를 피난시키는 일도 중요하지만, 그것은 원체 거창한 일이므로 장래의 운명에 맡길 수밖에 없다고 판단했다. 그보다는 당장 일본에 밀항해 왔다가 체포, 구금된 학생을 석방시켜 학교에 가게 하는 것이 급선무라고 생각했던 영친왕은 당시 일본 최초의 출입국관리청 장관이던 스즈키 씨에게 그 점을 역설하며 선처를 요청했다.

스즈키 씨는 일본의 패전 당시 연합국에 무조건 항복을 함으로써 일본의 멸망을 면하게 한 스즈키 수상의 아들로서, 인격과 식견이 높은 양심적 인물이었다. 농림성 관리였던 그는 자기 부친이 총리대신이 된 이후 결사항전을 부르짖는 청년 장교들로부터 언제 암살을 당할지 모르게 되자, 혼연히 산림국장이라는 중요한 관직을 버리고 몸소 노부(老父)의 보디가드가 되었다. 해방 후에는 한때 일왕의 시종 차장이 된 적이 있었던 만큼 영친왕에 대해서도 항상 깊은 이해와 존경심을 가지고 있는 사람이었다.

영친왕의 높은 뜻이 주효했던지 어느 날 스즈키 장관은 출입국관리청에서 긴급 간부회의를 열고 다음과 같은 훈시를 했다.

"여러분도 알다시피 지금 한국에서는 전쟁으로 제대로 공부를 할 수가 없기 때문에 일본으로 밀항을 해 와서 현재 오무라 수용소에 수용된 학생만도 600여 명이나 됩니다. 밀항을 했다는 사실 그 자체는 나쁘지만, 젊은이들이 학교에 다니겠다는 그 열의만은 이해해주어야 될 줄 압니다. 따라서 나는 무슨 편법이라도 강구해서 그들 학생이 최소한 일본에서 대학을 졸업할 때까지만이라도 일본에 체류할 수 있도록 가석방을 해주려고 하는데 여러분은 어떻게 생각하오?"

결국 스즈키 장관은 재일교포인 김판암, 권일 두 변호사를 보증인으로 삼아 밀항 학생들을 전부 석방하고 잠정적이나마 일본에서 공부를 하도록 했던 것이다. 스즈키 장관으로부터 이 같은 보고를 받고 평생 처음이라고 할 만큼 얼굴이 활짝 피어서 자기 일처럼 기뻐하던 영친왕의 인자한 표정을 나는 지금까지도 잊을 수가 없다.

그 반면 주일대표부에는 본국의 경무대로부터 밀항자는 범법자이니 즉시 본국으로 잡아 보내라는 훈령이 빗발쳤다. 그러나 김용주 공사는 일본 정부의 관리인 스즈키 장관도 그같이 휴머니즘을 발휘하는데, 한국인으로서 냉혹한 조치를 취할 수는 없는 일이라고 생각했다. 그는 최문경, 신철선, 한익상 등의 서기관들로 하여금 은밀히 밀항 학생들을 구제하는 데 협력하도록 조치했다.

스즈키 씨의 휴머니즘으로 밀항 학생들을 구제하는 데는 성공했으나 이번에는 그들의 입학이 또 큰 문제였다. 밀항한 학생들은 거의 대부분이 일본말을 몰랐을 뿐더러, 6·25 이후 소위 의용

병으로 붙들려가지 않으려고 이리저리 피난을 다니느라 공부다운 공부를 하지 못한 때문이었다. 하지만 그들은 생명을 걸고 공부를 하기 위해 일본으로 밀항했을 뿐만 아니라 오무라 수용소에서 석방될 때 학교를 졸업할 때까지만 일본에 체류할 수 있다는 조건이 붙어 있었으므로, 좋으나 싫으나 학교는 꼭 들어가야 했다.

그러나 정상적인 방법으로는 입학이 불가능했다. 이런 사정을 알게 된 영친왕은 게이오의숙(慶應義塾) 총장 고이즈미 신조 씨를 친히 찾아가보기로 했다. 고이즈미 씨는 게이오의숙의 창설자이자 근대 일본이 낳은 대인물이라는 후쿠사와 유키치의 후계자였다. 그는 인격과 식견이 높은 경제학자로서 마르크스의 공산주의를 학문적으로 공박할 수 있는 유일한 실력자였다. 그리고 그는 대학 총장을 사임한 이후 일본 왕세자의 사부가 될 정도로 일본 왕실에 대한 충성심도 대단했으므로 자연히 영친왕에 대해서도 항상 최고의 경의를 표하고 있었다.

영친왕의 뜻을 받들어 내가 고이즈미 씨를 게이오의숙으로 방문하여 영친왕의 뜻을 전했더니, 그는 펄쩍 뛰며 "전하가 여기를 오시다니 될 말이냐"고 하면서 자기가 왕저로 가서 뵙겠다고 했다. 내가 지금의 왕저는 예전과 달리 본채는 사토 참의원장의 관사가 되었고, 전하는 하녀가 쓰던 부속 건물에 계시므로 누구를 초대할 수가 없다고 말했다. 그는 한참 동안 생각한 끝에 "그렇다면 죄송하지만 긴자에 있는 고쥰샤(交詢社)로 모시고 오시지요"라고 했다. 고쥰샤는 게이오의숙 졸업생들이 돈을 내어 지은 호화스러운 빌딩으로 그 학교의 관계자나 졸업생들만 이용할 수 있는 클럽이었다.

며칠 후 내가 영친왕을 모시고 고준샤에 갔다. 날씨가 몹시 추웠는데도 고이즈미 씨는 프록코트 예복을 입고 문 앞에 서서 미리 기다리고 있다가 자동차가 도착하자마자 손수 자동차문을 열고 최경례를 했다. 이윽고 영국식 벽난로가 있는 제일 좋은 방으로 영친왕을 안내한 고이즈미 씨는 난로 앞에는 영친왕을 앉게 하고, 자기는 문 앞에 서서 도무지 앉지를 않고 머리를 숙인 채 영친왕이 무슨 말을 하면, 그저 "예! 예!" 하고 대답만 할 뿐 도무지 말이 없었다. 보다 못한 영친왕이 "선생이 그렇게 하면 내가 곤란하니 제발 이리로 좀 앉으시오"라고 하며 옆에 있는 소파를 가리켰다. 고이즈미 씨는 그제서야 자리에 앉았다. 그나마 엉덩이를 소파 끝에 조금 대었을 뿐, 두 다리를 모으고 흰 장갑을 낀 두 손을 무릎 위에 공손히 놓고 있는 것이 여간 근엄하지 않았다.

이윽고 점심식사를 나누면서 영친왕의 말씀을 다 듣고 난 고이즈미 씨가 말했다.

"잘 알았습니다. 게이오의숙의 창설자 후쿠사와 씨는 그 옛날에 김옥균, 박영효 씨 등이 갑신정변을 일으키려고 일본에 왔을 때 그 부하들까지 수십 명을 숙식시켜 준 일이 있는 만큼 게이오의숙과 한국과는 특별한 관계가 있습니다. 게다가 지금 한국이 공산주의자와 싸우고 있는 이때에 저희들도 어찌 가만히 보고만 있을 수가 있겠습니까? 가능한 한 최대의 노력을 하겠습니다."

그 후 고이즈미 씨는 자신의 약속대로 게이오의숙은 물론이고 다른 대학에까지 말을 해서 특별 유학생이라는 명목으로 많은 한국인 학생들을 구제해주었던 것이다. 고이즈미 씨를 만나던 날 영친왕이 탄 자동차가 떠나올 무렵, 때마침 날리는 흰 눈을 머리에 맞아가면서 언제까지나 고쥰샤 정문 앞에서 머리를 숙이고 전송하던 고이즈미 씨의 모습이 지금도 눈에 선하다.

고집스러운 이 대통령

이 대통령은 대한민국 정부가 수립된 직후인 1948년 8월 18일에 특별성명을 발표하고 일본에 대해 대마도 반환을 요구하더니, 그 다음해인 1949년에는 대일배상을 청구하는 성명을 발표했다. 이에 대해 연합군 최고사령부의 C. 볼트 외교국장과 미국 지상군사령관 마이클 파커 중장은 강한 반감을 드러냈다. 이 대통령의 대일정책이 너무 강경해서 그대로 두었다간 일본의 치안도 유지할 수 없다고 생각했던 두 사람은 모두 유명한 친일인사였으므로 사태는 더욱 심각했다.

그러나 이 대통령은 그런 것은 아랑곳없다는 듯 더욱 강경한 성명을 발표했다.

"재일조선인 총연맹을 즉시 해산하고 도쿄에 있는 조선총독부 출장소 건물 및 조선은행, 조선장학회, 동양척식회사의 도쿄지점 건물도 즉시 반환하라."

대한민국 대통령 이승만 박사는 당시 연합군 최고사령부의 큰 두통거리였던 것이다. 일본수상 요시다 시게루가 "한국의 이승만 대통령이 정 그렇게까지 대일배상을 고집하고 요구한다면 우리로서는 한국에 두고 온 일본인의 재산을 요구할 수밖에 없다"며 해방 후 처음으로 강경한 태도를 표명하고, 연합군 최고사령부에 대해서도 장문의 메모랜덤을 제출한 것도 다 그 무렵의 일이다.

이 대통령은 신흥우 박사가 사임하고 김용주 씨가 공사로 부임한 뒤에도 태도를 바꾸지 않았다. 그의 대일정책은 오히려 한층 강경해져서, 이번에는 도쿄에 있는 영친왕의 저택까지 추가하여 대일배상에 포함시키라는 훈령을 내렸다. 주일대표부 김 공사로 하여금 즉시 그것을 교섭하도록 지시하니, 연합군 최고사령부에서도 이 문제를 그대로 방치할 수 없어서 긴급회의를 열고 그 대책을 강구한 결과 다음과 같은 결정을 내렸다.

8·15해방으로 일본인이 한국에 두고 온 재산이나 일본에 있는 전 조선총독부 관련 재산은 속지주의 원칙에 따라 그 지역 정부나 정권에 귀속하는 것이므로 대한민국 정부의 주장은 수긍할 수 없음. 다만 대일배상 청구권 문제만은 후일 한일회담에서 토의하여 결정하는 것이 적당하다고 생각됨.

결국 이 대통령의 강경한 요구는 하나도 실현을 보지 못했고, 연합군 최고사령부 당국이 말한 바와 같이 다만 대일배상 문제만 그 후 한일회담에서 논의가 되었던 것이다

이 대통령이 일본 정부에 반환을 요구한 재산에 도쿄의 영친왕저를 포함시킨 것은 이치에 맞지 않는 처사였다. 도쿄 아카사카에 있던 그 집은, 지난날 메이지 일왕이 영친왕에게 증정한 도

리이사카의 왕저를 일본 궁내성에 반환하는 대신 궁내성에서 새로 집을 지어 증정한 것이므로 그것은 분명히 영친왕 개인의 소유인 것이다. 그런 저택을 서울에 있는 덕수궁이나 창덕궁과 똑같이 국유이니 반환하라는 것은 속지주의 원칙을 적용하지 않더라도 도무지 말이 안 되는 소리였다.

그러나 주일대표부에는 경무대로부터 하루바삐 일본 정부에 반환을 요구하라는 훈령이 성화같이 오므로 김 공사는 매우 입장이 곤란했다. 연합군 최고사령부의 태도가 예상 이상으로 강경했을 뿐더러 8·15해방 후 영친왕의 난처한 처지는 자기로서도 잘 알고 있었으므로, 그저 덮어놓고 지금 살고 있는 집을 내달라고는 할 수가 없었던 것이다.

그래서 다른 안건은 장래 한일회담으로 미루더라도 영친왕의 저택 문제만은 따로 분리해서 미리 원만하게 매듭을 지으려고 했다. 그때 김 공사의 생각은, 재일교포 가운데 영친왕을 존경하고 동정하는 사람이 많으므로 약 1천만 엔가량 자금을 모아서 그것으로 집을 한 채 사드리고, 그 대신 아카사카 저택은 영친왕이 자진해서 정부에 헌납한다는 것이었다. 말하자면 일종의 타협안이었는데, 이 계획은 방자 여사의 반대로 실현을 보지 못했다.

"이 집은 바깥어른의 사유재산일 뿐더러 일본 궁내성과도 관계가 있는 건물이므로 함부로 할 수가 없다"는 것이 당시 방자 여사의 말이었는데, 영친왕도 똑같은 의견이었으므로 김용주 공사는 그대로 경무대에 보고할 수밖에 없었다.

바로 그때 또 한 가지 문제가 제기되었으니, 그것은 이구 씨의 미국유학이었다. 해방 당시 학습원 고등과 학생이던 이구 씨가 미국유학을 가게 되자 가장 먼저 필요한 것이 여권이었다. 영친왕은 해방이 되자마자 한국 국민으로서 맨 먼저 외국인 등록을 한 만큼, 당연히 대한민국 주일대표부에 여권 발급을 신청하기로 했다.

김 공사에게 간곡히 부탁한 결과 서류는 즉시 경무대로 상신되었건만, 웬일인지 이구 씨의 여권에 대해서는 도무지 허가가 나오지 않았다. 김 공사는 곧 떠나야 할 이구 씨를 위해 서신이나 전보로 독촉을 했으나 아무 효과가 없었다. 급기야 김 공사는 국제전화로 직접 이 대통령에게 호소하기에 이르렀다. 김 공사의 이야기를 다 듣고 난 이 대통령은, "그렇다면 여권은 내줄 터이니 이구더러 미국에 가거든 절대로 프린스 행세는 하지 말라는 조건으로 하라"고 했다. 그러나 그것도 말뿐이고 여권은 끝끝내 허가되지 않았다.

미국으로 떠나갈 날짜가 임박한 이구 씨는 생각다 못해 궁내성의 양해를 얻어서 일본 정부의 임시 여권으로 출국할 수밖에 없었다. 이 소식을 들은 김 공사는 깜짝 놀라며 "비공식이나마 저 개인의 이름으로 한국 정부의 여권을 발급해줄 터이니 항상 몸에 지니고 있다가 필요할 때가 있거든 사용하시라"고 호의를 표시해서 겨우 체면만은 유지하게 되었다고 한다.

구황실 재산처리법

제 3대 국회에서는 '구황실 재산처리법'이라는 법률을 제정했다. 구황실의 재산은 동산과 부동산을 막론하고 전부 국유로 만드는 대신, 구왕족의 직계와 그 배우자에 대해서는 생활을 보장하기로 하는 내용이었다. 이에 따라 구황실 사무총국에서는 매월 구왕족에게 생활비를 지급했는데, 그 내용을 보면 다음과 같다.

*윤대비 : 50만 환
*의친왕비 : 30만 환
*광화당(고종귀인 이씨) = 10만 환
*삼축당(고종귀인 김씨) = 10만 환

다 합치면 100만 환 가량인데, 그나마도 여러 번 인상된 결과였다고 한다. 그 돈을 가지고는 여러 집의 수많은 사람들이 살아가기가 어려웠고 체면을 유지하기는 더더욱 곤란했다.

그러나 정작 이보다 더욱 황당한 일은 따로 있었다. 법률로 명백히 제정하여 국가의 이름으로 엄숙히 약속했음에도 불구하고, 정작 구황실의 사주(嗣主)이자 막대한 구황실 재산의 계승자인 영친왕에 대해서는 해방 후 5·16군사혁명이 날 때까지 단돈 백 환도 준 일이 없었던 것이다. 이것은 분명히 약속 위반이었다. 국유화된 창경원과 덕수궁 같은 곳의 수입만 해도 적지 않은데 어찌 구구하게 구왕족의 생계비 정도를 아낀단 말인가? 더구나 영친왕은 일체의 재산을 국가에 제공하고 수입이라고는 아무 것도 없으므로, 그가 어디에 있든지 생계는 보장해주어야 하며 한 시민으로서 여생을 편안히 지낼 수 있도록 해야 할 것이 아닌가?

1951년 봄에 도쿄에 가서 처음 영친왕을 찾아뵈었을 때 그 넓은 저택의 본채를 참의원의장 공관으로 세를 주고 그 뒤에 붙어 있는 목조건물에서 군색한 살림살이를 꾸려가는 모습을 보고, 이것은 법률 위반이며 이치에 맞지 않는 일이라고 생각했다. 더구나 본국에서는 구황실 재산이 일종의 이권으로 변해서 여러 가지 부정한 일이 속출함으로써 구황실과는 아무 관계도 없는 엉뚱한 사람들이 배를 채우는 일이 많았던 점을 생각할 때 그 같은 느낌이 더 강하게 들었던 것이다.

구황실 재산처리법이 국회에서 통과된 후 이 대통령은 전주이씨 가운데 자기와 같은 파 종손인 이병위라는 노인을 초대 사무총국장으로 임명했고, 그 다음으로는 경찰관 출신인 윤우경이라는 사람을 임명했다. 구황실에는 임야와 대지 등 부동산이 적지 않았으므로 그것을 싼 값에 불하나 임대를 받으려고 암약하는 무리들이 마치 꿀 항아리에 모여드는 벌떼와 같이 많아서 추문이 끊일 새가 없었다.

1956년 봄에 내가 도쿄에서 귀국해보니 윤대비는 정릉의 남의 집에서 고독하기 짝이 없는 세월을 보내고 있었다. 1·4후퇴 때 미군의 원조로 간신히 구포로 피난을 갔던 윤대비가 무사히 서울에 돌아오자, 이 대통령은 웬일인지 윤대비를 다시 낙선재로 들어가지 못하게 했다는 것이다. 그래서 나는 지금은 없어진 《연합신문》에 해방 후 처음으로 구황실의 내막을 썼는데, 그중에 다음과 같은 대목이 있다.

영친왕이 윤대비를 못 잊어하듯 윤대비도 영친왕을 걱정하고 있다. 지금엔 정든 창덕궁에도 들어가지 못하고 정릉에 있는 '인수재(仁修齋)' 우거에서 고독한 생애를 보내고 있다. 다만 멀리 있는 영친왕을 그리워하며 생전에 다시 한 번 만나기를 소원하면서 까마득한 옛 추억에 잠겨 있는 것이다. 주위에는 함께 늙어가는 유 씨, 김 씨, 박 씨 등 세 상궁이 있을 뿐, 아무도 찾아오는 사람도 없다.

구왕가로 시집온 이래 시아버님 고종황제는 이미 세상을 떠난 지 오래고, 친정 쪽으로도 양친이 다 작고한 것은 물론이며, 마음을 의지하고 지내던 오라버니마저 별세하고 보니 이제는 하나밖에 없는 여동생을 가끔 만나서 옛 이야기를 할 뿐이다.

인수재는 백낙승이라는 실업가가 이 대통령에게 증증한 집인데, 대통령의 지시로 그것을 임시로 빌려 쓰게 된 것이라고 한다. 그렇다면 한국 최후의 황후인 윤대비는 70평생에 집도 한 채 없다는 말인가? 지금은 구왕궁도 일반에게 공개되고 비원마저 개방되었으니, 창덕궁 한 구석에 있는 조그만 낙선재쯤은 다시 그 옛 주인으로 하여금 살게 하는 것이 좋지 않을까? 다행히 그렇게 된다면 이 노부인도 비로소 안심하고 여생을 그곳에서 지내게 될 것이요, 또 그렇게 하는 것은 전 국모에 대한 예우이기도 한 것이다.

그러므로 필자는 제 3대 국회에서 이미 통과된 법률에 명기된 바에 의하여 다음 몇 가지 사항을 요망코자 한다.

1. 구황실의 사주인 영친왕에게도 생계비를 지급할 것.
2. 윤대비와 기타 왕족에 대한 생계비도 인상할 것.
3. 윤대비를 낙선재로 환거하게 할 것.
4. 일본에서 정신병에 걸려 있는 덕혜옹주를 데려올 것.

그 후 내가 영친왕 댁을 찾아갔을 때는 헌병도 순사도 사무관도 없었고, 다만 한 사람 조중구 씨(오랫동안 영친왕의 시종무관장으로 있던 고 조동윤 남작의 아들로 도쿄대를 나온 농학박사)가 가끔 와서 비서의 업무를 대행할 따름이었다.

제 3대 국회에서 구황실 재산처리법이 통과되어 성립된 지 이미 오래건만, 정작 영친왕에 대해선 한 푼도 생계비를 주지 않는 것은 뺏을 것은 다 빼앗고 줄 것은 주지 않는 부당한 처사라는 것을 내가 역설하자, 천성이 인자하고 효성이 지극한 영친왕은 "나는 아무래도 좋으니 그저 대비마마만 편안하게 해드리면 그만이오"라고 말했다. 그러나 그 대비마마마저 거의 일생을 살아오던 창덕궁 낙선재에도 들어가지 못하고 아무 관련도 없는 타인의 집에 신세를 지고 계시다는 것을 말씀드리자, 보통 사람 같으면 화를 버럭 내련만 영친왕은 오직 애연한 표정으로 입맛만 쩝쩝 다시는 것이었다.

그 후 기요세 이치로라는 유명한 변호사가 그 소문을 듣고 와서 영친왕에게 말했다.

"전하, 한국 정부에서 전하의 재산을 다 빼앗고 생계비도 드리지 않는 것은 법률 위반이므로 정부를 상대로 배상을 청구하는 소송을 제기하면 꼭 이깁니다. 재판에 거실 생각이 있으시다면 변호는 제가 무료로 해드리겠습니다."

기요세 씨로서는 영친왕을 동정해서 최대한의 호의로 말한 것이었다. 그러나 영친왕은 잘라 말했다.

"선생의 호의는 고마우나 이것은 우리나라 내부의 일이니까 너무 걱정하지는 마시오. 그리고 나는 아무리 곤란하더라도 내 나라 내 정부를 상대로 소송을 할 생각은 없소이다."

기요세 씨도 무색해서 더 말을 하지 못했다. 비록 아무 실권은 없다고 하더라도 영친왕은 역시 영친왕이었던 것이다.

구황실 재산처리법은 국가기관이 아닌 개인의 재산을 몰수해도 좋으냐는 것도 문제였다. 한 가지 예를 들면, 덕수궁이나 창덕궁처럼 예전부터 전해내려 오던 역사적 유물은 별 문제라 하더라도 덕수궁 안에 있는 이왕가 미술관은 해방 전에 이왕직에서 새로 지은 것이다. 그 안에 있는 미술품 중에는 전부터 있던 고려자기나 이조자기 같은 국보급 문화재 외에도 영친왕이 여러 군데 전람회에서 직접 구입한 사유물도 적지 않은데, 어떻게 그런 것마저 전부 몰수를 한단 말인가? 그러나 영친왕은 그런 일에 대해서는 단 한마디의 불평을 말한 일이 없다.

이승만과 요시다의 호랑이 문답

1954년 정초에 이 대통령은 클라크 유엔군사령관의 초청으로 또 다시 일본을 방문하게 되었다. 당시 주일대표부에는 김용주 공사의 사임 후 신성모 대사를 거쳐 김용식 공사가 대표로 나가 있었다. 클라크 대장은 다 같은 자유국가인 한일 양국이 지난날의 감정 때문에 자칫하면 적대국이 될 우려가 있다고 판단했다. 이 대통령을 도쿄로 초청한다면 자연스럽게 일본 정부의 수뇌부와도 서로 만나게 될 것이고, 그것이 계기가 되어 중단된 채로 있는 한일회담도 다시 열릴 단초가 열리지나 않을까 하는 뜻에서 이 대통령을 초대했던 것이다.

어느 날 저녁 도쿄에 있는 미국 대사관 관저에서는 이 대통령의 환영파티가 개최되었다. 그날의 파티에는 특히 일본 정부의 요시다 수상과 오카사키 외상이 참석했다. 만찬이 끝난 다음 응접실 소파에 앉아서 차를 마실 때 클라크 대장과 머피 대사는 일부러 이 대통령 바로 옆자리에 요시다 수상을 앉게 하여 두 사람이 직접 이야기를 나누도록 했다. 요시다 수상도 모처럼 만나게 된 이웃나라 원수에게 무엇이고 재치 있는 말을 하려고 했던 것 같다.

"대통령 각하, 한국에는 지금도 호랑이가 많습니까?"

이 말이 떨어지자마자 이 대통령이 대답했다.

"글쎄요, 예전에는 호랑이가 퍽 많았다는데 임진왜란 때 가토 기요마사가 다 잡아가서 지금은 별로 볼 수 없습네다."

요시다 수상은 무색해서 말문이 막혀 더 대꾸를 못했고 좌중의 공기는 갑자기 냉각되었다. 유머를 섞은 이 대통령의 그 말은 비록 짧고 온화했으나, 그 속에는 칼날을 품은 듯한 날카로운 풍자가 들어있었으며, 일제 강점기 36년 동안 우리 한민족이 품고 있던 원한과 분노가 다 포함되어 있었던 것이다.

뜻밖의 '호랑이 문답' 때문에 한일 양국의 친선은커녕 오히려 역효과가 나타나게 되자 당황한 클라크 대장은 좌중의 분위기를 다시 호전시키느라 땀을 뺐다. 결국 이 대통령의 일본 방문은 다만 형식적인 예방에 그쳤을 뿐, 한일 양국의 국교 회복에는 아무런 좋은 영향도 주지를 못했다. 그 소문이 쫙 퍼지자 일본 사회에는 그것이 큰 이야깃거리가 되었다.

"요시다 수상은 왜 하필 호랑이 이야기를 끄집어내서 창피를 당한담!"

"요시다 수상도 뱃심이 어지간하지만 암만해도 이승만 대통령만큼은 못한 모양이야!"

일본이 패전한 이후 그때까지 전후 7년 동안 정권을 잡았고 임명한 각료만도 무려 100여 명이라는 신기록을 세웠다는 요시다 수상은, 일찍이 주영대사를 지내 영어도 잘할 뿐더러 뱃심과 고집도 상당해서 점령 중에 맥아더 원수와 1대1로 이야기를 나눌 수 있는 인물은 당시 8천만 일본인 가운데 오직 요시다 수상 한 사람뿐이라고까지 일컬어졌다. 당시 일본인들은 무슨 일이 있을 때마다 요시다 수상을 우리 이 대통령에게 비유해오던 터인데, 이 만남으로 인해서 그 승부는 누가 보아도 이 대통령의 완전 승리로 판정이 난 것이었다.

그같이 노련하고 영특한 이 대통령이 어찌해서 가엾은 영친왕에 대해서는 그다지도 냉혹하고 무자비한 태도를 취했을까? 그 점만은 아무리 생각해도 도무지 이해가 가지 않는 일이다. 반면, 한국에 대해서는 별로 호의가 없었으며 교만방자하고 앙칼지기로 유명한 요시다 수상은 영친왕이 곤경에 빠졌다는 소식을 듣자 백방으로 주선하여 조금이라도 영친왕을 도우려고 힘썼으니, 사람의 마음이란 참으로 알 수 없는 일이다. 호랑이 문답으로 부딪혔던 두 지도자는 영친왕에 대한 태도도 극명하게 달랐다.

도쿄에 있는 영친왕의 저택이 국유이므로 즉시 반환케 하라는 이 대통령의 성화같은 독촉에도 불구하고, 김용주 공사나 신성모 대사는 당시 일본 정부의 견해나 연합군 최고사령부의 방침이 이른바 속지주의여서 일본에 있는 영친왕의 사유재산은 국유가 될 수 없으며, 따라서 몰수는 절대로 불가능하다는 것을 알게 되었다. 그런 상황을 경무대에 보고하여 차일피일 날짜를 끌어왔으나, 1951년 9월 9일에 샌프란시스코에서 대일강화조약이 체결되고, 그 이듬해 일본이 대망의 독립을 하게 되자 문제는 다시 시끄럽게 되었다.

즉 연합군 최고사령부 측에서는 일본이 독립을 한 이상 그동안 징발, 사용해 오던 일본인의 건물을 원주인에게 돌려줘야 했으므로, 도쿄에 있는 각국 대표부에 대해서도 즉시 다른 데로 집을 구해 나갈 것을 통고했다. 따라서 긴자 핫토리 빌딩에 있던 대한민국 주일대표부도 이사를 해야만 했다. 당시는 일본이 극도로 불경기인 때라 다른 곳에 있는 건물을 얼마든지 구할 수가 있었다. 그러나 대표부의 김용식 공사와 유태하 참사관은 경무대의 지시에 충실한 나머지 다른 건물을 구할 생각은 아예 하지 않고 아카사카 영친왕저를 대표부로 쓰겠다고 졸라댔다. 영친왕저는 도쿄에서도 가장 환경이 좋은 고지대에 있었으므로, 거기에 우리 대표부를 두고 태극기를 높이 단다면 도쿄에서도 제일가는 대사관이 될 수 있었다. 생각은 좋았지만 그 집을 거저 빼앗으려 한 것이 잘못이었다.

그때 영친왕은 이렇게 답변했다.

"우리나라에서 집을 쓰겠다는데 어찌 반대를 하리요만, 지금의 나는 재산이라고는 이 집밖에 없고 해방 후 5~6년 동안 수입이 없이 살아왔으므로 빚도 많아서 그냥 내놓을 수는 없소. 그러니 꼭 이 집이 필요하다면 시세보다 훨씬 싸게 팔 터이니 사가시오."

그러나 대표부 사람들은 덮어놓고 국유니까 내놓으라고만 했고, 우선 집을 비워주면 생계 문제는 나중에 따로 생각하겠다고 할 뿐이었다. 나중에는 생활비로 매월 2백 달러씩을 줄 터이니 그 대신에 집을 비워달라고까지 했다. 당시 2백 달러면 일본 돈으로 7만2천 엔밖에 되지 않았는데, 그것을 가지고는 보통 월급쟁이도 살아가기가 어려운 금액이었다. 그래서 방자 여사는 분개한 나머지 이렇게 대답했다.

"도대체 보통 회사의 과장급만 되어도 매월 10만 엔은 받는데 2백 달러를 가지고 대체 어떻게 살란 말이오? 더구나 이 집의 건

아카사카 프린스 호텔로 바뀐 도쿄의 영친왕저.
훗날 이구 씨가 이 호텔의 객실에서 눈을 감았다.

이승만과 요시다의 호랑이 문답

물은 우리가 지은 것이지만 터는 과거 궁내성에서 준 것이므로 그렇게 간단히 처분할 수는 없는 것이오."

그리고 방자 여사는 세금과 생활비로 그 동안 진 빚이 수천만 엔이나 되므로 일시금으로 대금을 받기 전에는 집을 내어놓을 수가 없다는 것도 덧붙여서 말했다.

이에 따라, 당시 제1차 한일회담의 한국 측 대표로 도쿄에 와 있던 양유찬 주미대사와 주일대표부의 김용식 공사, 유태하 참사관, 그리고 의친왕의 아들로 영친왕의 조카뻘이 되는 이수길 씨가 여러 번 회합한 결과 다음과 같이 합의를 보았다.

1. 영친왕저 본궁에 세 들어 있는 사토 참의원의장을 내보내서 집을 비워놓는다.
2. 당시 연합군 최고사령부에 한국 정부가 맡겨놓은 20만 달러가 있는데, 그 돈은 일본 내에서만 쓰게 되어 있다. 영친왕저는 한국 정부에서 40만 달러에 사기로 하고, 우선 그 선도금으로 반액인 20만 달러를 이 예치금으로 지불하며 나머지는 나중에 준다.

당시 일본 정부에서는 오랫동안 참의원의장의 관저로 사용해 온 실적도 있고 하니 영친왕저를 팔 때에는 꼭 자기들에게 달라고 일본 궁내청(편집자주:패전 이후 궁내성이 궁내청으로 바뀜)을 통해서 졸랐다. 그러나 영친왕은 모처럼 우리 정부에서 쓰겠다는데 어찌 다른 데 줄 수가 있느냐며 일본 정부의 요청을 끝내 들어주지 않았다. 그리고 나중에 준다는 20만 달러는 설사 못 받는 한이 있더라도 우선 선도금 20만 달러만 주면 팔 생각으로 위의 합의 사항에도 흔연히 동의했던 것이다. 주일대표부에서는 즉시 그 사실을 경무대에 보고하고 훈령을 기다렸으나, 웬일인지 거의 반년이 지나도록 아무 회답이 없었다. 보나마나 이 대통령은 도쿄에 있는 영친왕의 재산도 전부 국유이므로 굳이 돈을 주고 살 필요가 없다고 생각해서 대표부의 요청을 묵살한 것이겠지만, 우두커니 그 지시를 기다리는 영친왕의 형편은 하루가 급했다.

당시 일본은 패전 후 얼마 되지 않았을 뿐더러 경제가 극도로 어려웠으므로, 각종 세금이 많았다. 영친왕이 저택의 본관을 참의원의장 관저로 빌려주고 사글세로 매월 30만 엔씩을 받았어도 실제 수입은 그 반액인 15만 엔밖에 되지 않았다. 그러나 주일 대표부의 요망도 있고 하여 먼저 집을 비워놓으려고 참의원의장을 내보내고 나니, 그나마 수입이 없게 되어 영친왕은 더욱 곤란할 수밖에 없었다.

영친왕은 오랫동안 타고 다니던 자동차도 처분하고, 양란 재배를 위한 온실도 없앴으며, 그렇게 즐기던 골프도 중지하여 생계비를 줄이기에 힘썼다. 그러나 부유세니 하여 한꺼번에 500~600만 엔씩의 막대한 세금이 나오는 데는 기가 막혔다. 아무리 해방 전의 왕족이라 하더라도 세금이 밀리면 가차 없이 집달리로부터 차압을 당하는 시대였으므로 영친왕도 그러한 경우를 여러 번 겪었다. 그럴 때마다 여기저기서 빚을 얻어서 겨우 창피만은 모면해왔던 것이다. 그러한 때에 의외의 인물이 나타났으니, 그는 노다 우이치 씨였다.

노다 씨는 후일 자민당의 총재 선거에 입후보까지 한 일이 있는 유력한 정치가인데, 어디서 소문을 들었던지 영친왕이 몹시 곤란한 처지에 있다는 것을 알고 자기 보스인 요시다 수상에게 진언하여 무슨 방법으로든 영친왕을 구원해줄 것을 호소했다. 이 보고를 받은 요시다 수상은 이전 조선총독부 재무국장이던 미스다를 불러, 당시 그가 책임자로 있던 전국 은행연합회의 교제비에서 매월 10만 엔씩 영친왕에게 드리도록 하라고 지시했다. 요시다 수상이 정부 예산으로는 직접 원조할 수 없으므로 궁여지책으로 그 같은 방법을 짜낸 것이었다. 미스다는 오랫동안 조선에서 관리 생활을 하여 한국에는 특별한 관심이 있었을 뿐더러 영친왕에 대해서는 은근히 걱정을 하고 있었다. 그러던 차에 다른 이도 아닌 요시다 수상이 직접 그 같은 청탁을 하므로, 미스다는 즐거운 마음으로 그 후 5년 동안 매월 10만 엔씩을 꼬박꼬박 영친왕에게 지급했던 것이다.

그리고 또 한 사람 다나카는 거의 반생을 조선에서 관리 생활을 했다. 제국대학이 아닌 사립대학 출신이지만 타고난 뱃심과 수완으로 정무총감까지 된 사람인데, 유독 영친왕에 대해서는 특별한 호의를 가지고 있었다. 해방 후 일본에 돌아간 그는 일찍이 정무총감을 지낸 전력도 있고 하여 조선에서 살다가 본국으로 쫓겨 간 일본인회의 회장으로 있었다. 하루는 그가 일부러 궁내청장관을 찾아가서 항의했다.

"영친왕은 다른 일본 황족과 달라서 특별한 분인데 아무리 일본이 전쟁에 졌다고 하더라도 그런 분을 이대로 방치하는 법이 있소? 다른 황족들은 소위 신적강하를 해서 모른다고 하더라도 영친왕만은 남의 나라 황태자를 억지로 끌어온 것인 만큼, 일본 정부는 물론이고 궁내청에서도 그 책임을 다해야 할 것이 아니오?"

결국 일왕도 "예전과 달리 국회의 승인이 없으면 돈을 마음대로 쓸 수가 없다"는 것을 한탄하면서도, 우선 자신의 용돈 중에서 매월 10만 엔씩을 영친왕에게 증정하기로 했다.

왕저는 사라지고

보통의 일본 군인 같으면 패전 후에도 은급(일종의 연금)이라는 것이 있어서 죽을 때까지 약간의 생활비를 받건만, 영친왕은 50평생을 일본군에 봉사했는데도 불구하고 외국인이라 하여 단 한 푼의 은급도 받지 못했다. 거기다가 생계비에 보태 쓰던 집세조차 들어오지 않게 되니, 그날그날의 생활이 큰 문제였다. 그러나 당시의 영친왕에게 그보다 더 큰 걱정은 세금을 무느라고 빚을 많이 진 것이었다.

아카사카에 있던 영친왕저는 도쿄에서도 달걀노른자 같은 지대에 대지가 무려 2만 평이나 되고, 호화스러운 영국식 3층 건물의 건평만도 500평이나 되므로 재산세나 부호세도 많이 나왔다. 1년에도 몇 차례 수백만 엔씩의 세금이 나오니 그것을 내느라고 진 빚이 자그마치 2천만 엔이나 되었다. 처음 영친왕이 돈을 빌린 사람은 요코이라는 자였고, 그 돈을 갚기 위해서 다시 4천만 엔의 빚을 진 것은 오히라라는 자인데, 그들은 모두 유명한 고리대금업자거나 협잡꾼이었다.

한편 주일대표부로부터는 (누구라고 말하기는 어렵지만) 허구한 날 집을 내놓지 않으면 재미없다는 공갈협박까지 받게 되니, 영친왕으로서는 생전 처음 당하는 일이라 도무지 어찌할 바를 몰랐다. 그래서 대표부에서 누가 왔다고 하면 곧 뒷문으로 빠져나가기가 일쑤였고, 하도 귀찮아서 집을 비워두고 며칠씩 호텔로 피신한 일까지 있었다. 관료들의 과잉충성이란 매양 이 같은 것이다.

하루는 주일대표부에 들렀더니 모 씨가 내게 말했다.

"그래 김 선생. 영친왕 그 사람은 요새 어떻게 지내나요?"

"영친왕 그 사람이라니요?"

"왜요, 그 사람이란 말이 잘못됐습니까?"

"잘못된 것은 아니지만, 우리나라에서 누구를 가리켜 그 사람이라고 하면 그것은 결코 존경해서 하는 말이 아니고 아랫사람에게나 혹은 경시하는 뜻으로 하는 말인데, 대체 당신이 영친왕을 멸시하거나 아랫사람처럼 말할 이유가 어디 있단 말이요?"

그 대목에서 나는 지난번 게이오의숙의 고이즈미 총장이 영친왕을 대할 때 지나칠 정도로 공손했던 이야기를 했다.

"일세의 석학이고 만인의 존경을 받는 고이즈미 씨도 그러하거늘, 당신은 대체 무엇이기에 그렇게 오만무례하단 말이오? 아무리 민주주의 시대라 하더라도 존경할 만한 사람은 존경을 해야 할 터인데, 잠깐 높은 자리에 앉아 있다고 까닭도 없이 남을 업신여겨서는 안 되는 것이오. 더구나 영친왕으로 말하면 나이도 당신보다 훨씬 위일뿐더러 인격은 물론, 학식으로나 교양으로나 당신하고는 비교도 되지 않을 만큼 격이 높은 분인데, 저택 문제로 경무대에서 영친왕을 좋지 않게 생각한다고 당신까지 그렇게 말할 것은 없지 않소?"

그랬더니 그 사람은 무색해서 더 말을 잇지 못하고, 다년간 해외에 있어서 미묘한 우리말의 차이를 잘 몰랐던 까닭이라고 변명을 하기에 서로 웃고 말았다.

오히라는 자칭 오히라 건설회사의 사장으로 유명한 협잡꾼이었다. 해방 후 혼란한 틈을 타서 영친왕저에 드나들게 되었는데, 영친왕이 생계비와 세금 등으로 곤란한 때에는 자진해서 돈을 빌려주기도 하고 빚을 얻어오기도 해서 세상일에 어두운 영친왕 내외의 신임을 얻었다. 아카사카 저택 문제로 주일대표부와 분규가 생기게 되자, 약삭빠른 그자는 영친왕을 충동질하기 시작했다.

"그것 보십시오. 한국 정부에서는 집값만 깎아놓고 거의 반년이 지나도록 아무 말이 없으니, 결국 거저 빼앗으려는 것이 아닙니까? 일본에 있는 왕전하의 개인재산을 국유로 하거나 몰수할 수는 없지만, 국가권력이라는 것은 강대한 것이므로 무슨 짓을 할지 모릅니다. 그러니 아카사카 저택은 빨리 다른 데 팔아넘기시는 것이 상책인가 합니다."

그렇지 않아도 되도록 본국 정부에 팔아서 주일대사관으로 쓰게 하려고 대표부와 협의하여 가격까지 결정해놓았건만, 함흥차사 격으로 아무리 기다려도 회답이 없으므로 점차 의심이 돌기 시작하던 차였다. 영친왕도 당장에 시급한 생계비와 그 동안 세금 때문에 진 고리대금을 갚기 위해서는 다른 데 팔 수밖에 없다는 생각을 하기에 이르렀던 것이다.

결국 오히라의 중개로 당시 중의원의장이던 쓰쓰미 씨에게 매도하게 되었다. 그때 소문으로는 적어도 1억수천만 엔은 받았어야 할 것을 오히라의 농간으로 절반도 받지 못했으며, 그 위에 사기까지 당했다고 했다. 아카사카 저택을 팔아서는 결국 그 동안 진 빚을 갚고, 그때 돈으로 500만 엔에 산 조그만 집 한 채밖에 남은 것이 없으니 생각하면 아까운 일이다.

만일 아카사카 저택이 지금가지 그대로 남아 있었더라면 현재 가격은 줄잡아도 수십억 엔이 되어 구황실의 생계비쯤은 문제가 없었을 것이다. 참으로 유감스러운 일이었다. 그뿐 아니라, 도쿄에서 제일 풍광이 좋고 높은 지대에 위치한 영친왕의 저택이 대한민국의 대사관이 되어 그 지붕 위에 항상 태극기가 펄펄 날렸더라면 얼마나 좋았을까 하는 생각을 하면, 더욱 안타까운 마음을 금할 수가 없는 것이다.

해방 전의 왕족이라는 사람들은 온실에서 자라난 화초 모양으로 바깥바람을 전혀 모른다. 그래서 돈 같은 것은 천한 것, 더러운 것이라고 하여 직접 만지지를 않았다. 필요한 것이 있으면 시종이나 사무관이 대신 사오고, 백화점에 가서 물건을 살 때에도 필요한 것이 있으면 다만 손가락질만 할 뿐, 손수 돈을 치르는 일이 거의 없었다. 그들은 전혀 돈을 모르며, 또 돈을 계산할 줄도 몰랐는데, 영친왕 내외도 예외는 아니었다.

영친왕이 아카사카의 저택을 팔고 뎅엔죠우로 이사를 간 지 얼마 되지 않은 때였다. 하루는 나에게 저녁을 사줄 터이니 함께 나가자고 했다. 우리는 도쿄 긴자에서도 가장 역사가 오래 되고 유명한 덴이치라는 튀김집으로 갔다. 당시 그 튀김집 주인은 벌써 3대째 영업을 해오는 사람으로, 큰 아들이 대학교수로 있건만 자기는 그대로 튀김집을 경영하고 있는 사람이었다.

영친왕 내외와 내가 남의 눈에 띄지 않게 아래층 한 구석에 자리를 잡고 막 앉으려고 하는데 어느 틈에 주인이 쫓아 나와서 최경례를 하더니 말했다.

"전하, 아래층은 대중석이라 복잡합니다. 2층으로 올라가시지요."

그는 60세가 훨씬 넘은 사람으로 영친왕을 곧 알아본 모양이었다. 그래서 우리는 그 집 2층의 제일 좋은 방으로 안내를 받아 주인이 직접 튀겨주는 맛있는 튀김을 먹었다. 돌아올 때 계산을 하는데 5~6천 엔밖에 되지 않는 돈을 치르는 데도 영친왕이 쩔쩔매는 것을 보니, 평소에 현금을 다뤄본 일이 전혀 없는 것을 알 수 있었다. 팁을 줄 때도 보통 사람 같으면 점원들이 모두 최경례를 한 값으로라도 적어도 500엔쯤은 주어야 할 것을 100엔짜리 한 장만 주는 것이었다. 나는 슬며시 남모르게 500엔을 더 놓았다. 그런 모습을 보니, 영친왕 내외가 협잡꾼 오히라에게 손쉽게 속아 넘어간 것은 오히려 당연한 일이라는 생각이 들었다.

어쨌든, 주일대표부는 결국 아카사카의 영친왕저를 사용하지 못하고 아자부에 있는 일본 귀족의 집을 사서 대표부를 설치했다. 말썽 많던 영친왕의 저택 문제도 겨우 끝을 맺게 되었지만, 영친왕은 영친왕대로 큰 손해를 보고 대표부는 대표부대로 모양만 흉하게 되었으니 생각하면 부끄러운 일이었다.

문제의 패스포트

 1957년 이른 봄의 일이다. 하루는 영친왕이 나에게 급히 좀 오라는 기별을 했기에 댁으로 갔더니, 영친왕은 자못 명랑한 표정으로 말했다.

 "미국에 유학중인 아들 구가 이번에 MIT 공과대학을 졸업하는데 벌써 7년 동안이나 보지를 못했을 뿐더러, 대학 총장으로부터도 우리 내외의 초청장까지 보내주었으니 졸업식에는 꼭 참석을 하고 싶은데 어떻게 여권을 얻어줄 수는 없겠소?"

 "그야 어렵지 않겠지요. 전하께서 무슨 정치운동을 하러 가시는 것도 아니고, 장사를 하러 가는 것도 아니며, 다만 아드님의 졸업식을 위하여 가시겠다는 것인데 패스포트가 아니 나올 까닭이 있겠습니까?"

 이렇게 말씀을 올리자 영친왕은 "그것은 그렇지만…" 하고 갑자기 얼굴빛이 어두워지는 것이 아무래도 아카사카 저택 문제 때문에 대표부에서 여권을 쉽게 내줄까 의심스럽게 생각하는 모양이었다.

 "저택과 여권은 전혀 다른 문제니까 꼭 그렇게 혼동해서 생각하실 필요는 없다고 봅니다. 민주 국가에서 여행은 누구나 할 수 있는 큰 자유인데, 전하라고 해서 여행을 자유로이 못하실 이유가 어디 있겠습니까? 그 점은 너무 염려마시고 정 미국에 가실 생각이 있으시면 곧 수속을 하시는 것이 좋을 줄 압니다."

"그러면 나를 대신해서 대표부에 말을 좀 해주겠소?"

며칠 후 주일대표부에 가서 영친왕의 말씀을 전했더니, 내 생각과는 딴판으로 그들의 태도는 아주 냉담했다.

"대표부에서는 마음대로 못합니다. 여권은 대체로 경무대에서 직접 취급하는 것인데, 더구나 영친왕의 여권을 여기서 발행할 수가 있겠습니까? 그러니 이 문제는 본국 정부나 경무대에 직접 말씀해보시지요."

세상에 대표부라는 것이 있으면서 여권 하나를 마음대로 못 내다니. 그러면 대표부는 두어서 무엇에 쓴단 말인가? 나는 국가의 체통이 말이 아닌 것을 혼자서 분개했고, 또 영친왕의 걱정이 한낱 기우가 아니라 사실 그대로 들어맞은 것을 가슴 아프게 생각했다. 방자 여사는 당시의 심경을 다음과 같이 기록했다.

구는 미국에서도 가장 어려운 학교의 하나인 보스턴의 매서추세츠 공과대학 건축과에 입학했는데, 눈 깜짝할 사이에 4년의 세월이 흘러 꿈 많은 대학생활에 이별을 고할 날이 왔습니다. 입학 당시에는 졸업만 하면 곧 귀국할 예정이었는데 청춘기를 7년 동안이나 지냈으므로 좀 더 미국에 있고 싶었던지, 어떤 중국계 건축설계 회사에 취직이 내정되었다는 사실을 알려 왔습니다. 그러자 갑자기 이제는 정말 구가 당분간 돌아오지 않는다는 실감과 함께 7년 동안 참아온 이별의 쓸쓸함이 생생하게 되살아나 한 시도 앉아 있을 수가 없었고, 만나고 싶은 생각이 더 간절했습니다. '그렇다. 모처럼 만의 기회이니 영광스러운 졸업식에 참석하여 오래간만에 내 자식의 모습이나 보자.' 이렇게 의논이 되어서 대표부에 여권을 신청한 것인데, 그것이 잘 안 되니 그러면 우리는 대한민국 국민이 아니라는 말입니까?

자식을 둔 어버이의 마음은 매일반이므로, 나는 영친왕 내외의 애타는 심정을 듣고 일종의 의분을 느꼈다. 그래서 서울에 도착하는 즉시 외무부로 변영태 장관을 방문하고 영친왕의 여권 문제를 진정했다. 내 이야기를 다 듣고 난 변 장관이 대뜸 "김 선생, 그 일에는 너무 깊이 관계하지 마시오"라고 하는 바람에 나는 깜짝 놀랐다.

변영태 씨는 원래 영문학자로서 고려대학 교수로 있을 때 이승만 대통령이 발탁하여 필리핀대사로 임명한 이후 외무부장관과 국무총리까지 역임했다. 그는 당시 자유당 정권으로서는 군계일학과도 같은 존재였다. 나와도 개인적으로 매우 친했으므로 영친왕의 일을 이야기만 하면 누구보다도 가장 이해를 해주리라 믿었는데, 뜻밖에도 그런 충고를 듣게 되니 나는 아연실색하지 않을 수 없었다. 내가 왜 그러냐고 물었더니 변 장관은 대답했다.

"선생님(이 대통령)께서는 영친왕에게는 애국심이 없다고 퍽 좋지 않게 생각하고 계시므로 공연히 김 선생까지 그 일에 말려들어서는 아니 되겠기에…"

그 까닭은 역시 아카사카 저택 문제라는 것을 알 수 있었다.

"그게 무슨 말씀입니까? 도쿄의 영친왕저로 말하면 애초에 국유가 될 수 없는 것을 국유로 하여 거저 빼앗으려다가 실패한 것이고, 영친왕은 나라에서 쓰겠다니까 손해가 나더라도 대표부에 팔겠다고 헐값으로 가격까지 정해놓은 것인데, 약속은 하나도 이행을 하지 않고 도리어 영친왕을 비애국자로 몬다면 영친왕이 너무 가엾지 않습니까. 그러니 과잉충성을 일삼는 무리들은 몰라도, 적어도 선생은 마땅히 대통령께 그 오해를 푸시도록 해드려야 될 줄 압니다. 그리고 저택과 여권은 전혀 별개의 문제이니 여권은 곧 허가하도록 하십시오."

그러나 꼬장꼬장하고 정직하기로 이름난 변 장관은 웬일인지 "영친왕 일은 대통령께 말씀한대도 잘 될 것 같지 않다"고 하며 경무대에 가기를 꺼렸다. 마치 엄친시하에 있는 어린애 모양으로 노대통령(老大統領) 앞에 가서는 감히 말을 못 꺼내는 모양이었다.

그래서 나는 이기붕 씨를 방문했다. 그는 당시 국회의장으로 정계의 2인자였으며, 후일 4·19혁명 때 일가가 몰살하는 참화를 당했으나 개인적으로는 인간미가 풍부한 선량한 신사였다. 나는 우선 8·15해방으로 국제적 고아가 된 영친왕의 고독한 처지로부터 시작하여 도쿄 저택으로 말미암아 일어났던 분규를 이야기하고, 아들 구씨의 졸업식에 가기 위한 것이니 미국에 가는 여권만은 곧 나오도록 경무대에 말해달라고 청했다. 그도 역시 난색을 보이면서 말했다.

"세상 사람들은 내가 말만 하면 대통령께서 다 들어주시는 것으로 알고 있지만, 사실인즉 내가 열 가지를 말씀해서 그중 한두 가지만 되어도 잘된 것으로, 일하기가 여간 어려운 것이 아닙니다. 그중에는 다 된 일도 비서들의 방해로 틀린 것도 있고. 그러므로 무슨 일이고 대통령께 상신할 때에는 신중히 고려를 해야 되는데, 영친왕에 대해서는 대통령의 심중이 대단히 좋지 않으시므로 내가 말씀을 여쭌대도 별반 효과가 없을 줄 압니다."

그도 변 장관과 똑같은 말을 하는 것이었다.

그때 내 생각으로는 이 대통령이 영친왕에 대해서 그토록 심각한 감정을 품은 것은 무엇보다도 아랫도리 관료들의 과잉충성으로 말미암아 영친왕을 덮어놓고 욕심쟁이로 판정한 때문이므로, 외무장관이나 국회의장이 중간에 들어서 말만 잘한다면 대통령의 오해도 풀릴 것이고 노여움도 가시리라고 믿었는데, 그 두 분마저 머리를 설레설레 흔드는 데는 어찌할 도리가 없었다. 그리하여 나는 영친왕에게는 죄송했지만 경무대를 방문할 예정도 중단하고 이 일은 단념할 수밖에 없다고 생각했다. 나는 영친왕에게 곧바로 편지를 써서 본국에서도 여권이 잘 되지 않으니 미국에 가는 일은 중지하는 것이 좋겠다고 했다.

그리고 꼭 한 달 만에 도쿄에 돌아가 보니, 영친왕 내외는 이미 미국으로 떠난 뒤였다. 영친왕 댁에는 노파 한 사람이 집을 지킬 뿐이었다. 영친왕 내외가 무슨 방법으로, 어떻게 해서 떠났냐는 것을 물어보아도 소용이 없었다. 나는 바로 궁내청으로 가서 우사미 장관을 만나기로 했다. 첫 인사가 끝난 뒤에 영친왕 내외의 이야기를 하게 되자 그는 내가 미처 묻기도 전에 말하는 것이었다.

"영친왕 내외가 오셔서 미국에 있는 아드님 구 씨의 졸업식에 가시겠다고 패스포트를 해내라고 조르시는 데는 정말 땀을 뺐습니다. 그때 양 전하의 말씀은 한국 정부에서 패스포트를 내주지 않으니 그 대신 궁내청에서 일본 패스포트라도 마련해달라는 것인데, 패스포트를 일본 것으로 낸다는 것은 곧 국적을 일본으로 고친다는 것으로 매우 중대한 일입니다. 비록 일본이 전쟁에 패해서 공적으로는 관계가 없게 되었다고 하더라도 우리로서야 어찌 양 전하의 편의를 보아드리지 않겠습니까? 그러나 패스포트를 일본 것으로 내신다는 것은 일본으로의 귀화를 의미하는 것이라 참으로 중대한 일이오니, 아무리 아드님이 보고 싶으시더라도 다시 한 번 깊이 생각해보시라고 여쭈었더니 왕전하는 아무 말씀도 없으셨습니다. 그러나 비전하는 '나도 일본사람인데 그거야 상관있소. 어쨌든 졸업식에 늦지 않게 패스포트나 속히 만들어주오'라고 하시므로, 궁내청에서도 어쩔 수 없이 외무성에 말해서 패스포트를 얻어드린 것입니다."

우사미 장관의 말을 듣고 나는 비로소 혹시나 하는 나의 우려가 그대로 들어맞은 것을 알게 되었다. 우사미 장관의 말이 아니라도 일은 매우 중대했다. 아드님 졸업식에 참석하시는 것은 좋지만, 그렇다고 일본 국민이 되시다니. 나는 야속한 생각과 함께 영친왕을 그와 같은 궁지에 몰아넣은 경무대의 처사가 무척이나 원망스러웠다.

이중의 국제결혼

보스턴 역에 서 있는 구. 훌륭하게 성장한 우리 아들. 이것이 그 어리기만 했던 구인가? 나의 눈시울은 짜릿해오고 말도 나오지 않았습니다. 눈물이 많은 바깥어른도 구의 손을 쥔 채 가슴의 감동을 억제하는 눈치였습니다.

드디어 6월 7일, 구가 사회로 처음 출발하는 날이 밝았습니다. 백년의 역사를 가진 학교인 만큼 세계 각국으로부터 모인 유학생이 많았고, 키가 큰 학생들 틈에 조그마하면서도 늠름하고 침착한 구의 모습을 발견했을 때에는 가슴이 뿌듯했습니다. 졸업식은 엄숙한 분위기 속에 진행되어 한 사람 한 사람 검은 사각모의 술을 오른쪽에 드리우고 총장 앞에 나아가 졸업증서를 받고는, 그 술을 왼쪽으로 고치고 조용히 단을 내려오는 것이었습니다. 얼마 안 있어 차례가 돌아온 구의 모습을 지켜보았습니다. 조선 왕의 아들로 태어나 서민으로서 학습원을 마치고, 다시 민주주의의 본고장에서 7년간 공부하여 이제 그 결실을 보아 이날로부터는 사회인으로서 출발하는 운명적인 그 모습. 나는 아무쪼록 앞날의 거센 세파를 곧장 힘차게 뚫고 나아가게 해주소서 하고 하느님께 빌었습니다.

10월부터는 뉴욕 교외 화이트 플레인이라는 한적한 주택가 아파트에서 우리 세 식구만의 조촐한 생활이 시작되었습니다. 구는 아침 일찍 뉴욕 맨해튼에 있는 I. M. PEI 에이전시 건축사무소에 출근하고, 우리는 시내 구경이나 극장 구경을 갔습니다. 금요일과 토요일은 근처 슈퍼마켓으로 1주일분의 식량을 사러 나가고, 혹은 아파트에서 독서를 하거나 근처 중학교 야학에 나가 영어공부도 하면서 한가하고 안락한 시간을 보냈습니다. 나면서부터 오늘날까지 나는 세탁 같은 것은 좀체 해본 일이 없었습니다. 이제 간소한 아파트 세탁장에서 아들의 속옷을 빨아다 널고 그것을 또 전기다리미로 다리면서, 나는 비로소 보통 어머니의 구실을 하는 것 같아 그윽한 행복감에 싸였습니다. 일요일에는 셋이서 근처 공원을 산보도 하고 뉴욕에 가보기도 했습니다. 때로는 구가 "오늘은 학생 시절의 솜씨를 발휘하여 저의 자랑인 요리를 해 드리겠어요"라며 손수 만든 요리로 세 식구가 단란하게 먹는 즐거움은 쉰일곱이 될 때까지 처음으로 맛보는 가정생활이었습니다.

"구에게 좋은 색시만 생기게 되면 더 이상 바랄 것이 없겠어요."
바깥어른과도 이런 이야기를 나누었는데, 그날은 의외로 빨리 왔습니다. 12월쯤 구가 평소와는 좀 다른 태도로 말했습니다.
"꼭 봐주실 사람이 있는데 만나주시겠어요?"
놀라움과 기쁨이 교차된 기분으로 어쨌든 집으로 초대해보니 그녀는 북유럽계 미국인이었습니다. "자기가 알아서 좋은 사람을 택하겠지요." 구의 결혼에 대해서는 그전부터 이런 다짐을 했던 우리는 미국으로 건너올 때도 거의 백지 상태로 온 것입니다.
미국에서는 대학생이 재학 중부터 애인 혹은 그와 비슷한 상대를 만

나는 것이 일반적이었으므로 구도 언젠가는 그렇게 되리라고 생각은 했습니다. 우리는 구의 결혼에 대해서는 어디까지나 조언자의 범위를 벗어나지 않으려 마음먹고 있었습니다. 새로운 시대의 청년, 특히 구와 같은 미국식 교육을 받은 청년이 부모가 강요하는 결혼으로 행복하게 될지 어떨지는 큰 의문이었기 때문입니다. 구가 일평생의 반려자로 적당하다 생각하고 진정으로 애정을 느낄 만한 사람이면(그 상대가 한국인 혹은 일본인이면 이상적이겠지만) 인종 같은 것은 불문에 부치자는 것이 바깥어른과 저의 생각이었습니다.

이런 까닭에 우크라이나와 독일계 미국인을 양친으로 둔 줄리아 뮤로크라는 여성에 대해서도 우리는 인종적 차별감은 없었으며, 다만 그 인품과 건강만이 관찰의 대상이 되었습니다. 줄리아 양은 건실한 중류층 가정에서 자라난 탓인지 미국인으로서는 드물게 보는 가정적인 여성으로 성격도 솔직하고 명랑했습니다. 커다란 고동색 눈동자와 숱이 많은 밤색 머리에 키도 구보다 약간 작았습니다. 바깥어른도 "이런 여성이면…" 하고 안심했습니다.

구의 이야기로는 줄리아 양이 미술학교 출신으로 실내장식을 하고 있었기 때문에 함께 일을 하던 중에 알게 되었다고 합니다. 성격, 취미, 일에까지 공통점이 많은 탓인지 둘은 매우 자연스럽게 결합되었다는 것입니다.

"저는 이래 뵈도 양키 걸 같은 화려한 가정의 여성보다는, 검소한 생활이지만 일과 취미를 통해 진정으로 동반자가 되어줄 아내를 택하고 싶습니다."

이런 생각을 하는 구가 택한 여성인 만큼, 줄리아 양은 나이가 한 살 위이긴 하지만 구가 품은 모든 희망을 그대로 갖춘 여성이었습니다.

미국에서 아들 이구 씨 부부와 함께한 영친왕 내외.

이만하면 부부가 다 같이 일하여 좋은 가정을 이룩하리라 예상되었습니다. 자기의 혈통과 재산이라는 환영에는 현혹되지 않고 오직 인간성으로만 아내를 택하려고 한 구의 태도에 부모로서 자랑스러운 마음을 억제할 수가 없었습니다.

두 사람은 1957년 5월에 정식으로 약혼을 했고, 우리는 그 직후 커다란 안도감을 가지고 귀국의 길에 올랐습니다. 사실은 그 기쁜 결혼식 때까지 체재하고 싶었으나 벌써 미국에 온 지 1년 가까이 되었으며, 집안일을 생각하면 그렇게 할 수도 없어서 떠나기 어려운 길을 떠나온 것입니다. 결혼식은 뉴욕의 어느 교회에서 10월 25일에 거행되었으며, 가미데 씨가 우리를 대신해서 참석해주었습니다.

영친왕은 예전부터 며느리만은 되도록 한국 여성을 희망했고, 그것이 안 될 때에는 일본 여성이라도 어쩔 수 없다는 생각을 가졌다. 그러나 이번에 또 2대에 걸친 국제결혼을 하게 되어 구왕실의 혈통에 독일과 러시아계의 피가 섞이게 되었으니, 이 역시 하나의 운명이라고밖에 말할 수 없는 것이었다.

영친왕에게는 타고난 인덕이라고나 할까, 특별한 무언가가 있었다. 일찍이 나는 그에 대해서 험구를 하는 사람을 본 일이 없다. 내가 나중에 영친왕을 본국으로 모셔오느라고 일본에서 동분서주할 때, 어느 관청의 어떤 사람을 만나더라도 영친왕의 일로 왔다고 하면 지위가 높은 고관으로부터 하급관리에 이르기까지 이미 일본과는 아무 관계가 없게 된 영친왕에 대해 항상 최고의 경의를 표하고 무엇이든 잘해주려고 애를 쓰는 것이 한눈에 보였다. 아들 구 씨의 졸업식을 참관하기 위하여 미국에 갔을 때에도 의외의 인물로부터 예기치 않은 원조를 받아 크게 신세를 진 일이 있었다.

잠깐 졸업식만 보고 곧 돌아온다는 것이 아들을 보는 재미에 거의 1년 동안이나 미국에 체류하게 된 관계로, 가지고 갔던 돈은 벌써 다 없어지고 돌아올 때 타고 올 비행기 표조차 사기 어렵게 되었다. 하루는 이웃에 사는 이노구마 겐이치로 화백이 찾아왔다. 이노구마 씨는 일본에서 으뜸가는 서양화가로 뉴욕에도 아틀리에를 가지고 있었으며, 도쿄에서는 영친왕저 바로 이웃에 살면서 틈만 있으면 영친왕에게 그림공부를 가르쳐주던 사람이었다. 그와 같이 절친한 사이이므로 영친왕은 그날도 그저 놀러온 줄로만 알았는데, 이노구마 씨가 좀 여쭐 말씀이 있다고 하면서 주머니에서 봉투 한 장을 꺼내어 테이블 위에 놓았다.

"이것은 다이에이의 나가타가 전하께 드리라는 것이니 옹색하신 데 우선 써주십시오."

다이에이영화사 사장 나가타 마사이치 씨는 니카츠영화사 촬영소의 일개 안내원에 지나지 않았던 사람인데, 중학교밖에 나오지 않았건만 분투노력하여 일본의 대표적 영화제작자가 된 입지전적인 인물이었다. 영친왕이 의아하게 생각하고 봉투를 뜯어보니 그 속에는 내셔널 시티뱅크의 5천 달러짜리 수표가 한 장 들어 있었다. 영친왕은 깜짝 놀랐다.

"아니, 나는 아직 나가타 사장은 만나본 일도 없는데 이같이 큰돈을 주다니 나는 도무지 이해가 가지 않소."

"그렇게 생각하시겠지만 나가타라는 위인은 본시 그런 사람입니다. 성격이 호방해서 남이 어려운 것을 보면 그대로 있지 못하는 성격인데, 이번에 제가 전하께서 외국에서 고생을 하신다는 것을 이야기했더니 그게 될 말이냐고 자진해서 드리는 것입니다. 우선 보태 쓰시고 후일 귀국해서 갚으시면 될 것이 아닙니까?"

당시 나가타 씨는 자신이 제작한 영화 〈라쇼몽〉이 일본에서는 처음으로 베니스 국제영화제에서 그랑프리를 받은 이후 승승장구하고 있었다. 하지만 아무리 사업이 잘나간다고 하더라도 일면식도 없는 사람에게 누가 5천 달러씩이나 거저 빌려준단 말인가? 나가타 씨는 그 같은 사람이었다. 염치는 없었지만 이노구마 씨의 권고도 있고 해서 영친왕은 우선 그 돈으로 옹색함을 면하고 무사히 미국을 떠나왔다.

나중에 그 이야기를 듣고 나도 감격을 금치 못했다. 나는 영친왕에게 이렇게 조언했다.

"보통 빚과 달라서 그런 돈일수록 빨리 갚아야 됩니다."

"나도 마음이 많이 꺼림칙하오. 마침 여러 군데서 원조로 들어온 돈이 2천 달러쯤 되는데 어떻게 하면 좋겠소?"

나는 우선 그거라도 갖다 주고 성의를 표하는 것이 좋겠다고 했다. 옆에 있던 안도 여사(영친왕의 동창생인 안도 중장의 부인)가, 당시 통산대신으로 있는 사토 씨는 자기도 잘 알뿐더러 나가타 씨의 친구이기도 하니 그에게 부탁해서 2천 달러를 나가타 씨에게 전달해달라고 의뢰하는 것이 어떠냐고 했다. 영친왕도 흔쾌히 동의했고 내가 그 돈을 사토 씨에게 전했다.

그 후 사토 통산대신이 나를 불러서 갔더니 2천 달러를 도로 내주었다.

"나가타를 불러다가 이왕전하의 말씀을 전하고 우선 이거라도 받으라고 했더니, 껄껄 웃으며 '내가 드리고 싶어서 드렸지 결코 받으려고 한 것은 아니니 이 돈은 도로 갖다 드리시오'라고 합디다. 나가타라는 위인은 별로 큰돈도 없으면서 곧잘 그런 짓을 하는 사람이지요."

사토 씨는 이렇게 말하며 자기도 껄껄 웃는 것이었다.

지난한 국적 환원

영친왕이 미국여행에서 돌아온 직후에 나는 영친왕 댁으로 찾아갔다.

"나는 미나미 총독 때의 창씨개명에도 찬성하지 않았소. 건 공(이건 공)의 일본 귀화에도 반대했는데 무엇이 좋아서 일본국적을 취득했겠소? 여권쯤은 으레 될 줄 알고 MIT 공과대학 총장에게도 구의 졸업식에는 꼭 참석하겠노라고 확약을 했는데, 여권은 영영 나오지를 않고 졸업식은 임박해서 부득이 궁내청장관에게 말을 하게 된 것이오. 지금 말을 듣고 보니 일이 잘못된 모양이오."

"그렇게 말씀하시니 오히려 황공합니다. 이번 일의 책임은 그 이유야 무엇이든 전하께 여권을 내어드리지 않은 경무대에 있다고 하겠지요. 그렇지만 아무리 경무대의 처사가 나쁘다고 하더라도 전하는 전하의 체통을 지키셔야 할 것이 아니옵니까? 주제넘은 말씀이오나 그 옛날 태조대왕께서 건국하신 이래 한양조는 제27대까지 왕위가 계속되었고, 5백수십 년 동안 이 나라의 정권을 유지했습니다. 일본의 도쿠가와가 겨우 300년 밖에 가지 못한 것을 보면, 한 나라의 왕조로서 500년이나 유지한 것은 결코 짧은 것이 아니라고 생각합니다. 그런데, 나라가 있었으면 벌써 28대 왕이 되셨을 전하께서 일본에 귀화하여 일본 국민이 되신 것을 아신다면, 태조대왕 이하 열성조의 임금들이 얼마나 슬퍼하시겠습니까? 그리고 지금 살아 있는 일반 국민들은 또 얼마나 통분하게 생각하겠습니까? 그러므로 소인은 감히 그 점을 말씀 여쭌 것입니다."

영친왕은 한참 만에 다시 입을 열었다.

"그럼 어떻게 하면 좋겠소?"

"소인의 생각으로는 기왕 그렇게 된 것은 어찌할 수가 없으니 지금부터라도 국적을 고치면 될 줄 아옵니다."

"국적을 고치다니?"

"여권 때문에 일본 국적으로 된 것을 다시 한국 국적으로 환원시키는 것입니다."

"그것이 될까?"

"사람이 한 노릇을 사람이 해서 아니 될 노릇이 무엇이 있겠습니까? 소인의 생각으로는 가능할 줄로 아옵니다."

"그러면 한번 알아봐주오."

이런 이유로 나는 영친왕의 국적을 다시 한국 국적으로 돌리는 일에 관여하게 되었다.

문제를 풀려고 동분서주하다 보니 국적이라는 것이 일단 취득한 뒤에는 여간해서 바꿀 수가 없다는 것을 절감하게 되었다. 당시 내가 제일 걱정하고 또 창피하게 생각한 것은, 문제의 여권 때문에 일본인 이은 씨가 탄생한 것이었다. 만일 영친왕이 한 사람의 일본 국민으로서 세상을 떠난다면 천추에 그런 치욕이 또 어디 있겠는가 하는 생각에서, 만사를 젖혀두고 국적만은 하루바삐 고쳐야 되겠다고 결심했다. 나는 그때 마침 도쿄에 있었기 때문에 그 일에 관여하게 된 것인데, 본국에서는 대부분의 사람들이 영친왕이 일본에 귀화한 사실조차 모르고 있었다.

나는 먼저 우사미 궁내청장관을 찾아가 보았다. 결자해지의 차원이었다. 영친왕의 국적을 다시 한국 국적으로 돌이는 문제를 상의했더니 우사미 씨가 말했다.

"이 문제는 이왕전하 내외분이 처음 패스포트를 말씀하실 때부터 걱정이 되었던 일인데 꼭 그렇게 되었군요. 가만히 계십시오. 지금 법무성에 알아볼 터이니."

그러고는 법무대신에게 전화를 거는 모양인데 한참 이야기를 하더니 말을 이었다.

"큰일 났군요. 역시 국적이라는 것은 필요하다고 해서 새로 마련했다가 그것이 소용없게 되었다고 버릴 수는 없다고 합니다. 그러니 이 일을 어찌하지요?"

여러 군데로 다시 알아본 결과, 일단 취득한 일본 국적을 다시 한국 국적으로 고치는 데는 오직 한 가지 방법밖에 없었다. 본인이 한국으로 귀국해서 한국 국적을 얻은 후 다시 일본에 오지 않으면 일본에서 취득한 국적은 자연히 소멸된다는 것이었다. 그러므로 영친왕의 경우도 한국으로 귀국만 할 수 있다면 일본 국적을 없애는 것쯤은 별반 문제될 것이 없겠지만, 그때 형편으로는 귀국하려야 할 수가 없는 상황이었으므로 도무지 어떻게 할 수가 없었던 것이다.

영친왕 일가의 귀국 문제에 대해서는 그전부터 방자 여사의 친정을 비롯하여 일본 측에서 반대가 많았다. 분단된 국가에 언제 또 전쟁이 날지 모르며, 기왕 일본의 국적을 취득했으니 그대로 일본에서 살 일이지 일부러 위험한 한국으로 들어갈 것이 무엇이냐는 것이 반대의 이유였다. 게다가 경무대에서는 좀처럼 영친왕의 환국을 허락하지 않을 것이니, 이것도 그들이 반대하는 가장 중요한 또 하나의 이유였다.

    영친왕의 고뇌와 번민은 여기서부터 시작되었다. 국적은 다시 고치려야 고칠 수가 없고 본국에는 가려야 갈 수도 없으니, 이 일을 장차 어찌하면 좋으냐는 생각이 들었던 것이다. 뿐만 아니라 늘 걱정하던 대비마마도 창덕궁 낙선재에는 다시 들어가지도 못하고 정릉 남의 집에서 생활하고 계시다는 소문을 들을 때마다 영친왕은 가슴이 미어지는 듯 통분함을 금할 수가 없었다. 방자 여사가 한때 귀국을 단념하여 다마 묘지(첫 아들 진의 부분 무덤이 있던 곳)에 가족 묘역을 설정하고 도쿄에서 영주할 결심을 한 것도 바로 그 무렵의 일이었다.

    영친왕은 옛날부터 난초 재배에 열중하여 한때는 3천여 개의 화분에 종류만도 약 3백 종이 되었다. 영친왕이 교배하여 만든 신품종 난이 열 몇 가지에 이를 만큼 일본에서도 유수한 난 애호가였는데 온실을 유지할 비용 때문에 전부 손을 떼었으며, 그렇게 좋아하던 골프도 자동차가 없어진 뒤부터는 역시 중지할 수밖에 없었다.

    그래서 미국에서 돌아온 뒤부터는 '아낙군수'가 될 수밖에 없어서 허구한 날 집에서 책이나 읽고 텔레비전을 보는 것이 유일한 일과가 되었다. 평범한 시민으로서 가까운 데 산보라도 하고 싶어도 금방 남의 눈에 띄어서 행동하기가 매우 어려웠기 때문이다. 일본의 젊은이들은 영친왕이 누구인지 잘 몰랐지만 40대 이상만 되어도 이왕전하 하면 모르는 사람이 없었으며, 제국주의 시대의 향수도 있고 해서 무조건 머리를 숙이므로 좀처럼 출입하기가 어려웠다. 만일 동저고리 바람으로 밖에 나갔다가 누군가에게 들킨다면 "저 사람이 한국의 이왕이다"라고 손가락질 받을 것이 무엇보다 싫었던 것이다. 영친왕은 8·15해방 덕택에 모처럼 자유인은 되었으나 진정한 자유는 없었으며, 앞으로 살아나갈 걱정과 운동부족에다 불면증까지 겹쳐서 건강은 날이 갈수록 나빠질 뿐이었다.

하루는 급히 오라는 기별이 있어서 댁으로 갔더니 방자 여사는 외출하고 없고 영친왕 혼자 있는데, 간밤에 잠을 못 잤는지 안색이 매우 좋지 않았다. 영친왕은 차마 꺼내기 어려운 말을 하듯 주저하다 말했다.

"이런 말은 하지 않으려고 했는데 생각다 못해서 하는 것이니 그리 알고 무슨 좋은 방도가 있거든 알려주오. 그 동안 약간 있던 돈은 곶감 빼어먹듯 다 없어지고 이제는 앞으로 살아갈 일이 큰일인데, 아카사카 집을 팔았을 때의 소득세를 다 내지 않았다고 해서 세간까지 차압당했으니 이 일을 어찌하면 좋을지…"

영친왕은 말을 마치며 고개를 숙였다. 지금까지 한 번도 그런 말을 한 적이 없어서 나로서도 처음 듣는 이야기였다. 오죽해야 나 같은 사람을 보고 그런 말씀을 하실까 생각하니 나도 모르게 눈시울이 뜨거워졌다.

그리고 영친왕은 느닷없이 오사카의 사카모도(본명은 서갑호)라는 사람을 아느냐고 물었다. 서갑호 씨는 유수한 재일교포 실업가였는데, 예전에 도쿄 주일대표부에서 김용주 공사의 소개로 꼭 한 번 나와 인사를 한 일이 있는 사람이었다. 8·15해방 직후 재일교포들이 예전에는 영친왕 근처에도 가지 못했던 호기심도 있고 해서 영친왕 댁에 경의를 표하러 오는 사람이 많았다. 그중에 경제적으로 성공한 사람은 위문의 뜻으로 다소간 금품을 제공한 일도 있었는데, 서갑호 씨도 그런 독지가 중 한 사람이었다. 영친왕은 하도 사정이 급하니까 어떻게 그에게 부탁해서 융자를 할 수가 없느냐고 말했던 것이다. 그렇지 않아도 소득세 때문에 차압까지 당했다는 말을 듣고 눈시울이 뜨거워졌던 나는 금세 눈물이 쏟아질 지경으로 마음이 처량해졌다. 오죽해야 벌써 여러 해 전에 원조를 해드린 사람까지 생각해내셨단 말인가? 당시 영친왕의 심경과 처지는 마치 물에 빠진 사람이 지푸라기라도 잡으려는 것과 같았다.

"얼마나 사정이 급하시기에 서갑호 씨까지 물으시겠습니까만 저는 그 사람을 단 한 번 만났을 뿐입니다. 지금에 와서 전하의 말씀을 한다고 해서 꼭 협조를 해준다는 보장도 없고 잘못하면 도리어 창피만 당하기 쉽습니다. 서갑호 씨의 일은 단념하시고 그 대신 소인이 다른 방법을 강구해보겠습니다."

영친왕은 그것도 그럴 것이라고 수긍을 하면서도, 차압을 당한 세간과 집이 경매를 당하지 않도록 빨리 서둘러달라고 다시 부탁했다. 그때 내 머리에 한 사람의 인물이 떠올랐다.

기미시마 이치로 씨는 동경제대 출신으로 오랫동안 영국 런던에 재무관으로 가 있었으며, 해방 전에는 조선은행 부총재로 서울에서 살았다. 그는 한국과는 인연이 깊으며 다년간 해외에서 근무한 일이 있는 만큼 국제적 시야가 넓어서 보통 좀팽이 일인들과는 종류가 다른 사람이었다. 더구나 그는 항상 입버릇처럼 영친왕의 이야기를 하고 종전 후 일본 정부나 궁내청에서 영친왕을 돌보지 않는 것은 인도에 어긋난 일이라고 분개했다. 그 사람이면 무슨 좋은 방도가 있을지도 모른다는 생각에서 나는 그를 찾아갔다.

당시 그는 나이가 많아서 실무는 보지 않았으나 전에 조선은행 고문으로 있던 고이케라는 노인과 함께 조선은행의 잔무 처리를 감독하고 있었다. 나의 이야기를 다 듣고 난 기미시마 씨는 무릎을 탁 쳤다.

"좋은 수가 있기는 한데 나중에 한국 정부에서 말썽을 피우면 어떻게 할지, 다만 그것이 문제요. 지금 조선은행의 잔무를 정리 중인데 그중에 이왕전하의 주식이 약 1천만 엔가량 있습니다. 이것은 왕전하 개인의 소유이니까 전하께 돌려드려도 상관없겠지만, 만약 후일에 가서 이승만 대통령이 그것도 국유라고 항의를 해온다면 국제적 분쟁이 될 것이니 그것이 걱정이오."

그 1천만 엔만 손에 들어온다면 영친왕의 당면한 문제는 우선 해소될 것이므로 나는 목에서 손이 나갈 만큼 그 돈이 탐났다. 다년간 조선은행 고문으로 있던 고이케 씨가 바로 우리 집 이웃에 살고 있었으므로 그 후 나는 아침저녁으로 그를 찾아가 졸랐다. 하루는 조선은행을 정리하고 거기서 남은 돈으로 새로 창립한 일본 부동산은행으로 나를 부르더니 기미시마와 고이케 두 노인은 만면에 웃음을 지으면서 말했다.

"김 선생, 기뻐해주시오. 어제 중역회의를 연 결과 이왕전하의 주식은 어디까지나 이왕전하 개인의 것이라는 법적 해석을 내리고 전부 왕전하께 드리기로 했으니 곧 이 소식을 전해주시오. 그리고 만일 후일에 가서 이 일 때문에 무슨 문제가 생긴다면 그때 가서는 우리 두 사람이 책임을 지지요."

이 말을 하면서 옛날 일본의 사무라이들이 하듯 칼로 배를 가르는 시늉을 했다. 나는 그 시늉이 우습기도 하면서 어찌나 고마운지 겉으로는 웃으면서도 마음속으로는 울었다.

영친왕의 국적을 다시 한국으로 바꾸고 본국으로 돌아오는 데는 이처럼 한일 양국의 수많은 사람들이 선의의 원조를 아끼지 않았다. 거기에는 우에무라 겐타로라는 사람도 있었다. 본시 내무성 고급관료였던 그는 식견과 교양이 높은 신사로서 얼마 전까지 일본 도로공원 총재로 있었으며, 현재 한일협력위원회 간부이기도 하다.

우에무라 씨는 그다지 큰 재산도 없으면서 자기가 고문으로 있는 어떤 회사에서 매월 들어오는 고문료를 받지 않고 여러 해 동안 영친왕을 도와 드린 일이 있었다. "나는 그 돈이 아니라도 살 수가 있으니 영친왕 댁으로 직접 보내드리라"며 그 같은 지원을 했던 것이다. 그뿐 아니라 영친왕이 조선은행 주식을 받아 생긴 1천만 엔으로 그간 밀린 세금을 낼 때는 일부러 세무서를 찾아가서 세금을 훨씬 탕감하게 하고 즉시 차압을 해제시켰다는 이야기도 있다.

"아무리 세상이 변했기로서니 세금이 체납됐다고 해서 이왕 전하의 세간을 차압할 수가 있는가? 이것은 우리 일본인 전체의 수치스러운 일이다."

여러 사람의 호의와 노력으로 우선 발등의 불만은 끄게 되었으나, 가장 중요한 국적 환원이나 앞으로의 생활 문제는 그대로 남아 있었다. 그뿐 아니라 일왕을 위시해서 여러 사람으로부터 원조를 받는다는 것은 그것이 비록 선의에서 나온 자발적 행위라고 하더라도 영친왕으로서는 결코 명예스러운 일이 못 되었다. 영친왕이 영친왕으로서의 명예를 보존하는 길은 오직 하루바삐 환국해서 국적을 도로 찾는 것이었다. 그렇게 되면 생계비도 자연 해결이 되리라는 것은 누구나 잘 알 수 있는 일이었다. 그러나 영친왕비 방자 여사는 경무대의 너무나 가혹한 처사에 분개하고 전도를 비관한 나머지 도쿄에다 가족 묘역까지 정하고 일본에서 영주할 채비를 차리니, 영친왕의 본심과는 정반대로 일은 자꾸만 꼬여만 갈 뿐이었다.

"영친왕이 이왕전하라 해서 일반의 존경을 받는 것은 구한국의 황태자라 그런 것이다. 일개 일본인 이 씨라고 하면 누가 존경을 한단 말인가? 따라서 영친왕은 어디까지나 한국의 영친왕으로서 위엄을 보존해야 할 것이며, 그렇게 하기 위해서는 이제는 아무 관계가 없게 된 일본을 떠나 속히 귀국하는 것이 필요하다. 그렇게 함으로써 일본인 이은 씨가 아니라, 대한제국 최후의 황태자로서 최고의 명예를 가지고 조국에서 생애를 마치시는 것이 가장 중요한 일이다."

이런 생각에 공감했던 기미시마 씨와 우에무라 씨를 위시해서 스즈키 씨 등 영친왕의 장래를 걱정하는 사람들이 도쿄 히비야에 있는 중국요리점에 모여 그 대책을 협의한 일이 있었다. 그 자리에는 방자 여사를 대신하여 안도 부인도 참석했다. 안도 부인의 부친은 과거 방자 여사의 친정에서 시종으로 일했던 일이 있었다. 그녀 자신도 방자 여사와는 학습원의 동창일뿐더러 그 남편 안도 중장은 영친왕과 육군사관학교 동기생이었던 관계로, 부부가 다 함께 영친왕 내외의 일이라면 무엇이고 잘 봐드리는 사람들이었다. 1958년이라고 생각되는데, 점심을 나누면서 기미시마 씨가 먼저 입을 열었다.

"소문을 듣자니 이왕비께서는 전도를 비관하시고 일본에 영주할 결심을 하신 모양인데, 그것이 사실이라면 우리 뜻 있는 일본인으로는 찬성할 수가 없는 일입니다. 이왕비는 일본의 황족이긴 하나 한국 황실에 시집을 가셨으므로 그 출신이야 어쨌든 엄연한 한국의 왕비이시므로 어디까지나 한국 황실과 이왕전하의 명예를 중심으로 생각하셔야 될 터입니다. 이승만 대통령의 처사가 나쁘다고 해서 일시적 감정으로 대사를 그르치면 아니되므로, 비전하께서는 일본에서 영주할 생각을 버리시고 왕전하와 함께 한국에서 여생을 보내도록 하시는 것이 상책일 줄 압니다."

그리고 그는 만일 이대로 영친왕이 일본에 있으면 날이 갈수록 지내기가 더욱 어렵게 되어, 끝내는 체면조차 유지할 수 없게 될 것이라는 점을 되풀이해서 역설하는 것이었다.

영친왕은 마땅히 본국으로 돌아가야 할 것이라는 그날의 결론은 안도 부인을 통해 즉시 영친왕 내외에게 전달되었다. 그런 일이 있은 며칠 뒤에 이번에는 방자 여사가 우리를 초청하여 그 문제를 다시 의논하게 되었다. 방자 여사가 먼저 입을 열었다.

"나에 대해서 약간의 오해가 있는 듯하여 이 자리를 마련한 것입니다. 왕전하의 귀국은 내가 반대를 해서 실현되지 않는 것이 아닙니다. 여러분의 말과 같이 나는 일본 황족의 한 사람이나 한국 황실로 출가하여 한국의 황태자비가 된 사람입니다. 따라서 그 출신이야 어쨌든 나는 어엿한 한국 황실의 일원이며, 여필종부라는 말처럼 나의 전 생애는 오로지 왕전하를 위해서 있어야 하는 것입니다. 우리의 결혼이 국제결혼이든 아니든, 또는 정략결혼이든 아니든 기왕에 결혼을 한 바에야 아내가 남편을 섬기고, 또 남편을 위해서 살아가는 것은 당연한 일이 아니겠습니까? 그러므로 바깥어른이 그토록 사모하고 그리워하시는 조국으로 돌아가시는 일에 대해서 찬성을 하면 했지 무엇 때문에 내가 반대를 하겠습니까? 따라서 나 때문에 전하가 귀국을 못하신다는 것은 전혀 오해입니다."

여기까지 말하는 방자 여사의 두 눈에는 눈물까지 비쳤다.

"그러나 여러분도 아시다시피 왕전하가 본국으로 영주귀국을 하시려면 여러 가지 여건이 갖추어져야 합니다. 그러나 이승만 대통령의 본국 정부에서 귀국을 허락하지 않을 뿐더러, 구황실 재산을 전부 국유로 하는 대신 구황족의 생계비는 국가에서 보장하겠다는 법률이 엄연히 존재하고 있음에도 불구하고 구황실의 계승자요 종손인 왕전하에게 대해서는 이날 이때까지 동전 한 푼 준 일이 없습니다. 그러니 누구를 믿고 어떻게 살려고 무턱

대고 본국으로 간단 말입니까? 그러므로 전하가 희망하시는 대로 귀국은 하시되, 매우 중대한 일이니 신중히 하시라는 것뿐입니다. 서울에 계신 윤대비께서 피난처 부산으로부터 돌아오신 지 7~8년이 되건만 아직도 창덕궁으로 들어가지 못하고 정릉 남의 집에서 군색한 생활을 하고 계십니다. 바깥어른이라고 해서 절대로 그런 일을 당하지 않으리라는 보장이 어디 있습니까?"

그날 방자 여사의 눈물어린 해명으로 우리는 비로소 방자 여사의 참뜻을 알게 되었다. 솔직히 말해서, 마음에도 없는 정략결혼으로 기구한 운명을 한탄하던 방자 여사가 자기보다 더 기구한 운명을 타고난 영친왕을 위해 오랫동안 몸과 마음을 다 바쳐온 그 노고가 새삼 경탄스러웠다.

창덕궁으로 환궁한 윤대비

도쿄에서 영친왕의 국적 환원과 귀국 문제로 의논이 분분할 즈음, 서울의 윤대비는 자세한 내용도 모르고 다만 영친왕이 어서 귀국하지 않는 것만 안타깝게 생각하고 있었다. 왕실에 시집 온 뒤 한 번도 출산을 해본 일이 없는 고독한 윤대비에게 있어서는 사적으로는 시동생이고 공적으로는 왕전하인 영친왕이 유일한 희망이었고 삶의 보람이었다. 자나깨나 영친왕을 생각하지 않는 날이 없었으며, 인생의 말년에 영친왕과 함께 모여서 사는 것이 최대의 소원이었던 것이다.

대망의 해방이 되었어도 영친왕은 돌아오지 않았고, 6·25전쟁으로 그 희망은 더욱 희박해졌을 뿐더러, 시아버님 고종황제가 그토록 사랑하던 시누이 덕혜옹주는 정신이상으로 벌써 10여 년 동안이나 도쿄의 정신병원에 입원 중이었다. 그런 일을 생각하면 윤대비는 눈앞이 캄캄하여 어찌할 바를 몰랐다. 그리하여 인편이 있을 때마다 영친왕의 귀국을 간청했고, 영친왕 또한 무엇보다 대비마마를 위해서라도 속히 본국으로 가야겠다는 결심을 하기에 이르렀던 것이다.

그토록 조국을 그리워하고 대비마마를 사모하는 영친왕의 마음에 감동한 방자 여사는 일본에서의 영주를 단념하고 남편을 따라 한국으로 돌아갈 결심을 했지만 그때 형편으로는 귀국이 좀처럼 실현될 가능성이 없었다. 그러나 하늘의 뜻이라고나 할까, 그 기회는 의외로 빨리 왔으니 그것이 4·19혁명이었다. 1960년 4월 19일에 일어난 4·19 혁명은 10년 세도의 자유당 정권을 무너뜨리고 이승만 대통령을 하야하게 했다. 영친왕은 그날 라디오 뉴스로 본국에서 혁명이 일어난 것을 알고 깊은 명상에 잠겨 있었다. 영친왕은 다 같은 전주이씨로 종친의 한 사람인 이승만 박사와 끝끝내 화해를 하지 못한 것을 유감으로 생각했다. 이러니저러니 해도 이 박사는 위대한 애국자인데 유종의 미를 거두지 못한 것을 매우 애석하게 여겼던 것이다.

4·19혁명 후 본국에서는 허정 씨가 과도정부의 내각수반이 되었다. 바로 그 무렵 도쿄 영친왕저에는 '이은 선생 환국 환영회'의 이름으로 다음과 같은 취지서가 한 장 날아들었다.

본회는 구한국 최후의 황태자로 영친왕이었던 이은 선생을 과거의 영친왕으로서가 아니라 신생 제2공화국의 한 시민으로서 환영하고자 하는 바입니다.
이은 선생의 애절한 심정은 항상 고국이 그리운 나머지 덕수궁 앞뜰에 깔린 바둑돌이라도 몇 개 보내 달라고 윤대비께 전해와 이를 듣고 모두 통절히 생각했거니와, 그는 고국산천이 그리워서 벅찬 가슴을 움켜쥐고 단장의 눈물을 수없이 흘렸던 것입니다. 이제 선생이 신생 조국에 돌아와 여생을 보내려고 함은 극히 당연한 일이라고 하겠습니다.

이은 선생은 조선 500년의 끝판인 대한제국의 마지막 황태자로서 수난자의 한 사람입니다. 과거 왕조의 정치가 좋든 나쁘든 대한제국 말년의 국치가 어찌 국왕 한 사람만의 잘못이라고만 할 수가 있겠습니까? 일반이 다 알다시피 소위 5적이니 7적이니 하는 매국노의 소행이었던 것입니다. 이 절치부심할 한일합병의 인질 정책으로 11세의 나이 어린 영친왕은 왜국에 끌려가, 그야말로 조국과 민족의 산 제물이 되어 마치 물에 떨어진 기름방울과 같은 신세로 죄인 아닌 귀양살이를 하여 왔습니다. 영친왕비 방자 여사도 여필종부의 정신으로 이은 선생 못지않게 한국 국민으로서의 긍지와 명예를 지켜 왔던 것입니다.

그리하여 8·15해방 후 여러 번 조국으로 돌아오려고 했으나 자유당 정부는 굳이 그것마저 허락하지 않았는데, 4월 혁명으로 정세는 달라져 영친왕의 환국은 이제 오직 시간 문제가 되었습니다. 이런 뜻에서 이은 선생의 환영회를 갖고자 하오니 모름지기 동포 제위는 53년 전 그가 인천항에서 이토 히로부미의 손에 끌려 고국산천과 이별할 때의 그 눈물겹던 정경을 회상하시와 동포애의 따뜻한 마음으로 이은 선생을 맞이해주시기를 바라나이다.

그것을 다 읽고 난 영친왕은 이제는 정말 귀국을 하게 되나보다 하는 생각과 함께 이번의 혁명으로 정릉에 있는 대비마마도 창덕궁으로 다시 들어가게 되기를 간절히 바랐다.

구황실 사무총국은 구황실 재산처리법에 의하여 창설된 기관인데, 역대 책임자들이 '염불에는 마음이 없고 잿밥에만 열중해서' 좋지 못한 소문이 끊일 새가 없었다. 사실상 구황실의 주인공이라고 할 영친왕이 일본에서 남의 원조를 받아 근근이 살아갈 때에도 구황실 사무총국에서는 그런 것은 아랑곳없다는 듯 구황실 소유의 재산을 팔아먹는 데만 눈이 벌게서 여러 가지 추잡한 사건이 속출했던 것이다.

구황실의 재산을 둘러싸고 개인이나 단체의 이권 경쟁이 치열하여 여론이 비등하자, 이 대통령도 더 이상 참을 수 없었던지 오재경 씨를 새로이 총국장에 임명했다. 4·19혁명이 일어나기 바로 몇 달 전의 일이었다. 오재경 씨는 이 대통령이 발탁, 등용한 수많은 사람 가운데서도 가장 성실하고 청렴하여 일찍이 공보부 장관, 대한여행사 이사장 등을 역임하는 동안 이렇다 할 스캔들이 없었으며, 사무에 능통하고 인정이 있는 독실한 크리스천이었다.

구황실 사무총국장에 취임한 오재경 씨는 이 대통령으로부터 임명되던 날, 곧바로 정릉 인수재로 가서 윤대비에게 문안을 드렸다. 윤대비는 구황실의 마지막 황후일 뿐더러 사실상의 주인이므로 구황실의 일을 맡아보는 사무총국장이 대비마마에게 문안을 드리고 경의를 표하는 것은 당연한 일이다. 그러나 예전 책임자들은 경무대에만 눈이 팔려서 정작 구황실의 주인어른들에게 대해서는 아무 관심이 없었을 뿐더러, 경우에 따라서는 아예 무시하는 태도까지 취했으므로 오재경 씨의 윤대비 문안은 특기할 만한 일이었다. 그것이 시초가 되어 오 국장은 자주 윤대비를 찾아뵙게 되었다. 갈 때마다 새로 나온 생선이나 과일 등을 사다 드렸다고 하니, 평생에 고독하고 인정에 굶주렸던 그 노부인이 얼마나 기뻐하고 또 위안을 받았을까는 상상하고도 남음이 있다.

그 후 허정 씨를 수반으로 하는 과도정부가 수립되자 오재경 씨는 평소에 마음먹었던 일을 즉시 실행에 옮겼으니, 그것은 윤대비의 창덕궁 환궁이었다. 1950년 1·4후퇴 직전에 부산으로 피난하기 위해 창덕궁 낙선재를 나온 이후 다시는 그곳으로 들어가지 못하고 정릉 인수재에서 불우한 세월을 보내는 대비마마가 너무나 가여웠기 때문이다.

마침내 1960년 5월 4일, 허정 내각수반의 허가를 얻은 오재경 국장은 이창석 차장을 대동하고 정릉 인수재로 가서 윤대비에게 문안을 드리고 아뢰었다.

"오늘은 마마를 모시러 왔습니다."

그 계획을 미리 알고 있던 윤대비와 대비를 모시고 있던 상궁들은 뜨거운 눈물이 흘러내려 눈을 뜨지 못했다. 창덕궁을 나온 지 꼭 10년 만의 일이었던 것이다. 윤대비는 오 국장, 이 차장과 여러 상궁들의 호위를 받으며 꿈에도 잊지 못하던 그리운 창덕궁으로 다시 돌아왔다. 낙선재는 벌써 오 국장이 손수 지휘해서 마치 새집과 같이 깨끗이 단장해놓았다. 이런 연유로 윤대비는 오재경 씨를 세상에서 가장 고마운 사람으로 알게 되었고 최후의 숨을 거둘 때까지 그를 제일 신임했다.

한 가지 알 수 없는 일이 있었다. 오 국장이 윤대비를 다시 창덕궁으로 모셔온 뒤 이화장(梨花莊)으로 전화를 걸어, 이미 하야한 이 대통령에게 윤대비의 환궁을 보고했더니 이 대통령이 "아, 거 참 잘했군, 잘했어"라고 칭찬하면서 매우 기뻐하더라는 것이

1·4후퇴 이후 처음으로 창덕궁에 환궁하는 윤대비.
당시 구황실 사무총국장 오재경 씨가 윤대비를 부축하고 있다.

다. 먼저는 무슨 마음이고 나중에는 무슨 마음이냐고 해야 할까? 나는 도무지 그 진의를 이해할 수 없었다.

이 대통령이 윤대비의 환궁을 기뻐했다는 것은 아무리 생각해도 모순이 있다. 과거 10년 동안이나 윤대비를 정릉에 있게 만든 장본인은 다름 아닌 이 대통령 자신인데, 마치 그런 사실은 전혀 몰랐던 것처럼 윤대비가 창덕궁으로 돌아온 일을 축하했다는 것은 논리적으로 말이 안 되기 때문이다. 그러므로 그때 이 대통령의 말은 '나는 이미 대통령을 그만 두었지만, 나를 대신해서 윤대비를 창덕궁으로 모셔온 것은 참 잘한 일이다'라는 후회막급의 감회를 토로한 것이라고 봐야 할 것이다.

창덕궁의 괴화(怪火)

4·19혁명이 나던 해 영친왕 내외는 아들 구 씨의 신혼생활을 보기 위해 두 번째 미국 여행을 하게 되었다. 그때의 경위를 방자 여사는 다음과 같이 기록했다.

그해 가을, 10월 25일은 구와 줄리아가 인생의 새로운 출발을 하는 날이었습니다. 두 사람에게 행복이 깃들라고 멀리서 축수하면서 현재의 형편이나 신분으로는 이만하면 되었다며 아들의 결혼식에 참석하지 못하는 쓸쓸한 마음을 스스로 위로했습니다.

그 즈음 궁내청에서도 염려를 해주고 요시다 시게루 전 수상도 여러 가지로 노력을 해준 결과 본국 정부와의 문제가 해결될 때까지 당분간 매월 생활비를 보조해주었으므로, 우선 최소한의 생활은 할 수가 있게 되어 비로소 안심을 했습니다.

4·19혁명이 나던 1960년 정월부터 아들 부부를 보고 싶은 바깥어른의 마음은 더욱 절실한 바가 있었습니다. 전에 한 번 고혈압으로 쓰러지신 일도 있었으므로 비교적 몸이 건강하신 동안에 소원을 성취해드리고 싶었습니다. 나는 또 그 여비를 마련하느라 동분서주했습니다.

그리하여 6월 6일, 이번에는 여비 관계로 비행기 대신 배로 가기로 하고 요코하마에서 출항했습니다. 6월 22일 시애틀 항에 도착하여 거기서 1박 하고 다음날 비행기로 뉴욕에 도착했습니다. 아들 내외의 얼굴이 보이자 자애에 넘치는 표정으로 마치 어린애와 같이 기뻐하시는 바깥어른의 모습이 어찌나 눈물겹던지, 나는 "여러 가지로 고생은 되었지만 미국으로 모시고 와서 잘 되었다"며 저녁 하늘에 높이 솟아 있는 엠파이어스테이트 빌딩을 바라보면서 혼자서 중얼거렸습니다.

그때 바깥어른은 아직 그럴 나이도 아니신데 기력이 없으신 까닭인지, 과거에는 감정을 표면에 나타내지 않으시고 그처럼 활동적인 분이었건만 요즘은 오직 나에게 매달리시고 아들 구에게만 의지하실 뿐 도무지 무엇을 하시려는 의욕이 전혀 없어지셨습니다. 산보조차도 아주 귀찮으신 듯, 하지 않으시려고 하여 나는 그러한 바깥어른에게 크나큰 불안을 느끼게 되었습니다. 바깥어른이 한국에서 자라신 것은 11세 때까지요, 일본으로 오신 뒤로는 성묘나 문안 이외에는 결혼식 때에도 본국에 체재하는 것이 허락되지 않았으므로, 이제라도 나머지 인생만은 고국산천에서 보내시도록 해드려야 되겠다는 생각을 했습니다.

그 즈음 대비마마께서 10년 만에 다시 창덕궁으로 들어가셨다는 소식을 들었습니다. 6·25 전쟁 이후 부산으로 구포로 피난생활을 하시고 서울에 돌아오신 후에도 창덕궁에 못 들어가셨으니 얼마나 고생을 하셨을지 마음이 아프던 차의 일이라, 바깥어른과 나는 그야말로 만세를 부를 만큼 마음이 기뻤습니다.

오재경 씨가 구황실 사무총국장으로 있을 때의 차장 이창석 씨는 본시 법제처 법제관이었고, 오 씨가 공보부장관 시절에는 공보국장으로 오랫동안 함께 일을 해온 사람인데, 그 역시 윤대비나 영친왕을 위해서는 많은 공헌을 했다. 대한여행사 이사장으로 있던 오재경 씨가 구황실 사무총국장을 겸임하게 되자, 당시 문교부 국장으로 있던 이창석 씨를 초빙해서 먼저 난마와 같이 어지러운 구황실의 재산 상태를 면밀히 조사하도록 했다. 이창석 씨가 정식으로 발령받은 것은 1960년 5월 28일이었으나, 그보다 앞서 그는 매일 구황실 사무국에 출근하여 해방 전 이왕직 시대로부터 누적된 서류의 조사를 착수했다. 그가 가장 먼저 놀란 것은 서류가 많이 분실되어 구비되어 있지 않다는 사실이었다.

8·15해방 후 미군정 때에는 종친들이 구황실 재산관리위원회를 만들어서 이왕직에서 하던 일을 대행했다가 대한민국 정부의 수립을 전후해서 윤홍섭, 이병위, 윤우경 씨 등이 사무총국장에 취임했는데, 해방 후의 것은 더욱 서류가 불충분하여 조사하려야 할 수가 없는 것이 많았다고 한다.

재산대장과 납세기록조차 없는 상태에서 밤을 새워가면서 간신히 재산목록을 만들어 정리에 착수하려고 할 즈음인 그해 6월 6일 밤, 갑자기 원인모를 화재가 발생하여 창덕궁 안에 있던 구황실 사무총국이 전소되는 바람에 그토록 애를 써서 수집하고 정리해놓은 서류도 다 타버리고 말았다. 도무지 불이 날 까닭이 없는 곳에서 사람 하나 없는 깊은 밤중에 불이 나서 증거서류가 전부 소실되었으므로, 구황실의 사정을 잘 아는 사람들은 이것이 필시 방화일 거라고 단정했다고 한다.

증거서류는 다 없어졌지만 이 차장의 머릿속에 아직도 생생하게 남아있는 것은 구황실의 재산이 오랫동안 주인 없는 물건처럼 함부로 처분되었다는 사실이다. 구황실의 재산은 크게 동산과 부동산의 두 가지로 나눌 수가 있는데, 동산은 말할 것도 없고 임야나 토지 등의 막대한 부동산을 당시의 권력가들이 불하나 임대 형식으로 다 가져갔다. 서울 근교만 하더라도 수십만 평의 땅이 없어졌다고 하니, 아마 지금의 돈으로 환산한다면 적어도 수백억 원은 될 것이다. 왕가의 가장 중요한 왕릉의 땅까지 팔아먹은 데는 기가 막혀 말조차 할 수가 없었다고 한다.

최근 10년 동안에도 벌써 여러 사람의 사무총국장이 파면 혹은 철창생활을 하게 된 사실만 보아도 구황실의 재산이라는 것이 얼마나 만만한 이권의 대상이 되어왔던가를 잘 알 수 있을 것이다. 그럼에도 불구하고 영친왕에게 단돈 한 푼의 생계비조차 주지 않았던 것은 말할 것도 없고, 윤대비를 비롯하여 몇 사람의 후궁들에게 지급하는 불과 몇 십만 환의 생계비를 가지고도 사무당국이 항상 자기 돈을 거저 주듯 말썽을 부려온 사실을 생각하면, 그야말로 울분을 금할 수가 없다.

어쨌든 과도정부 수반 허정 씨는 물론, 오재경 사무총국장도 도쿄에 있는 영친왕에게 편지를 올려 아무 걱정 말고 하루바삐 귀국하십사 청했으나, 그때는 이미 영친왕 내외가 미국으로 떠난 뒤였다. 당시의 일을 이창석 차장은 다음과 같이 말했다.

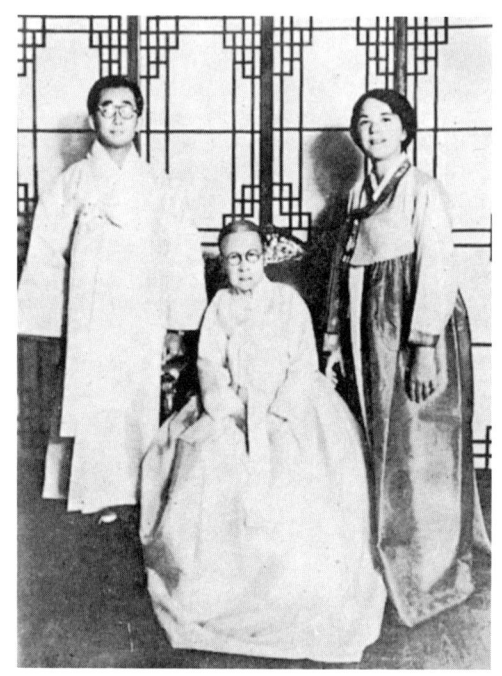

1963년 영친왕의 귀국 직후 창덕궁으로 윤대비를 찾아뵌 이구 씨 내외.

구황실 사무처에 가보고 놀란 것은 증빙서류가 하나도 구비되어 있지 않아서 누가 무엇을 어떻게 협잡해 먹었는지를 잘 알 수가 없는 것이었습니다. 그나마 조사를 해서 대강이나마 증거서류를 만들어 놓았는데 화재가 나서 다 타버렸으니 그것은 분명히 방화라고 생각합니다.

구황실의 막대한 재산을 왕실과는 아무 관계도 없는 사람들이 무쪽 베어 먹듯 모두 나누어 먹은 사실을 알면 알수록 일본에 계신 영친왕이 더욱 가엾어서, 오 국장과 상의한 결과 우선 7궁에서 사시게 할 양으로 어서 오시라는 편지를 쓴 것인데, 지금에 와서 생각하면 좀 더 일찍 모셔오지 못한 것이 한입니다.

4·19혁명 당시 나는 서울에 있었는데, 하루는 미국에 계신 영친왕비로부터 한 장의 편지가 왔다. 오랜만에 뉴욕에 가서 아들 내외의 신혼생활을 보고 매우 즐거웠다고 했다. 그런데 미국에 온 지도 어느덧 한 달이나 되므로 도쿄로 돌아가야 되겠는데 영친왕의 건강 문제도 있고 해서 갈 때처럼 배를 타기는 차마 어려우니, 뉴욕-도쿄 간 비행기 표를 두 장만 보내주면 고맙겠다는 것이었다.

나는 그 편지를 가지고 즉시 중앙청 뒤에 있는 구황실 사무총국으로 가서 먼저 이창석 차장에게 그 사유를 말한 다음 오재경 국장을 만났다. 내 이야기를 듣고 방자 여사의 편지를 다 읽은 오 국장은 "어떻게 하면 좋겠습니까?"라고 물었다.

"오 국장도 알다시피 영친왕께는 정부에서 오늘까지 동전 한 푼 원조해드린 일이 없으니, 이번 기회에 구황실 사무총국의 이름으로 비행기 표를 사 보내면 좋지 않을까 해서 여기를 찾아온 것이오."

오 국장은 한참 생각한 후에 대답했다.

"잘 알았습니다. 구황실 사무총국의 예산으로 하든지 다른 방법으로 하든지, 어쨌든 비행기 표는 꼭 사 보내겠으니 그것은 나에게 맡겨주십시오."

그 후 오 국장은 약속을 잘 지켜서 미국으로 비행기 표를 보냈으며, 영친왕과 방자 여사는 그것을 가지고 그해 8월 6일 도쿄까지 편안히 가게 되었던 것이다. 방자 여사로부터 도쿄에 무사히 도착했다는 편지를 받고 고맙다는 인사라도 하려고 오 국장을 찾아가서 치하를 했더니, 그는 뜻밖의 이야기를 하는 것이었다.

"나도 처음에는 구황실 사무총국의 예산에서 비행기 표를 사 보내려고 했지만 여러 가지 절차가 까다로워서 시일이 오래 걸리겠다 싶었습니다. 생각다 못해 전부터 잘 아는 화신의 박흥식 사장에게 이야기를 했더니 그 분이 선뜻 비행기 표 값을 주어서 그것으로 사 보낸 것입니다. 그러므로 고맙다는 인사는 나보다도 박 사장에게 하시는 것이 마땅할 줄 압니다."

사실 나는 그때까지 구황실 사무총국 예산으로 처리된 것으로만 알고 만시지탄은 있을망정 잘 되었다고 생각했는데, 한 개인이 비행기 표를 사 보냈다고 하니 참으로 의외의 일이었다.

"박 사장은 무엇 때문에 그같이 적지 않은 돈을 써 가면서 비행기 표를 사 보냈나요?"

"글쎄요. 그것은 나도 잘은 모르지만, 무슨 까닭인지 박 사장은 해방 전부터 영친왕께는 특별한 관심과 호의가 있었던가 봅니다."

 그런 일이 있은 후 나는 항상 박 사장을 고맙게 생각했는데, 이번에 이 글을 쓰느라고 그를 만나본 결과 비로소 오랫동안의 의문이 풀리게 되었다. 박사장의 말이다.
 "나는 해방 전에 종로에서 화신백화점을 경영하고 있었습니다. 당시 서울에는 미스코시, 히라타, 죠오지야, 미나카이 등 일본인이 경영하는 백화점은 여럿 있었으나, 한국인의 것으로는 오직 화신 하나밖에는 없었습니다. 따라서 그들과 치열한 경쟁을 하게 되었는데, 오랜 역사를 가지고 자금이 풍부한 일본인들과 경쟁을 하자니 여간 힘이 드는 것이 아니었습니다.
 그러던 차에 영친왕 내외가 동경으로부터 본국에 다니러 오신다는 소식을 들었습니다. 이 기회에 두 분 전하를 화신으로 오시게 할 수가 있다면 크나큰 영광이 될 뿐더러, 일본인들의 백화점에 대해서도 큰소리를 칠 수 있을 것 같아서 이왕직에 여러 번 탄원했습니다. 하지만 이왕직에서는 왕전하를 백화점으로 가시게 할 수는 없다고 하여 그 계획은 부득이 단념할 수밖에 없었습니다. 그런데 누구에게서 그 이야기를 들으셨는지 1933년 8월 6일 갑자기 영친왕 내외가 일부러 화신백화점을 참관해주셔서 크게 면목을 떨친 일이 있습니다. 그러니까 아마 그때의 영친왕의 생각으로는 조선인이 처음으로 경영하는 백화점을 당신 내외가 잠깐 가봄으로써 조금이라도 도와주자는 거룩한 뜻에서 나온 것이겠지요."
 해방 전 보통사람 같으면 백화점에 가더라도 미스코시 같이 일본 사람이 경영하는 곳으로 갈 터인데, 그보다 규모가 작고 모든 점에서 빈약한 조선 사람의 백화점을 일부러 찾아가서 격려를 해주었다는 데 영친왕의 깊은 뜻이 있었던 것이다.

영친왕 내외가 화신백화점에 있었던 시간은 불과 30분밖에 되지 않았으나 그로 말미암아 화신의 권위는 갑자기 높아졌으며, 그때까지 화신을 업신여기던 일본 상인들이 화신을 보는 눈도 종전과는 판이하게 달라져서 화신이 민족자본의 대표적 백화점으로 발전하는 데 큰 도움이 되었다. 이에 감격한 화신 사장 박흥식 씨는 그때의 일을 잊지 않고 항상 영친왕을 고맙게 생각해왔다. 마침 영친왕 내외가 미국으로부터 도쿄로 돌아오는데 비행기 표가 없다는 말을 전해 듣자 선뜻 1천여 달러의 돈을 내었던 것이다.

주영대사를 고사하다

영친왕 내외가 도쿄에 도착한 것은 1960년 8월 6일이었다. 자택에는 그 동안에 본국으로부터 온 편지가 여러 장 기다리고 있었는데, 대개가 4·19혁명이 성공하여 정권이 교체되었으니 하루바삐 돌아오라는 것이었다. 그중에도 과도정부 수반 허정 씨를 비롯하여 구황실 사무총국장 오재경 씨의 문면에는 온정이 넘쳐흘러서 영친왕은 해방 후 처음으로 본국 정부의 따뜻한 말을 듣는 듯하여 마음이 흡족했다.

그 후 한국에서는 총선거를 치르고 민주당 내각이 새로 출현했는데, 바로 그 무렵에 내가 댁으로 갔더니 영친왕은 마침 한국의 새로운 정부를 크게 보도한 일본의 각 신문을 테이블 위에 펼쳐놓고 들여다보고 있었다.

"마침 잘 왔소. 본국에서는 이제 정식으로 새 정부가 수립된 모양인데 나는 어떻게 하면 좋겠소?"

"글쎄올시다. 어쨌든 새로운 정부가 섰으니 우선 축하의 편지라도 한 장 내시지요."

"그거 참 좋겠군. 그러면 문면은 어떻게 하면 좋을지?"

"전하께서는 우리말도 잘하시고 우리글도 잘 아시니 한문과 한글을 섞어서 쓰시지요."

영친왕은 흰 두루마리에 먹 글씨로 축하의 서한을 썼다. 영친왕의 한문 글씨는 어렸을 때부터 이미 정평이 있었거니와, 한글 글씨도 궁체로 잘 쓰는 데에는 다시 한 번 놀라지 않을 수 없었다. 축하의 서한은 윤보선 대통령과 장면 총리에게 다 보냈는데, 그 문면은 대략 다음과 같았다.

윤보선 대통령 각하

이번 새로이 대통령에 취임하신 것을 축하하오며 국보간난(國步艱難)한 이때에 아무쪼록 국태민안(國太民安)의 선정을 베풀어주시기를 앙망(仰望)하고 아울러 각하의 건강을 요축(遙祝)하나이다.

1960년 10월

동경에서 이은

장면 국무총리 각하

오랫동안 고투하신 보람이 있어 이번에 신내각을 조직하고 그 수반이 되신 것을 충심으로 축하하나이다.

8·15해방은 역사적으로 일대 경사이기는 하오나 38도선으로 국토가 양단되고 민족상잔의 유혈극까지 일어나게 되었으니 남북이 통일되어 평화로운 국가를 이룩하자면 비상한 노력과 고심이 있어야 될 줄 아나이다.

그러한 의미에서 각하의 건투를 기원하며 하루빨리 민생을 안정시키고 통일의 대업을 꼭 성취하시기를 또한 바라 마지않나이다.

이 사람은 멀리 외지에 있어 민주국가 창건에 하등의 공헌도 하지 못한 것을 유감으로 생각하오나 가까운 장래에 반드시 환국하여 국내

여러분과 기꺼이 만나 뵈올 날이 올 것을 자기(自期)하고 있나이다.

1960년 10월

동경에서 이은

곧 장면 총리로부터 회신이 왔다.

영친왕전하 옥안하(玉案下)

천만몽외(千萬夢外)로 축하의 서한을 배승(拜承)하오니 감패불망(感佩不忘)이오며 4·19혁명은 불의와 부정에 대한 민중의 분노와 항거가 마침내 혁명으로 결실된 것이오며 다시는 그런 일이 없도록 각자가 명심해야 될 줄로 아옵니다.

전하께서는 기울어져가는 국운과 함께 일본으로 끌려가신 채 거의 반세기 동안을 일본에서 지내셨으니 이역만리에서 그 고달프심이 얼마나 심각하셨겠습니까?

그런데 해방 후 벌써 15성상이 경과했건만 전하께서는 아직도 일본에 계신 채 돌아오시지를 못하오니 이 어이 된 일이오니까.

과거의 일은 어쨌든 이제부터는 하루바삐 전하를 모셔오고자 하오니 전하께서도 지나간 날 본국 정부에서 잘못한 것을 다 용서하시고 되도록 속히 환국하시와 신생 공화국을 위하여 지도와 편달을 해주신다면 이 위에 없는 행복으로 알겠나이다.

끝으로 전하와 비전하의 건강과 환국하시는 일이 순조롭게 잘 진행되기를 기원하여 마지않나이다.

1960년 10월

대한민국 국무총리 장면

장 총리는 또한 주일대표부를 통해 영국 주재 대사로 나갈 생각은 없느냐고 물어왔으나 영친왕은 건강상의 이유를 들어 사양했다. 건강이 그다지 좋지 않았던 것도 사실이지만, 그보다도 영친왕은 '아무리 망향의 생각이 간절하다고 하더라도 정치적으로 이용당할 우려가 있는 동안에는 돌아가지 않겠다. 모든 것이 안정되지 않은 지금은 아직 이르다'는 생각이 든 때문이었다. 이것은 해방 후 영친왕의 일관된 생각이었다. 미군정 때 있었던 국방경비대 참모장, 대한민국 탄생 후의 국방장관, 채병덕 참모총장 시대의 항공사령관 등의 취임 교섭을 모조리 거절한 것도 모두 똑같은 이유에서였다. 처음부터 끝까지 영친왕은 통일된 조국에 돌아와서 정당정파를 초월하여 오직 민중의 복리만을 위해 무엇이고 보답할 일이 있으면 그 일에 나머지 생애를 바치겠다는 생각밖에는 없었던 것이다.

그 이듬해, 즉 1961년 이른 봄 서울에 돌아온 나는 즉시 경무대로 윤보선 대통령을 예방하고 그 길로 중앙청으로 가서 장면 총리를 심방했다. 나 개인의 인사도 인사려니와 첫째 영친왕의 환국 문제를 의논하기 위함이었다. 대통령과 총리 모두 영친왕에 대해서는 다 같이 최대의 동정과 호의를 표시했다. 이 대통령이 영친왕에 대해 너무나 냉담하게 대한 것에 대한 반감도 있고 하여, 4·19혁명의 혜택을 영친왕에게도 나누어주려는 태도와 성의가 역력히 보였다.

그중에도 한 가지 걸작은 사표를 낸 오재경 씨의 후임으로 구황실 사무총국장을 새로이 임명하는데 자천타천의 후보자가 상당히 많았지만, 장 총리가 일부러 이수길 씨를 새로운 국장에 임

快游萬邦
明新齋

명신재라는 아호를 썼던 영친왕의 단아한 필치.

명했다는 사실이다. 이수길 씨는 의친왕의 수많은 자녀 중 한 사람이다. 당시 장 총리는 구황실 사무총국이라는 것이 요컨대 구황실과 영친왕의 재산을 관리하는 기관인데, 역대 책임자가 협잡질만 해왔으니 기왕이면 영친왕의 친척 중에서 적임자를 임명하는 것이 오히려 낫지 않을까 하는 생각에서 영친왕의 조카가 되는 이수길 씨를 임명했던 것이다.

뜻밖에 구황실 사무총국장에 취임한 이수길 씨는 그해 3월에 영친왕께 그 사유를 보고하고 이후의 환국을 준비하고자 도쿄로 떠났다. 그때 처음으로 구황실 관리총국 예산에서 일금 1백만 환을 가져다 영친왕께 드렸으니, 이것이 본국 정부로부터 영친왕이 받은 최초의 지원금이었다.

이수길 씨가 해방 후 처음으로 정부의 돈을 가지고 동경에 갔을 때, 영친왕 내외는 하와이로 떠날 준비에 한창 바빴다. 갑작스러운 하와이 여행에 대해 방자 여사는 다음과 같이 기록하고 있다.

1960년 겨울부터 그 이듬해 5월까지 아들 구가 하와이 대학 동서센터의 건축 일로 하와이에 오래 체재하게 되었습니다. 바깥어른은 참고 참으신 끝에 말씀하셨습니다.

"아무래도 다시 한 번 만나보고 좀 더 건강하게 되어야겠소."

마치 구가 무슨 명의나 되는 것처럼 자꾸 조르시는 것이었습니다. 나는 그러시리라 생각은 하면서도 만일 여행 중에 외국에서 병환이라도 나시면 큰일이라고 주저했습니다. 그러나 끝내는 이런 생각이 들었습니다.

'그렇다면 그것도 좋지 않은가? 그토록 만나고 싶다, 만나고 싶다 하시는데 모시고 가지 않을 수는 없지 않은가?'
역시 나는 지고 말았습니다.
육친의 정을 모르고 타인들 가운데서 성장하신 바깥어른에게 있어서 구는 다시 없는 단 한 사람의 혈육. 열한 살 때부터 참고 참아온 육친에 대한 감정이 기력도 체력도 다 쇠약해져 어린이와 같이 된 지금에 와서 더 참으려야 참을 수가 없게 된 것이 아닐까요.
"전하, 가시지요. 구의 옆으로 가시지요. 모시고 가겠습니다."
"응, 그래. 정말 데려다준단 말이지. 고맙소."
나는 넘쳐흐르는 눈물을 씻으며 황망히 준비를 한 후에 만일의 경우 하와이의 병원에라도 입원하게 될 때의 일을 고려해서 급한 비용을 도쿄은행 하와이 지점에서 찾아 쓸 수 있도록 마련해놓고 약 1개월의 예정으로 하와이로 출발했습니다. 1961년 3월 26일의 일이었습니다.
이번에도 구 내외와 같은 호텔의 마주 보이는 방에 묵으면서 식사도 산보도 모두 함께 했습니다. 바깥어른은 수영장의 등의자에 걸터앉아서 아침에는 구가 사무소로 나가는 것을 전송하고, 저녁때는 구가 돌아오는 것을 기다리고 계셨습니다. 하와이의 유명한 섬을 유람하는 관광 같은 것도 다 뒤로 미루고 오직 구 내외와의 생활만을 즐기시는 듯했습니다.
기분이 매우 좋아지신 바깥어른과 함께 예정한 대로 5월 7일에 도쿄에 도착했습니다. 마음속으로 몹시 염려했던 일도 일어나지 않고 무사히 돌아오게 된 것만 기뻐했는데 그것도 잠깐이었습니다. 바깥어른은 5월 중순에 병환이 재발해서 몸져누우시고 말았습니다.

'하와이에 모시고 갔다 오기를 참 잘했다.'

언제 또 재기하실 날이 있을지 모르는 바깥어른의 병상 옆에서 먼저 머리에 떠오른 것은 그러한 생각이었습니다. 모르면 몰라도 최후의 기회가 되었을 즐거웠던 나날들. 남들이 볼 때에는 억지로 무리를 해서 하와이까지 다녀온 것을 부질없는 일로 생각할지 모르나, 일이 이쯤 되고 보니 그나마 하나의 위안거리가 되었다고 하겠지요.

그 무렵 본국 서울에서는 5·16군사혁명이 일어나서 장면 내각은 해산되고 군사정권이 출현했습니다. 해방 이래 조금도 안정되지 않는 국정을 슬프게 생각하는 동시에 무엇보다도 국민이 가엾기 짝이 없었습니다.

영친왕 쓰러지다

5·16군사혁명 당시 나는 서울에서 윤 대통령과 장 총리, 구황실 사무총국과 더불어 영친왕의 환국 문제를 협의 중이었는데, 갑자기 혁명이 일어나서 그때까지의 모든 노력과 고심이 하루아침에 수포로 돌아갔으니 영친왕의 불운을 한탄하지 않을 수 없었다. 해방 후 15년 동안 이런저런 사정으로 그렇게도 어렵던 것이 4·19 혁명으로 말미암아 겨우 귀국의 서광이 보여 이번에는 아마 실현이 되나보다 했는데 뜻하지 않은 군사혁명으로 또다시 암초에 걸리고 만 것이었다.

5·16군사혁명이 나던 해 7월 초에 나는 도쿄의 방자 여사로부터 한 통의 편지를 받았다. 그 편지에는 "왕전하께서 또 졸도하시어 몸을 마음대로 움직이지 못하고 말조차 못하시니 어떻게 하면 좋을지 모르겠으며, 입원을 시켜드리려고 해도 입원할 비용도 없고 사람도 없으니 곧 와서 도와달라"는 사연이 쓰여 있었다. 나는 그 편지를 받고 아찔했다. 과거의 자유당 정부나 민주당 정부 같으면 아는 사람이 많아서 의논하기가 쉬웠지만, 5·16혁명을 일으킨 주체들은 아무도 아는 사람이 없었으므로 누구와 어떻게 의논을 해야 할지 막연했기 때문이었다.

당시는 혁명 직후라 서울 장안의 공기는 자못 삼엄했다. 김포공항마저 폐쇄하여 외국으로 나가는 길을 막았으므로 나는 일본으로 가는 패스포트를 가지고 있었지만 가려야 갈 수가 없는 형편이었다. 나는 즉시 창덕궁 낙선재로 가서 윤대비에게 방자 여사의 편지를 읽어드렸다. 이 노부인은 그저 목멘 소리로 "그러니 어떻게 하면 좋단 말인가? 돈도 보낼 수가 없고 사람도 갈 수가 없으니… 나는 자네만 믿네"라고 말할 뿐, 아무 도리가 없었다. 이어서 운현궁으로 흥친왕비를 찾아갔더니, 이 노부인 역시 윤대비와 똑같은 말을 하고 눈물만 흘릴 뿐이었다.

구황실 사무총국장 이수길 씨는 군사혁명이 나자마자 곧 파면되었고, 군인이 그 후임으로 왔으므로 구황실 사무총국에 가서 의논할 형편도 못 되었다. 도쿄에서 병상에 누워있는 영친왕을 도와드리는 길은 오직 정부 고위층에 하루바삐 사정을 이야기해서 원조를 받는 것밖에는 없다는 생각으로 여러 가지 궁리를 해보았다. 궁하면 통한다고 어려운 중에도 한 줄기 희미한 빛이 보였다.

5·16 직전 미국에서는 40대인 케네디 상원의원이 새로 대통령에 당선되었다. 그 이면에 하버드나 프린스턴 등 일류대학의 교수들을 총동원해서 만든 두뇌집단이 있었다는 사실에 자극을 받았음인지, 군사혁명이 성공하자 우리나라에서도 각 대학의 저명한 교수들이 정부 각 기관의 자문위원으로 등용되었다. 그 중에 꼭 한 사람, 내가 잘 아는 청년 교수가 끼어있는 것을 발견한 나는 그 사람에게 이야기를 해보기로 했다. 당시 고려대학 교수로 있던 민병기 씨였다.

민병기 교수는 을사늑약 때 자결한 충정공 민영환 선생의 손자로 구황실과는 특별한 관계가 있었다. 그가 자문위원으로 있는 외무부로 여러 번 찾아갔지만 도무지 만날 수가 없었는데, 내가 자기를 찾는다는 말을 들었음인지 하루는 민 교수가 일부러 나를 찾아 왔다. 그래서 나는 방자 여사의 편지를 내보이면서 말했다.

"그대는 할아버님을 생각해서라도 왕전하를 잘 도와드려야 할 것이 아니오?"

"어떻게 하면 좋겠습니까?"

"별 수 있소? 최고 권력자에게 사정이야기를 하고 도움을 받을 수밖에 없으니, 최고회의의장 박정희 장군에게 진정을 해보는 것이 첩경일 줄 아오."

"마침 잘 되었습니다. 오는 9월에 열리는 유엔 총회에 대비해서 제가 곧 뉴욕으로 출발합니다. 떠나기 전에 박 의장께 작별인사를 하러 갈 테니까 그 기회에 말을 해보지요."

민 교수는 그 약속을 잊지 않고 잘 이행하여 그 이튿날 밤중에 나를 찾아 왔다.

"기뻐해주십시오. 박 의장께 영친왕의 말씀을 했더니 무릎을 탁 치면서 '그거 참 안 됐군. 그렇지 않아도 그 어른의 일이 늘 마음에 걸렸었는데. 만일 영친왕이 일본에서 병원에도 입원을 못하고 거리에서 돌아가신다면 우리 민족 전체의 수치이니, 곧 주일대표부에 연락해서 도쿄에서 제일 좋은 병원에 입원시켜드리고 그 비용은 정부에서 지급할 터이니 그리 알라고 하시오'라고 해서 저는 어안이 벙벙했습니다."

그리고 박 의장은 민 교수에게 물었다고 한다.

"영친왕은 매우 외로우신 모양인데 누구 보낼 사람은 없겠소?"

민 교수는 마치 그 말이 떨어지기를 기다렸다는 듯 대답했다.

"있습니다. 각하께서도 잘 아시는 엄주명 씨(예비역 장성으로 영친왕의 외종사촌이다)와 김을한 씨가 적임자인 줄 압니다."

"그러면 그들을 나의 특사로 임명하고 즉시 도쿄로 가서 영친왕을 문병토록 하시오."

이 말을 들은 민 교수는 너무나 기뻐서 한시라도 빨리 나에게 알려주려고 한밤중에 찾아온 것이라고 했다.

민 교수는 이 이튿날 바로 뉴욕으로 떠났는데, 중앙방송국에서는 그날 아침부터 최고회의 공보실 발표라며 다음 내용을 되풀이해서 방송했다.

"최고회의 박정희 의장은 도쿄의 영친왕께서 병환이 위중하시다는 말을 듣고 주일대표부에 지시하여 즉시 입원을 하시게 했으며, 최고회의의장 특사로 엄주명, 김을한 두 사람을 일본으로 파견, 문병토록 했습니다."

그리하여 나는 임명권자인 박정희 의장을 한 번 만나보지도 못한 채 그의 특사가 되어 일본으로 가게 되었던 것이다. 민 교수 덕택으로 벼락감투를 쓰게 된 우리는 곧 일본으로 떠날 준비를 했다. 낙선재 윤대비와 운현궁 홍친왕비는 너무나 기뻐서 어쩔 줄을 몰랐다. 나와 함께 특사가 된 엄주명 씨는 감격한 나머지 오직 눈물만 흘릴 뿐이었다. 그것도 그럴 수밖에 없었다. 엄주명 씨는 영친왕의 어머님 엄비의 친정 조카로 영친왕에게는 외종사촌이 되는 사람이다. 1907년 영친왕이 일본으로 끌려갈 때에는 함께 따라가서 고락을 같이했던 그는 영친왕의 이야기만 나오면 언제나 눈물을 흘리고 가슴이 메어서 말을 못했던 것이다. 영친왕의 학우라는 명목으로 열 살 무렵 일본으로 건너간 엄주명 씨는 고모인 엄비의 바람도 있고 해서 영친왕과 똑같은 길을 걷게 되었다. 일본의 유년학교와 육군사관학교를 졸업한 후 육군 대위까지 승진했다가 그의 부친 엄준원 씨가 교장으로 있던 진명여고를 계승하기 위하여 자원해서 예비역이 되었다. 해방 후에는 국군 준장으로 많은 공적을 남겼는데, 최고회의의장의 특사가 되었을 때는 본인도 건강이 좋지 못하여 병석에 있었다. 엄주명 씨는 지병에도 불구하고 영친왕을 하루바삐 만나기 위해 즉시 출발하고자 했으나, 여권 발급에 상당한 시일이 걸릴 것이었으므로 우선 여권을 가지고 있는 필자부터 먼저 떠나기로 했다.

1961년 8월 6일. 몹시 더운 날이었다. 5·16군사혁명 후 처음으로 서울을 떠난 필자는 그날 오후 7시쯤 도쿄 하네다공항에 도착했다. 신문과 라디오로 박정희 의장의 특사가 온다는 것이 미리 널리 알려졌기 때문에, 공항에는 수많은 기자들이 미리 나와서 나를 기다리고 있었다. 그중의 성급한 기자가 물었다.

"당신이 이번에 도쿄에 온 것은 박 의장의 특사로 이왕전하를 모시러 온 것이 아닙니까?"

"그것은 나중 일이고 지금은 다만 입원 중인 왕전하를 문병코자 온 것뿐입니다."

나는 이렇게만 말한 후, 즉시 자동차를 몰아서 스키치에 있는 성누가병원으로 향했다. 성누가병원은 도쿄에서도 가장 권위가 있는 가톨릭계 병원으로, 급히 입원하기가 좀처럼 쉽지 않은 곳이었다. 하지만 영친왕은 한국대사관에서 교섭하여 특별히 가장 좋은 방으로 즉시 입원을 하게 되었던 것이다. 병원에 도착하여 특등 병실에 들어서니 영친왕이 누워있는 침대 옆에는 다만 방자 여사만 혼자 앉아 있을 뿐이었다. 영친왕은 나를 알아보고 그러는지 반가운 표정을 약간 지을 뿐 아무 말도 하지 못했다.

박정희 의장과의 면담

　병원장에 따르면, 영친왕의 병은 고혈압으로 인한 뇌혈전증인데 몸을 마음대로 움직일 수 없으며 말조차 하기 어렵다고 했다. 뇌혈전 때문에 뇌연화증이 와서 운동신경이 마비되었다고 했지만, 입원으로 우선 위기를 면한 것만은 천만 다행한 일이었다. 그 전날까지만 해도 영친왕은 정신이 약간 명료해서 "특사는 언제 오느냐? 특사는 언제 오느냐?"며 자꾸 물었다는데, 정작 내가 병원에 도착했을 때는 아는지 모르는지 다만 반가운 표정으로 입언저리에 엷은 미소를 지을 뿐 아무 말이 없었다.

　영친왕은 육군유년학교로부터 육군대학에 이르기까지 직업군인의 훈련을 받았으며 거의 일생을 군대에 있었던 만큼, 신체만은 남달리 강건한 편이었다. 그런 그가 갑자기 중병에 걸리게 된 것은, 해방 후 격동하는 시기에 일찍이 경험한 적 없던 여러 가지 곤란한 문제에 당면하여 잠도 잘 못자는 날이 여러 날 계속된 결과 신경이 극도로 쇠약해진 때문이었던 것 같다. 다행히 일본에서 제일가는 병원에 입원을 하게 되고 그 병원의 고명한 의사는 물론, 일본 최고의 의사라는 순천당병원의 사토 박사까지 출장을 와서 치료에 전력하고 있으므로 혹시나 하고 희망을 걸었지만, 병세는 좀처럼 호전되지 않았다.

나와 함께 특사가 된 엄주명 씨는 내가 도착한 지 꼭 2주 뒤에 도쿄에 도착했다. 그는 영친왕이 누워 있는 병실로 들어가자마자 수척해진 영친왕의 두 손을 붙들고 눈물이 샘솟듯 하여 말조차 하지 못했다. 외사촌이자 단 한 사람뿐인 죽마고우 엄주명 씨는 영친왕이 63년 전에 볼모로 일본에 끌려갈 때 말동무로 따라갔다. 해방 후 20여 년 만에 처음으로, 그나마 중병에 걸린 고우를 다시 만나게 되었으니 어찌 눈물이 나지 않았을까?

1905년 을사늑약 당시, 지금의 대법원 자리 앞에서 살았다는 엄주명 씨는 자기 일가가 배일파(排日派)라고 해서 덕수궁 출입이 금지되었는데도 구름다리를 타고 몰래 넘어 들어가 영친왕과 소꿉장난을 하며 놀았다고 한다. 하루는 엄주명 씨가 덕수궁 앞에서 이발을 하고 나오는데 대한문 앞에 많은 사람들이 모여 웅성거리고 있었다. 옆 사람에게 무슨 일이냐고 물어보니, 뜻밖에도 영친왕이 내일 일본으로 간다는 것이었다. 그는 대한문 왼쪽 기둥에 기대어 가만히 지켜보고 있었는데 이윽고 마차 한 대가 나왔다. 다행히도 그 안에 탄 영친왕과 엄주명의 두 어린 눈이 마주쳤다. 그날 밤 낙선재로부터 엄주명 씨 집에 전화가 왔다. 이토 히로부미한테서도 허락을 받았으니 내일 곧 영친왕을 따라서 일본으로 가라는 것이었다.

영친왕이 일본으로 떠나던 날 아침은 몹시 추웠다. 수행원은 궁내대신 이윤용(이완용의 형)과 송병준, 조동윤 등 3명의 대신과 학우 4명을 합해서 모두 15명이었다. 영친왕 일행은 인천까지 마차로 가서 일본 군함을 타고 일본으로 향했는데, 도쿄 역에는 일본 황태자도 나오는 등 겉치레로는 환영이 대단했다. 이날 밤 영친왕은 목욕탕에서 처음으로 어린 엄주명의 손을 꽉 잡았다.

"귀성아(엄주명 씨의 아명), 너 어머니 보고 싶지 않니?"

이 말을 하고는 목욕탕 속에서 엉엉 울었다는 것이다. 엄주명 씨는 그와 같은 지난날의 추억을 더듬으면서 영친왕의 손을 붙들고 마지막이 될지도 모르는 울음보를 다시 한 번 터뜨렸던 것이다.

내가 서울을 떠나올 때 가장 걱정을 한 것은, 불행하게도 지금 만일 급작스레 영친왕이 돌아가신다면 어떻게 하나 하는 것이었는데, 방자 여사도 역시 그 점을 몹시 걱정한 모양이었다. 영친왕이 문제의 그 패스포트 때문에 수년 전 일본 호적을 만든 관계로 일본에 귀화한 것이 되었는데, 그것이 시정되지 않은 채 일본에서 세상을 떠난다면 한 사람의 일본인으로서 일본 땅에 묻힐 수밖에 없었다. 이것은 당사자인 영친왕 자신도 영원한 한이 될 것이고 국민감정 또한 이를 허락하지 않을 것이므로, 국적을 되돌릴 만한 시간적 여유가 필요했다. 따라서 그 시점에 영친왕이 이역의 고혼이 되지 않고, 나중에 국적을 회복하여 그리운 조국으로 돌아와 선조의 땅에 묻힐 때까지 수년간 생명이 더 연장된 것은 영친왕 자신은 물론이요, 민족 전체의 체통을 위해서도 불행 중 다행이었다고 할 수 있다.

1961년 11월 12일, 박정희 국가재건최고회의 의장은 5·16혁명 후 처음으로 미국을 방문하러 가던 도중 잠시 도쿄에 들렀다. 미국에서 케네디 대통령을 만나 5·16혁명으로 인해 일시 소원해진 미국과의 관계를 다시 회복하고, 일본의 이케다 수상과도 만나 한일국교의 정상화를 위한 의견을 교환하기 위함이었다. 그러므로 그때 박 의장의 순방은 새로운 정권의 앞길을 판가름하는 매우 중요한 여행이었으며, 일정도 몹시 바빴던 것이다. 박 의장이 도쿄에 체재하는 시간은 겨우 30시간밖에 되지 않았고 공식 스케줄이 꽉 차 있었다. 하지만 신세를 진 사람으로 가만히 있을 수는 없는 노릇이었으므로, 나는 주일대표부에 가서 이동환 공사에게 부탁했다.

"이번에 박 의장이 오시거든 잠깐이라도 좋으니 꼭 영친왕비를 만나도록 해주시오."

"이케다 수상을 위시해서 일본 정부 당국자와 만나는 일정이 많으므로 시간이 없어서 도저히 어려울 것입니다."

"만나고 안 만나는 것은 박 의장 자신의 의사이나, 어쨌든 신세를 진 사람으로는 그대로 있을 수가 없으니 영친왕비가 인사의 말을 하고 싶어 한다는 것만 전달해주시오."

그러나 마음속으로는 면담이 거의 불가능한 것으로 체념하고 있었다. 그 이튿날 천만 뜻밖에도 급히 연락이 와서 대표부로 갔더니, 이 공사는 전날과는 달리 갑자기 친근한 표정을 지으면서 말했다.

"어젯밤 박 의장께 영친왕 말씀을 여쭈었더니 시간이 없어서 병원으로 가서 문병은 못하나, 돈이 좀 들더라도 위문의 생화를 좋은 것으로 사서 곧 보내라고 하시면서, 아무리 시간이 없어도 비전하만은 잠깐 만나겠다고 하십디다."

그리고 그날 오후 4시에 박 의장의 숙소인 영빈관으로 오라는 것이었다. 박 의장은 그날 오후 6시부터는 이케다 수상을 위시한 일본 정부 요인들의 초대파티가 있고, 그것이 끝나면 바로 미국으로 떠나야 했으므로 매우 바쁜 일정인데 잠깐이라도 만나준다는 것은 여간 큰 호의가 아니었다. 시계를 보니 거의 정오가 되었으므로 나는 즉시 병원으로 가서 영친왕을 간병 중인 방자 여사에게 이 공사의 말을 전했다.

오후 4시에 영빈관에 당도하니 매스컴의 보도관계자만도 1백여 명이나 문 앞에 서서 자동차가 안으로 들어갈 수 없을 지경이었다. 이윽고 2층에 있는 귀빈실로 들어서니 이동환 공사와 최영택 참사관이 시립한 가운데 박 의장이 젊은 군인답게 활발한 걸음걸이로 들어왔다. 박 의장은 먼저 방자 여사에게 위문의 인사를 한 후 어서 자리에 앉으시라며 옆에 있는 소파를 가리켰다. 그리고 나에게도 담배를 권하고 라이터의 불을 켜주는 등 어찌나 그 태도가 겸허하고 소박한지 도저히 혁명을 일으킨 사람 같지가 않았다. 방자 여사는 초대면이라 모기만한 목소리로 감사의 뜻을 표했다.

"왕전하를 입원시켜주셔서 고맙습니다."

"뭘요, 당연히 정부가 할 일을 한 것뿐인데, 너무 어렵게 생각하지 마십시오."

그때까지만 해도 방자 여사는 우리말을 잘하지 못했으므로 일본말로 대화를 하는 것이 아무래도 보기에 좋지 않았다. 그래서 내가 나섰다.

"의장께서는 일본의 육군사관학교를 나오셨다니까 일본말은 잘 아시겠지만, 이 자리에서 일본어를 사용하는 것은 좀 거북하실 터이니 내가 통역을 하지요."

그래서 방자 여사를 대신해 대부분 내가 이야기를 하게 되었다. 나는 먼저 8·15해방이 되면서 구황실의 살림살이를 맡아보던 이왕직이 해체된 것으로부터 시작해서 구황실 재산관리법에 구황실의 재산을 전부 국유로 하는 대신 구황족의 생계는 정부에서 보장한다는 조문이 있음에도 불구하고 영친왕에 대해서는 하나도 그 의무를 이행하지 않았으며, 더구나 아들의 졸업식을 참관하기 위해서 미국에 가려고 해도 여권을 주지 않아서 부득이 일본 여권을 가지고 갔기 때문에 일본 국적으로 바뀐 것임을 누누이 설명했다. 이윽고 내 이야기를 다 들은 박 의장이 물었다.

"그럼 어떻게 하면 좋겠습니까?"

"첫째, 영친왕이 일본에 귀화하여 일본 국적을 갖는다는 것은 이유 여하를 물을 것 없이 도대체 말이 되지 않으므로 하루속히 국적을 한국으로 환원시키는 일입니다. 둘째, 영친왕의 병환이 조금이라도 차도가 있는 대로 본국에 모셔서 여생을 본국에서 편안히 지내시도록 하되 법이 정한 대로 생계비는 충분히 드리는 것입니다. 그리고 덕혜옹주도 되도록 빨리 귀국시키도록 해야 할 것입니다."

"덕혜옹주란 대체 누구인가요?"

덕혜옹주는 세상에서 망각된 지 이미 오래된 사람이므로 박 의장이 옹주가 누구인지 잘 모르는 것은 당연한 일이었다. 그래서 나는 덕혜옹주의 내력과 현재의 눈물겨운 처지를 설명했다. 박 의장은 그것은 처음 듣는 이야기라고 하면서도 그때까지 내가 요청한 바를 전부 들어주고 또 쾌락했다. 요컨대 영친왕의 입원비는 정부에서 책임질 터이니 걱정할 것 없고, 병환이 차도가 있는 대로 귀국하되 국적 문제는 법무장관에게 이야기해서 속히 환원케 할 터이며, 덕혜옹주는 언제라도 귀국하면 환영하겠다는 것이었다. 그야말로 '만사 오케이'였다. 방자 여사는 물론이고 나도 과거 십 수 년 동안 마음을 썩여오던 일이 일거에 해결되니 너무나 어이가 없고 기뻐서 한참 동안 말조차 하지 못했다.

한편, 그 자리에서 박 의장이 재미있는 말을 들려주었다. 그날 아침 일본의 이케다 수상과 만났을 때 "왜 이왕전하를 좀 더 잘 돌봐드리지 않았느냐"고 농담 비슷하게 꾸짖었더니, 이케다 수상이 머리를 긁으면서 "이야, 교오슈쿠데쓰(참 미안하게 되었습니다)"라며 퍽 무안해하더라는 것이다. 당시 박 의장이 워싱턴으로 가서 케네디 대통령을 만나려는 것은 5·16혁명을 반대한 미국과의 관계를 다시 정상화시키려는 데 있으므로 머릿속이 여간 복잡하지 않았을 터인데, 이케다 수상을 만났을 때 영친왕의 일을 잊지 않고 보기 좋게 일침을 주었던 것이다.

박 의장과의 면담 시간은 20분으로 예정되었지만 이야기를 나누는 동안에 시간이 훨씬 넘었으므로, 방자 여사와 나는 충심으로 감사의 뜻을 표하고 영빈관에서 나왔다. 돌아오는 자동차 안에서 방자 여사는 다음과 같은 감흥을 말하는 것이었다.

"처음에는 젊은 군인이라 어떨까 하고 마음이 무거웠는데, 막상 만나고 보니 박정희 의장은 참 훌륭한 장군이군요. 오늘 온 것은 참 잘된 일이에요."

박정희 최고회의 의장과 대화를 나누고 있는 방자 여사.

사람의 인연이란 알 수 없는 것이다. 다 같은 전주이씨요, 조선 말기 봉건시대에 성장한 이승만 대통령에게는 까닭도 없이 냉대를 받아온 영친왕이, 혁명정부의 젊은 군인들에 의해 후대를 받았다는 것은 참으로 뜻밖의 일이라고 하지 않을 수 없다.

영친왕의 잘못된 국적을 다시 고치고, 대한제국 최후의 황태자로서 권위와 명예를 유지할 수 있도록 하기 위해 있는 힘을 다한 사람은 한일 양국을 통해서 부지기수로 많았고, 그 일 때문에 20년 가까운 세월을 허비했건만, 그토록 애를 써도 잘 되지 않던 일을 하루아침에 해결해 준 이가 바로 박정희 씨였으니 어찌 고맙다고 하지 않겠는가. 더구나 봉건세대의 노인이 마땅히 해주었어야 할 일을 구황실과는 아무 관계도 없는 젊은이가 대신 편의를 봐 주었으므로 더욱 고마운 생각을 금할 수가 없는 것이다.

그것은 무엇 때문일까? 나는 이렇게 생각한다. 이승만 박사가 위대한 애국자임에는 틀림이 없으나 그분은 평생에 자식을 낳아본 일이 없고, 독립운동을 하기 위해 이역만리에서 동분서주하느라 가정생활의 따뜻한 맛을 몰랐다. 따라서 영친왕에 대한 냉대도 그 근본은 이 박사에게 인간으로서 살가운 인정이 결핍되었기 때문이 아니었을까? 인정이라는 것은 휴머니즘에 속하는 것으로, 인간 사회에 있어서 가장 아름다운 꽃이라 할 것이다. 그러한 의미에서 나는 영친왕에 대한 박 대통령의 온정은 정치 문제와는 별도로 칭찬받을 만한 일이라고 생각한다.

덕혜옹주의 귀국

영친왕이 도쿄의 동쪽에 있는 성누가병원에 입원했을 당시 덕혜옹주는 도쿄의 서쪽 마쓰사와병원에 불치의 정신병자로 벌써 십 수년 동안이나 누워 있었으니, 운명의 장난 치고는 너무나 악착스러운 것이었다. 마쓰사와병원은 일본에서도 가장 유명한 정신병 전문병원인데, 당시 그 병원의 원장으로 있던 하야시 박사는 이 불운의 조선 왕녀를 동정하여 극진히 치료를 해 주었다. 매월 1만 엔의 입원비는 영친왕이 가엾은 누이동생을 위해 꼬박꼬박 지불해주었다. 덕혜옹주는 소 백작과 이혼한 지 이미 오래이므로 아무 꺼릴 것이 없게 되었으니 혼자서 쓸쓸히 일본에서 죽을 까닭은 없었다. 나는 마쓰사와병원으로 문병을 갈 때마다 "영친왕도 영친왕이지만, 덕혜옹주야말로 하루바삐 귀국을 해야 할 것이 아닌가?" 하는 생각을 깊이 했다.

박정희 의장의 말 한마디로 모든 현안이 전부 해결을 보게 되었으므로, 나는 우선 덕혜옹주를 먼저 귀국시키려고 했다. 마쓰사와병원으로 가서 하야시 박사와 상의를 하고 오는 길에 우사미 궁내청장관을 만나 양해를 구했더니 그들도 모두 쌍수를 들어 찬성했다. 나이가 이미 50이 넘고 아무것도 모르는 가여운 여인 한 사람을 그대로 일본에 내버려둘 이유가 무엇이란 말인가? 지금은 다행히 오라버님 영친왕이 있으므로 매월 입원비를 주지만, 만일 그분마저 없다면 문자 그대로 천애의 고아가 될 것이니 영친왕이 생존해 있는 동안 얼른 귀국시킬 필요가 있었다. 당연히 본국에 있는 윤대비와 운현궁 흥친왕비도 대찬성이었다.

한국 정부에서도 구황실 사무총국으로 하여금 덕혜옹주의 귀국을 서두르게 하여 옹주의 조카가 되는 고 이우 공의 부인 박찬주 여사를 일본에 파견키로 하니, 전도가 암담하던 덕혜옹주의 귀국 문제도 의외로 빨리 풀리게 된 것이다.

박찬주 여사와 그 아들 이종 씨가 도쿄에 도착한 것은 1962년 1월 16일이었다. 덕혜옹주의 국적이 일본이기 때문에 여러 가지 애로가 많았지만, 일본 측에서도 그야말로 인도적 문제라 해서 최대한의 성의를 표시했다. 궁내청과 외무성이 서로 협력해서 겨우 1주일 만에 여권을 만들어 주었으므로, 덕혜옹주는 그달 26일 일본에 간 지 거의 40년 만에 다시 조국으로 돌아왔던 것이다.

그날 도쿄 하네다공항에는 이른 아침임에도 불구하고 궁내청과 외무성 관계자들이 많이 나와서 환송했다. 특히, 30여 년 전 덕혜옹주가 학습원을 졸업할 당시의 학우들 십 수 명이 손에 손에 꽃을 들고 나와서, 말도 못하고 사람도 잘 알아보지 못하는 그 가엾은 '이국의 왕녀'를 위해 눈물의 전별을 했다.

덕혜옹주가 비행기 속에서 발작을 할까봐 몹시 걱정을 했는데 다행히 아무 일도 없이 귀국했다. 38년 만에 옹주를 맞이한 본국에서는 너무나 격변한 옹주의 모습을 보고 동정하지 않는 사람이 없었으며, 각 신문에서도 대대적으로 옹주가 귀국한 사실을 보도했다. 덕혜옹주가 귀국한 것을 가장 기뻐한 것은 누구보다도 낙선재에 계신 윤대비와 운현궁의 흥친왕비였다. 그리고 옹주에게 무엇보다 행복했던 것은 어릴 때 젖을 먹여준 유모 변 씨가 아직도 생존해 있다는 사실이었다. 옹주의 생모 양귀인은 옹주가 일본으로 끌려간 뒤 노심초사 끝에 유방암으로 세상을 떠난 지 이미 오래되었지만, 변 씨는 당시 71세의 고령에도 불구하고 원기가 왕성했다. 친딸 이상으로 옹주를 아끼고 또 옹주를 사랑하여 38년 동안이나 그리워했던 만큼, 김포공항에 옹주가 도착하자마자 어찌나 반가워하고 기뻐하는지 마치 실성한 사람 같았다. 공항에 나왔던 사람들 모두 그를 따라서 울었다.

기억력을 상실하고 하얀 벽만 바라보고 거의 반생을 지내온 덕혜옹주도 친어머니와 같은 유모의 따뜻한 애정에 마음이 녹았던 것 같다. 귀국한 지 얼마 되지 않아, 어릴 때 궁중에서 배운 언문으로 윤대비와 영친왕에게 문안편지를 써서 모두를 놀라게 했다. 애정에 굶주린 사람에게는 역시 애정이 제일 좋은 약인 것이다.

방자 여사도 그해 6월, 20년 만에 처음으로 본국을 방문하게 되었다. 일각이 여삼추로 영친왕의 귀국을 고대하는 윤대비에게 문안을 드리는 한편 영친왕의 귀국을 준비하기 위함이었다. 그리고 또 한 가지 목적이 있다면, 청량리 영휘원에 묻혀 있는 큰아들 진의 무덤을 가보는 일이었다. 그때의 심경을 방자 여사는 이렇게 말한다.

그리운 부산의 산과 한강의 흰 물줄기가 눈 아래 보인 것은 비행기가

회갑을 맞은 덕혜옹주(왼쪽에서 두번째). 맨 왼쪽이 옹주의 유모 변복동 씨.

하네다공항을 떠난 지 겨우 2시간. 얼마 안 되어 김포공항에 도착했는데 마치 꿈과 같은 일순간이었습니다. 그것만으로도 20년 동안의 망향의 그리움이 풀리련만, 이 짧은 여행조차 할 수 없는 병상의 주인이 가여워서 못 견딜 지경이었습니다. 도쿄를 출발할 때 "그럼 갔다 오겠습니다" 하고 바깥어른의 손을 잡고 인사를 여쭈니까 아무 말씀도 못하고 그저 물끄러미 나를 쳐다보고 약간 고개를 끄덕이실 뿐이었습니다. 혹시 대비마마께라도 전할 말씀이 있을까 해서 잠시 기다렸으나 그것도 없고, 다만 나의 손을 잡은 채 그대로 눈을 감아 버리셨습니다. 말을 하자면 백만 마디로도 다하지 못할 회포가 있으실 터인데, 단 한 마디도 말이 되지를 않는 모양이었습니다.

비행기의 문이 열리자 여기저기서 박수소리가 나며 밀려든 사람들과 환영의 꽃다발에 나는 완전히 파묻히고 말았습니다. "어서 오십시오!" "어서 오십시오!" 그 소리를 듣고 "아아, 벌써 서울에 왔구나!" 하는 생각을 하니 눈물이 샘솟듯 하여 두 볼을 적셨습니다.

바깥어른은 항상 말씀하셨습니다.

"의사나 간호사에게 부축되어서 가기는 싫다. 나는 내 발로 조국의 땅을 밟고 싶다. 그리하여 고국의 산천을 이 눈으로 보려는 것이다."

이제는 그것도 불가능하게 되었고, 서울에 계신 대비마마로부터는 살아 있는 동안에 꼭 만나고 싶다는 연락이 자주 왔으므로, 이번에 내가 귀국한 것은 무엇보다도 주인의 대리로 온 것이었습니다. 그래서 나는 김포공항에 내리자마자 즉시 창덕궁으로 향했습니다.

낙선재로 들어서니 대비마마께서는 당년 근 70세의 고령이시건만 매우 건강하신 듯했고, 자애에 넘치는 눈으로 손을 내미시었습니다.

"대비마마!"

"오오, 비전하!"

그 다음은 오직 눈물뿐이었습니다.

"오랫동안 직접 문안을 드리지 못하여 황공하옵니다."

겨우 인사의 말씀을 여쭈었다. 대비께서는 바깥어른이 병중의 몸으로는 귀국하고 싶어 하지 않는다는 말을 들으시고 안타까워하셨습니다.

"왕전하는 무슨 말씀을… 여기는 부모의 나라가 아닙니까. 누워 오시든 업혀 오시든, 어떤 모양으로든지 돌아오시는 것이 옳은 일이오. 나도 이젠 그리 오래 살지는 못할 것이니, 내가 이 세상에 있는 동안에 왕전하를 만나 뵈옵고 싶어 한다고 여쭈어주시오. 기다리고 있다고 꼭 전해주시오."

"잘 알았습니다. 반드시 그렇게 말씀드려서 꼭 가까운 장래에 귀국하시도록 하겠습니다."

그때 나는 대비마마를 위해서라도 바깥어른의 귀국은 꼭 실현해야 되겠다고 굳게 결심했던 것입니다.

도쿄에 돌아간 방자 여사는 즉시 귀국 준비에 착수했다. 서울에서는 윤대비는 물론, 박 대통령으로부터도 영친왕을 왜 어서 모셔 오지 않느냐고 재촉을 받았을 뿐더러, 일반 민중도 이 가엾은 왕자의 귀국을 열망하고 있었다. 비록 중병에 걸려서 말은 잘 못한다고 하더라도 되도록이면 생전에 고국의 산천을 보게 하고 싶다는 염원이었다.

1963년 10월 7일 밤, 도쿄 아카사카에 있는 뉴저팬 호텔에서 방자 여사가 주최하는 작별 파티가 열렸다. 그 자리에는 배의환

주일대사와 일본 정부를 대표하여 오히라 외상을 비롯한 여러 각료, 영친왕의 귀국을 위해 많은 애를 쓴 우사미 궁내청장관과 기타 한일 양국의 유지 2백여 명이 참석해서 석별의 정을 나누었다. 그날 밤 오히라 외상이 나에게 넌지시 말한 바에 의하면, 박 대통령의 호의로 영친왕이 귀국한다는 말을 듣고 이케다 수상은 부랴부랴 임시각의를 소집하고, 그 동안 일본 정부가 영친왕에 대해 너무나 소홀히 했음을 미안스럽게 생각하여 우선 예비비에서 1천8백만 엔을 지출하여 전별금으로 드리기로 결정했다고 했다. 일본 정부에서는 그 돈 중에서 2백만 엔은 영친왕이 침대에 누워서 타고 갈 비행기의 전세료로 주고 나머지는 수일 후 이구 씨에게 전달했다. 1963년 11월 22일. 영친왕이 50여년 만에 영구히 귀국하는 날이었다. 당시의 심경을 방자 여사는 이렇게 기록했다.

다시는 재기할 날이 있을 것 같지 않은 바깥어른. 생각하면 할수록 운수가 나쁜 세월이었습니다. 50년 만에 겨우 맞이한 이 귀국의 날을 바깥어른께는 말씀조차 못했습니다. "의사나 간호사에게 부축되어서 귀국하고 싶지는 않다"고 말씀하시던 때의 병세였다면 하는 생각을 하니 더욱 안타까운 생각을 금할 수가 없었습니다. 만일 귀국하신다는 말씀을 드렸다가 정신적인 동요가 일어나서 병환이 더하시지나 않을까 하는 노파심으로 그렇게 한 것인데, 설사 말씀을 여쭈었더라도 아무것도 모르셨을지 모릅니다.
관대하게 반가이 맞이해주는 박 대통령의 시대가 된 국운과 이런 중병에 걸린 주인의 운명의 타이밍이 맞지 않아 병상에 누우신 채 귀국을 하게 된 것은 참으로 슬프고 또 유감스러운 일이라 하지 않을 수 없습니다.

바깥어른과 둘이서 이야기를 주고받지 못한 것도 벌써 몇 해가 되었는지. 전하의 병환을 걱정하면서 모든 것을 혼자서 걱정하고 혼자서 처리해온 지금까지처럼 귀국 후에도 혼자서 해나가야 할 것이며, 한국인이기는 하지만 일본의 피를 타고난 나는 나대로의 마음속에 간직한 부채를 조금씩 갚아나가지 않으면 안 된다고 생각했습니다. 한국 국민으로서 또는 사회의 한 사람으로 살아가면서 한국 사회가 조금이라도 밝게, 또 한 사람이라도 불행한 사람이 구제되도록 노력할 것을 나는 귀국을 앞두고 마음속으로 깊이 다짐했습니다.

일본을 떠나오던 날.

"전하, 자 가시지요. 모시고 가겠습니다."

"그런가, 이제는 정말 가는가?"

"참으로 오래고 또 오랜 여정이었습니다."

"그것이 겨우 지금 끝이 난단 말이지?"

마음속으로 이렇게 문답을 한 후 나는 궁내청에서 보내준 앰뷸런스에 바깥어른을 모시고 하네다공항에서 다시 특별기로 옮겼습니다. 공항에는 천황폐하의 칙사를 비롯하여 한일 양국의 많은 사람들이 전송을 나와 있었습니다.

"일본이여 잘 있거라, 오랫동안 신세를 많이 졌다."

두 번 다시 오지 않을 일본을 뒤로 두고 우리가 탄 특별기는 곧장 서울을 향해 날았습니다. 바깥어른은 여전히 침상에 누운 채 그저 천장만 쳐다보고 계셨고, 나는 만감이 교차해서 혼자서 울었습니다.

그리운 조국으로

영친왕이 비록 중병의 몸으로나마 귀국하여 다시 조국으로 돌아오게 되자, 일본에서도 각 방면에 크나큰 반향을 일으키게 되었다. 앞서 말한 것처럼 이케다 수상이 긴급각의를 열고 전별금을 증정한 것을 위시하여, 일왕 부처는 그달 19일 밤 궁중에서 영친왕 대신 방자 여사와 아들 구 씨를 초대하여 송별의 만찬회를 베풀어주었다. 그리고 일본의 매스컴에서도 일제히 영친왕의 귀국을 크게 보도했는데, 그중의 어느 신문에서는 이렇게 쓰고 있다.

조선에서 왕가를 약탈하고 사육해서 죽였다는 감정을 한국 국민에게 주어서는 안 될 것이다. 그것을 위해서도 이은 씨의 건강에 만전의 배려를 해서 고국으로 보내는 것이 일본인의 의무이며, 그리하여 하루라도 빨리 예의를 다해서 고국으로 가게 하는 것은 또 일본인의 정리이기도 한 것이다.

영친왕이 귀국하는 비행기에는 방자 여사와 구 씨를 비롯하여 안도 중장 부부와 조카 이수길 씨 부부, 한국 정부에서 특파한 두 의학박사와 일본인 간호사가 수행했는데, 도중에 아무 일도 없이 그날 오후 김포공항에 안착했다. 영친왕이 볼모로 일본으로 끌려간 지 실로 50여 년만의 일이다.

그날 김포공항에는 정부 대표와 종친, 숙명·진명·양정 등 세 학교 학생을 위시하여 많은 환영객이 나왔다. 비행기가 도착하자 마중 나온 사람들이 일제히 박수갈채를 보내며 이 비극의 주인공을 따뜻하게 맞이했다. 방자 여사는 남편을 대신해서 받은 꽃다발 속에 완전히 파묻혀버리고 말았다. 그때의 감격을 방자 여사는 이렇게 쓰고 있다.

바깥어른은 침대에 누운 그대로 성모병원으로 향하셨습니다. 연도에 늘어선 군중들은 바깥어른에게 해로울까봐 소리도 크게 못 내고 그저 손만 흔들 뿐이었는데, 그대로 참을 수가 없었던지 어떤 사람은 "어서 오십시오" "속히 병환이 나아주세요" "모두들 기다리고 있었답니다"라며 꽃다발로 가득 찬 병원차를 향해 소리를 지르며 그 뒤를 따라오기도 했습니다.
"전하, 이렇게 환영을 받는 것은 처음 있는 일입니다."
나는 바깥어른의 손을 꼭 쥐고 마음속으로 이 말을 전했는데, 연도에 늘어선 사람들의 눈에도 뜨거운 눈물이 흐르는 듯했습니다. 바깥어른은 그 눈물도 모른 채 누워만 계셨습니다. 그러나 왕전하도 고국 동포들이 따뜻한 마음으로 당신을 감싸준 것만은 피부로 느껴서 아셨으리라 생각합니다.

영친왕이 도쿄에 이어 서울에서도 가톨릭 계통인 성모병원에 입원을 하게 된 데는 이유가 있었다. 영친왕이 도쿄에서 병중에 있던 1961년에 가톨릭 신부의 권고로 영세를 받은 일이 있었기 때문이다. 영세명은 요셉이라고 했다.

영친왕의 귀국을 가장 기뻐한 것은 다시 말할 것도 없이 윤대비와 홍친왕비였다. 그러나 영친왕이 절대 안정을 필요로 하고 흥분하면 안 된다고 하여, 귀국하는 날에도 창덕궁에는 일부러 들르지를 않고 김포공항에서 명동 성모병원으로 직행했다. 윤대비는 영친왕의 병세가 조금 차도가 있으면 면회를 하겠다고 벼르기만 했다. 영친왕도 문제려니와 윤대비도 심신이 허약한 편이므로, 만일 극도로 쇠약해진 영친왕의 모습을 보고 쇼크를 받을까봐 방자 여사가 되도록 두 분의 면회를 피하게 했던 것이다.

창덕궁의 낙선재는 헌종 12년(1846년)에 후궁 경빈 김 씨를 위해 지은 것으로, 경빈 김 씨의 별세 후에는 한때 고종이 편전으로 사용했다. 그곳에서 제일 오래 살았던 분이 바로 순종의 계비인 윤대비였다. 윤대비는 1926년 순종이 승하하자 채색 단청을 한 집에서는 살 수가 없다며 대조전에서 옮겨온 뒤 40여 년을 줄곧 낙선재에서 살아왔던 것이다.

낙선재는 수십 년 전만 해도 여러 가지 꽃으로 감싸인 아늑한 궁중이라 이곳을 드나드는 외국인들까지도 '꽃의 궁전'이라고 불렀다고 한다. 갖가지 꽃을 여덟 번 피고 여덟 번 지도록 심어 놓았던 그곳은, 순종이 황후와 궁녀들을 거느리고 비원으로 산책을 가는 길목이기도 했다. 따라서 윤대비가 순종이 세상을 떠난 후 단청이 없는 낙선재에서 살기를 고집한 것도 복상(服喪)의 예법 때문이기도 했지만, 그보다도 순종과의 지난날 추억 때문

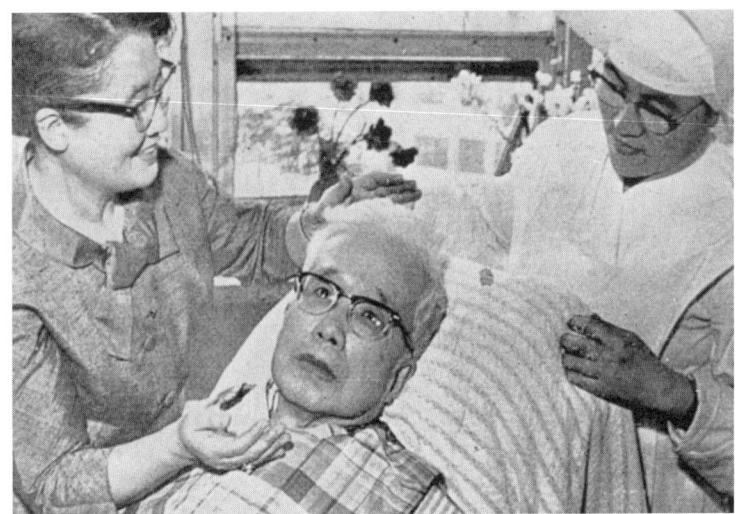

영구 귀국한 뒤 명동 성모병원에 입원하고 있을 당시의 영친왕과 방자 여사.

이었으리라는 말도 있다.

　순종은 운명하기 몇 시간 전에 머리맡에 앉아 있는 윤비를 올려다보면서 말했다고 한다.

"지금 비원의 꽃이 어떻게 되었느냐?"

옆에서 모시고 있던 한 시종이 아뢰었다.

"개화의 성시를 지나 지금은 낙화가 되어 가옵니다."

"그러면 내가 명년에 이 꽃을 다시 볼 수가 있겠느냐?"

이 말을 듣고 모두들 목을 놓고 울었다고 한다.

　해방 전만 해도 비록 일본의 통치하에 있었지만 80여 명의 궁인들이 들끓었는데, 지금엔 다만 김명길, 박창복, 성낙영 세 상궁이 남아 있을 뿐이며, 그중 제일 나이가 많은 김 상궁은 과거를 추억하며 눈물지었다.

　"국운이 기울어갈 때의 왕비, 특히 자손이 없는 윤황후의 고독과 슬픔을 우리는 너무나 잘 알고 있습니다. 달 밝은 밤, 바람소리조차 고요한 밤에 잠 못 이루고 전전반측하시는 대비마마를 볼 때마다 우리도 마음속으로 무척 울었답니다."

　대한제국 최후의 황후인 윤대비는 그같이 불행한 여성이었다. 더구나 해방 후 20년 동안 몽매에도 잊지 못하던 영친왕이 천우신조로 귀국한 뒤에도 원수의 병마로 말미암아 단 한 번도 상면을 못했으니, 무엇 때문에 그토록 영친왕의 귀국을 갈망했던고? 영친왕의 귀국은 침대에 누운 채 비행기로 도쿄의 성누가병원으로부터 서울의 성모병원으로 옮긴 것일 뿐이었다. 창덕궁 낙선재와 명동의 성모병원은 직선거리로 치면 지척지간에 있다고 하겠거늘, 윤대비와 영친왕은 이 세상에서는 다시 만나볼 기회를 영영 얻지 못하고 말았던 것이다.

　세상에도 고독하기 짝이 없는 윤대비는 영친왕을 유일한 삶의 보람으로 삼아서 오직 영친왕만을 생각하여 생전에 다시 한 번 만나기를 소원했고, 영친왕은 영친왕대로 "나는 어찌되든 그저 대비마마만 잘해 드리라"고 할 정도로 효심이 극진했다. 마침내 대망의 귀국이 실현되었는데 단 한 번의 상면도 못했다는 것은 하나의 비극이 아닐 수 없었다. 그 때문에 비상한 충격을 받았음인지 윤대비는 영친왕보다 한 걸음 앞서서 갑자기 세상을 떠났다. 1966년 2월 3일이었고 향년 73세였다.

　현재 낙선재에는 방자 여사를 비롯하여 아들 구 씨 내외와 덕혜옹주가 세 사람의 노상궁들과 더불어 살고 있다. 덕혜옹주의 유모인 금년 78세의 변복동 여사는, 귀국한 이후 옹주가 몸은 매우 좋아졌으나 정신이상은 조금도 나아지지 않는 것을 염려하여 "내가 만일 죽는다면 누가 옹주를 잘 보아주겠느냐?"며 벌써부터 자기가 죽은 후의 일을 걱정하고 있다.

　윤대비가 승하한 지 1년 뒤인 1967년에는 영친왕의 혼약자였던 만년규수 민갑완 여사가 73세를 일기로 동래 자택에서 별세했다. 이로써 영친왕과 인연이 깊은 두 여인이 비슷한 시기에 세상을 떠났다. 영친왕은 그런 것도 전혀 모르고 다만 병상에 누워서 천장만 쳐다보고 있었으니, 아무것도 모르는 것이 차라리 행복하다고 할까? 생각하면 눈물겨운 일이었다.

　1970년은 영친왕이 방자 여사와 결혼한 지 만 50년이 되므로 지난 4월 28일에는 이를 기념하는 금혼 축하 만찬회가 종로 기독교청년회관(YMCA)에서 개최되었다. 그날의 금혼식에 1963년 11월 22일 귀국 이래 6년 반 동안이나 줄곧 입원중인 영친왕은 물론 참석하지 못했다. 다만 방자 여사와 아들 구 씨 내외, 방자 여사가 이사장으로 있는 명휘원의 관계자들만 참석했다. 명휘원 어린이들이 부르는 〈혼인 찬미〉와 〈주의 옷깃을 만져 병고침 원함〉이라는 찬송가가 구슬프게 들려서 파란이 중첩했던 지난 50년의 세월을 되새기는 듯했다. 영친왕이 세상을 떠나기 바로 3일 전의 일이었다.

고독의 왕자, 침묵의 왕자

영친왕 내외는 1945년 4월에 은혼식을 거행했으므로 꼭 4반세기만에 금혼식을 치르게 된 셈이었다. 태평양전쟁 말기인 1945년, 영친왕 내외는 B-29의 공습으로 폐허가 된 도쿄에서 방공호를 들락날락하면서 간소한 은혼식을 거행했던 것이다. 이번에는 해방된 조국에 돌아와서 금혼식을 하게 되었으니 얼마나 기쁜 일인가? 방자 여사는 실로 감개가 무량했다. 그러나 영친왕은 그것도 모르고 다만 병상에 누워 있을 뿐이었는데, 금혼식 4일 후인 1970년 5월 1일, 갑자기 용태가 악화되어 마침내 세상을 떠나고 말았다. 영친왕은 이날 정오, 병환이 위독하다는 급보를 받고 달려온 방자 여사와 아들 구씨 내외, 주치의 김학중 박사 등 가까운 사람들에게 둘러싸여 오랫동안 병고에 시달린 고통과는 달리 아무런 괴로움도 없이 마치 잠을 자듯 고요히 눈을 감았다.

생각하면 파란이 중첩한 일생이었다. 조선왕조 최후의 왕자로 태어나서 70평생을 마음껏 한번 웃어보지도 못했으니 얼마나 가엾은 인생인가? 영친왕이 나이 어린 황태자의 몸으로 처음 일본으로 끌려갈 때 아버님 고종은 타일렀다.

"너, 일본에 가거든 슬픈 일이나 기쁜 일이나 아예 얼굴에 나타내지를 말고 조심하여라."

그 때문인지 영친왕은 아예 벙어리가 되고 말았다. 최후의 숨을 거둘 때에도 유언 한 마디 없었으니 영친왕이야말로 고독의 왕자요, 침묵의 왕자였다고 할 것이다.

한 가지 특이한 것은 영친왕을 비롯하여 윤대비나 민 규수 모두 73세를 일기로 세상을 떠났다는 사실이다. 물론 우연의 일치이긴 하겠으나, 어쩐지 신비스러운 느낌을 금할 수 없다. 이날 낙선재 뒤 수강재에서 기거하고 있는 덕혜옹주는 영친왕의 별세 소식을 듣고도 무슨 이야기인지 잘 알아듣지 못하여 보는 사람으로 하여금 눈물을 자아내게 했다.

영친왕의 장의는 5월 9일에 거행되었다. 그날 아침 7시에는 빈전이 있는 낙선재에서 가톨릭 미사가 있었고, 불교도들은 따로 고인의 명복을 빌었다. 곧 이어서 창덕궁 대조전 앞뜰에서 거행된 영결식에는 3백여 명의 국내외 조문객이 모인 가운데 상주인 이구 씨와 방자 여사의 분향이 있었고, 3부 대표와 외교 사절단 그리고 일반 조객이 그 뒤를 따랐다.

이윽고 영친왕의 재실(梓室)은 빈소를 떠나 대여(大轝)에 옮겨졌다. 영친왕을 실은 상여는 '의민황태자재실(懿愍皇太子梓室)'이라는 명정을 앞세우고 진명여고생 20명이 펼쳐든 태극기와 양정고교생들이 손에 든 수많은 만장이 뒤따르는 가운데 돈화문을 나와 만년유택(萬年幽宅)이 될 금곡 영원(英園)으로 향했다. 연도에는 수십만 군중이 나와서 영친왕의 마지막 길을 전송했다. 새끼줄을 친 연도에는 앉고 선 사람이 빽빽하게 늘어섰고 건물의 옥상과 창문에도 인파가 구름처럼 밀렸다. 나이 많은 사람들은 "영친왕 마저 가신다!"며 눈물지었다. 영친왕의 재실은 영원의 임시 빈소에서 의장대원의 손에 들려 미리 마련된 현실(玄室)에 조용히 안치되었다. 그리하여 영친왕의 유해는 아버님 고종황제가 묻힌 금곡왕릉에서 영원히 잠들게 되었다.

한 가지 유감스러운 일은 좀 더 일찍 돌아와서 단 하루라도 조국강산을 바라보고 윤대비에게도 문안을 드리지 못한 것이다. 하지만 한때 일본 사람이 되었던 국적을 도로 찾고 그리운 조국에서 여생을 보내다가 돌아간 것은 그야말로 불행 중 다행이라고 할 것이다. 영친왕의 장의가 거행되던 날 어느 방송국 아나운서가 부르짖던 말이 매우 인상적이었다.

"오늘은 전 황태자 영친왕 이은 씨의 장의날입니다. 조선 500년의 마지막 황태자로 태어난 때문에 온갖 풍상과 고초를 겪다가 향년 73세를 일기로 세상을 떠난 영친왕, 그분의 생애는 구황실의 비극을 그대로 상징하는 듯 고독과 인종의 일생이었습니다."

춘초(春草)는 연년록(年年綠)인데 왕손(王孫)은 귀불귀(歸不歸)라.
내년 봄, 아니 내후년 봄에도 창덕궁 앞뜰에는 봄풀들이 흐드러지련만, 영친왕은 돌아가서 다시 돌아오지 못할 것이니 이 얼마나 섭섭한 일인가? 조선의 마지막 황태자 이은 씨는 만고의 한을 품은 채 이 세상에서 영원히 사라졌다.

大尾

에필로그

영친왕비 방자 여사는 영친왕이 세상을 떠난 뒤 창덕궁 낙선재를 지키며 20여 년간 장애인 봉사활동에 전념했다. 1966년에는 정신박약아를 위한 자행회(慈行會)를, 1967년에는 농아와 소아마비아를 위한 명휘원(明暉園)을 설립했다. 1971년, 경기도 수원시 탑동에 자혜학교(慈惠學校)를 설립해 정박아들을 교육시켰으며 같은 해 '영친왕기념사업회'의 이사장으로 취임했다. 1978년에는 명휘원의 교육기관인 명휘회관을 경기도 광명시 철산동에 세웠는데, 이곳에서 교육받는 불우한 이들의 자립을 위해 일본에서 배웠던 칠보를 만들어 팔기도 했다. 이후 말년에는 직장암 수술을 받고 일본으로 건너가 아들 구씨와 지내다가 1989년 귀국했으나, 그해 4월 30일(영친왕의 기일 바로 전날) 낙선재에서 영면하여 경기도 남양주 금곡에 있는 홍유릉 영원(英園)에 영친왕과 합장되었다.

이구 씨는 1963년 아버님인 영친왕과 함께 귀국하여 창덕궁 낙선재에 머물렀다. 1965년부터 서울대학교와 연세대학교 등에서 건축설계를 강의했으며, 그 이듬해에는 건축설계회사인 트랜스아시아의 부사장에 취임했다. 1973년 전주이씨 대동종약원 총재에 추대되었다. 같은 해 신한항업 주식회사를 설립했지만 사업에 실패하고 1979년 일본으로 떠났으며, 1982년에는 미국인 아내 줄리아와 이혼했다. 2005년 7월 16일, 자신이 태어나고 자랐던 도쿄의 아카사카 프린스 호텔(구 영친왕저)의 한 객실에서 운명했다. 2005년 7월 24일 창덕궁 희정당에서 영결식이 열렸으며 홍유릉 영원의 부모님 곁에 묻혔다. 이구 씨는 후손을 남기지 않았다.

덕혜옹주는 1962년 1월 26일 귀국하여 그해 11월 병원에 입원한 이후 7년간 치료를 받았으나 병세가 나아지지는 않았고, 1969년 창덕궁 낙선재로 거처를 옮겼다. 1972년, 전 남편 소 다케유키 씨가 낙선재를 찾아왔지만 옹주는 만남을 거부했다고 한다. 1983년에 옹주는 정신이 잠시 돌아왔는지 낙서 한 장을 남겼다. '나는 낙선재에서 오래오래 살고 싶어요. 전하(영친왕) 비전하(방자 여사) 오래 보고 싶습니다. 대한민국 우리나라.' 일생의 대부분을 제정신이 아닌 채로 살았던 덕혜옹주는 1989년 4월 21일 기구한 생을 마감했다. 덕혜옹주가 운명한 지 9일 뒤, 방자 여사도 세상을 떠났다. 역시 홍유릉 영원에 옹주의 산소가 있다.

영친왕 연보

1897년 10월 20일	대한제국 고종황제의 왕자로 덕수궁에서 탄생
1900년	영친왕으로 책봉
1907년	황태자로 책위
1907년	일본으로 끌려가 학습원 입학
1910년	한일합병. 왕세자로 강칭(降稱)
1917년	일본 육군사관학교 졸업
1919년	고종 승하
1920년	일본 육군대학 입학
1920년 4월 28일	일본 왕족 나시모토노미야 마사코 왕녀와 결혼
1923년	일본 육군대학 졸업
1926년	순종 승하로 왕위 계승(이왕전하)
1927년	유럽 여행
1935년	일본군 제59연대장
1938년	숙명여자전문학교(現 숙명여자대학교) 창설
1941년	일본군 제51사단장(육군 중장)
1943년	일본군 제1항공군사령관
1945년	일본군 군사참의관
1963년	환국
1970년 5월 1일	서거

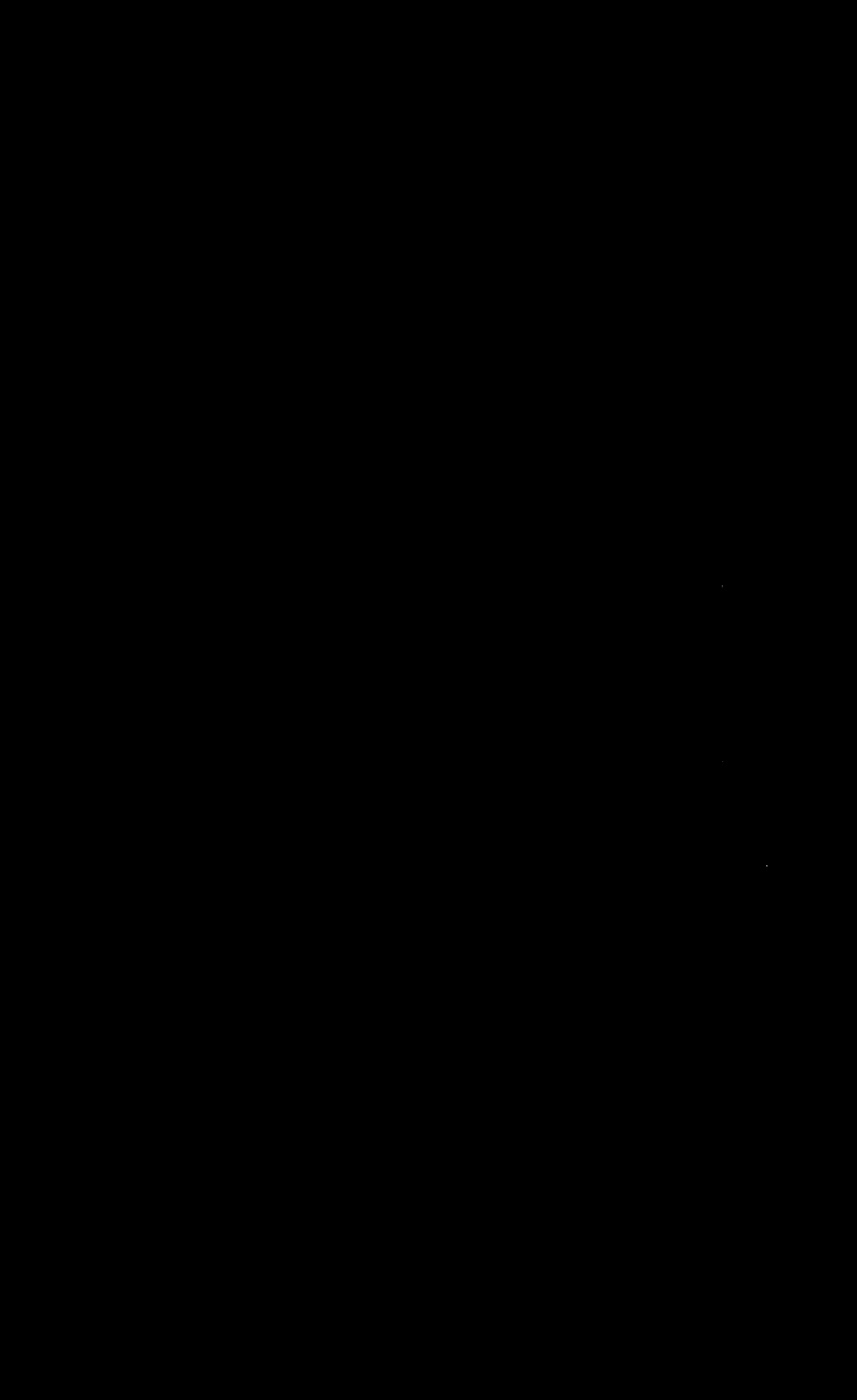

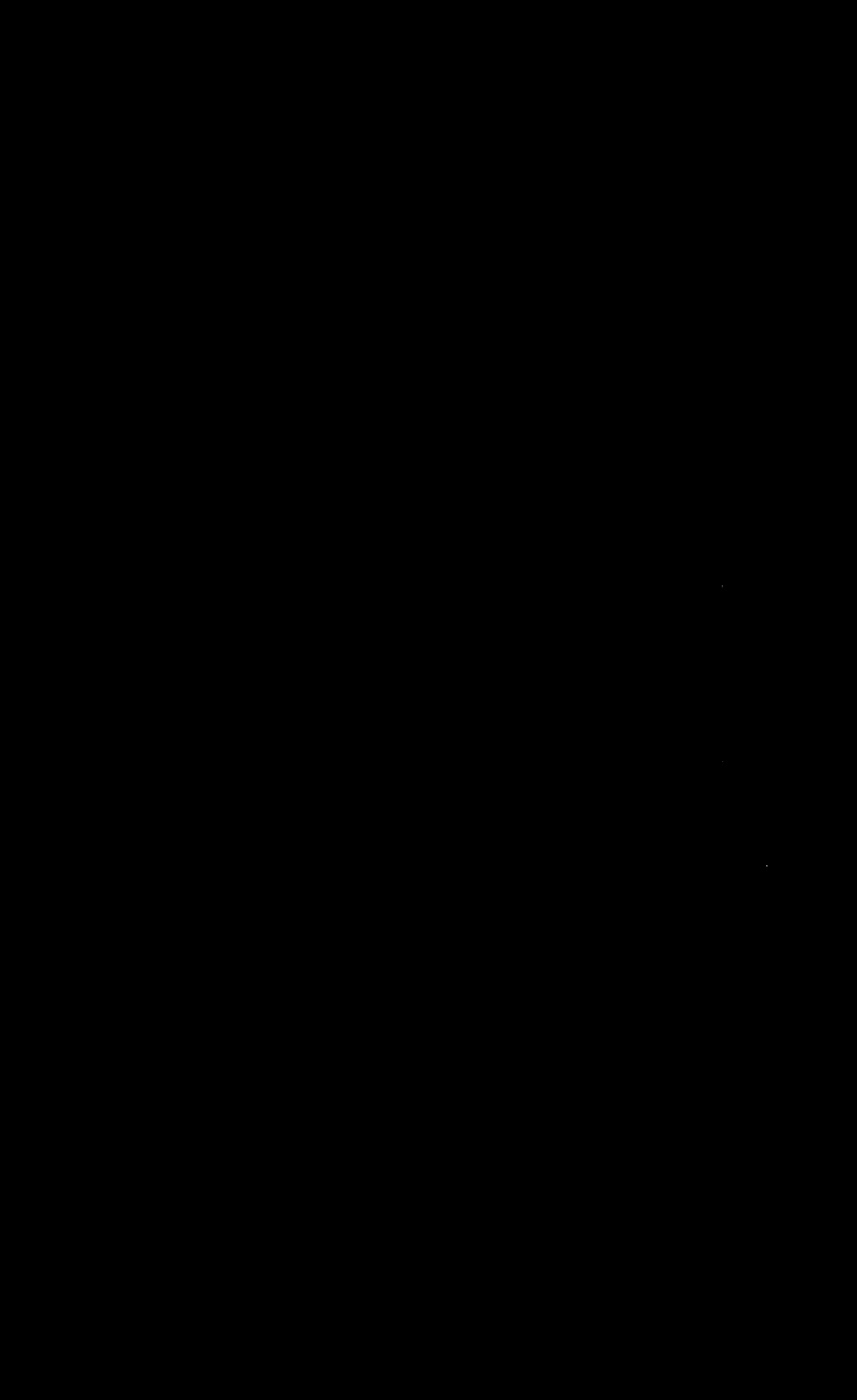

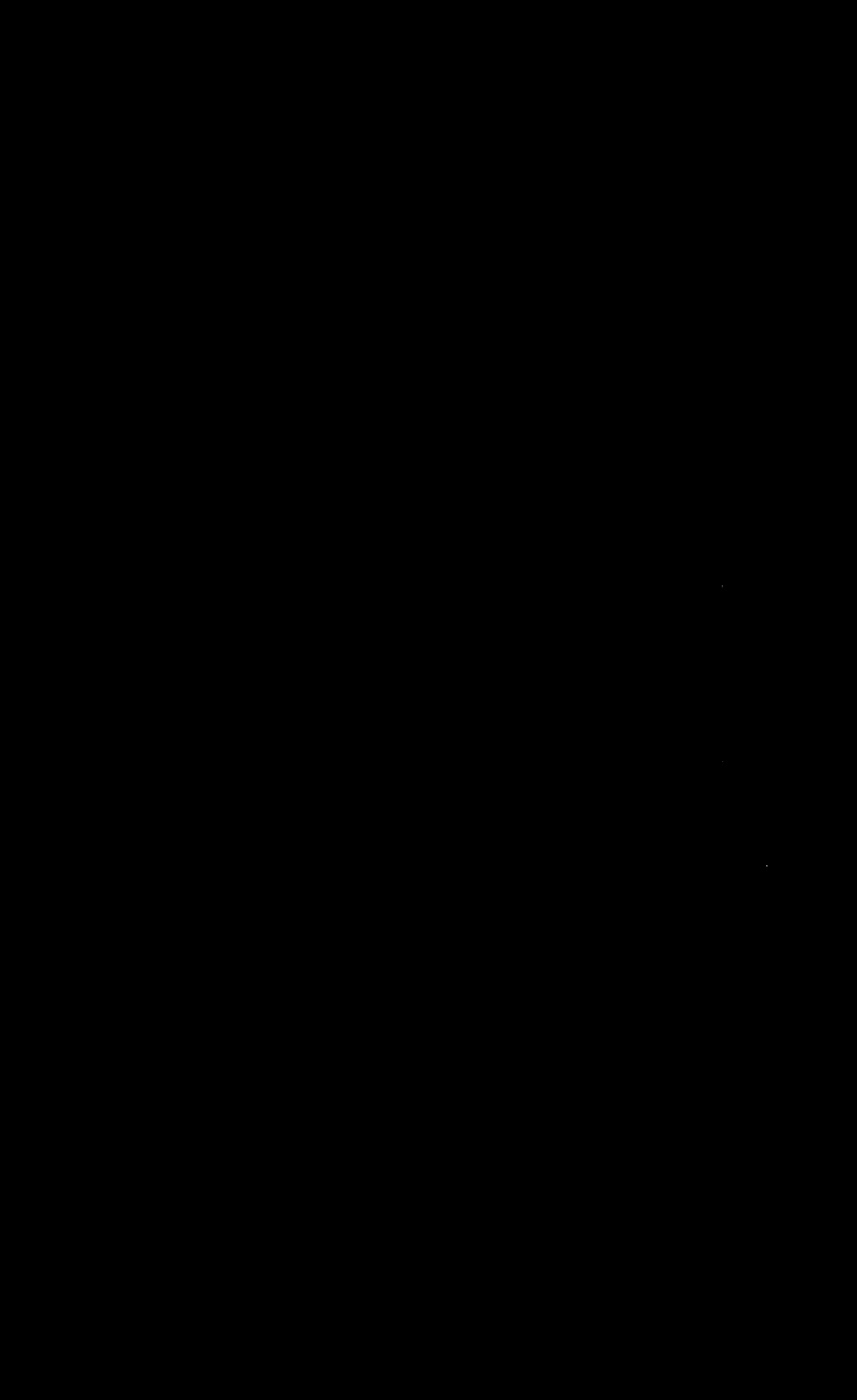

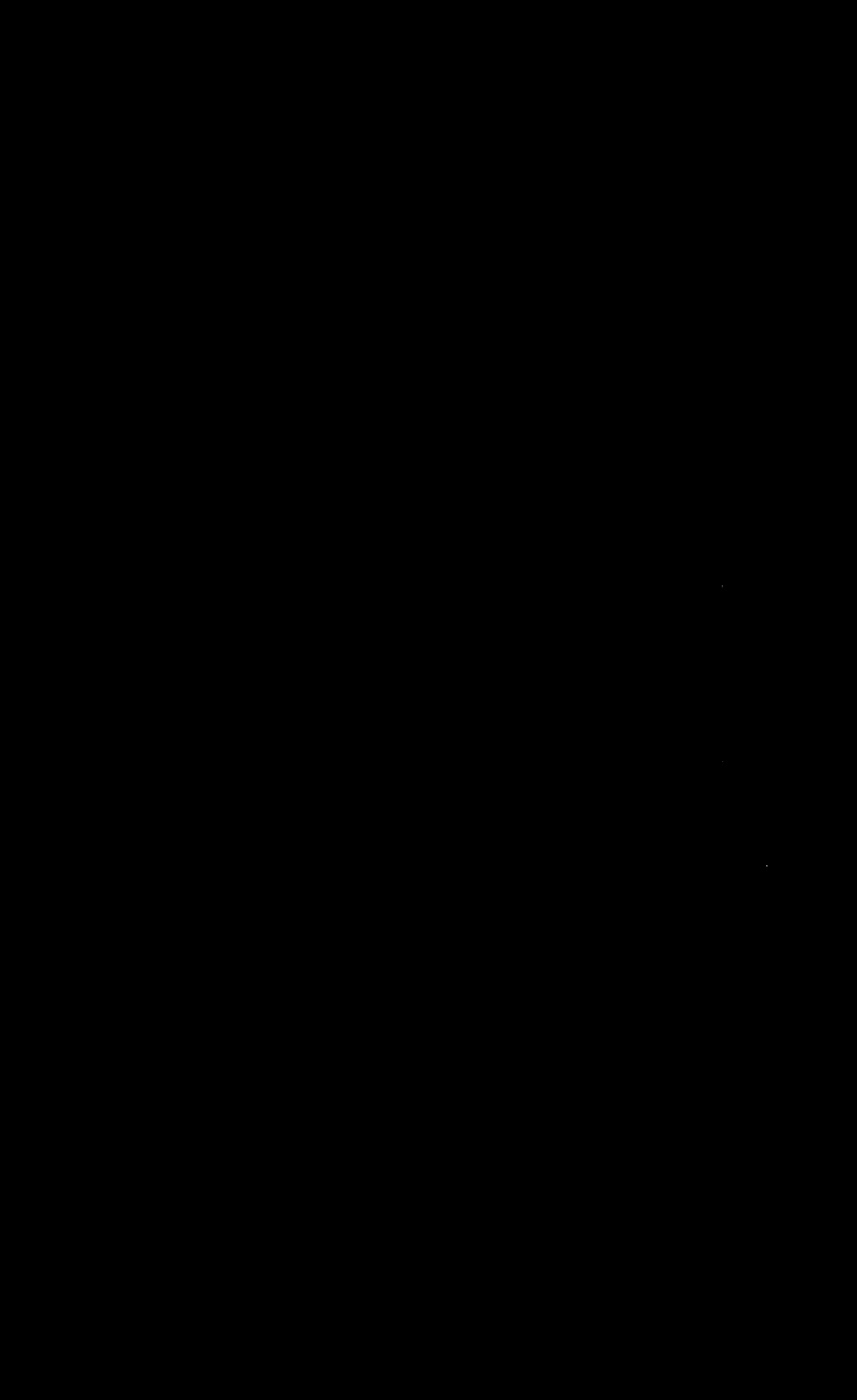